Urs Bircher
Mit Ausnahme der Freundschaft

Urs Bircher

Mit Ausnahme
der Freundschaft

Max Frisch 1956–1991

Limmat Verlag
Zürich

Für Käte Schnyder-Rubensohn
(1914–1998)

Auf Internet
Informationen zu Autorinnen und Autoren
Materialien zu Büchern
Hinweise auf Veranstaltungen
Schreiben Sie uns Ihre Meinung zu diesem Buch
www.limmatverlag.ch

Umschlagfoto: Max Frisch 1976 in Berzona
Foto Robert Lebeck

© 2000 by Limmat Verlag, Zürich
ISBN 3 85791 297 9

Inhalt

Vorwort 7

»Sie sollen mich am Arsch lecken«
Der Weltautor (1955–1960)

Die fünfziger Jahre 11 – Malaise Suisse 15 – Frisch: Außenseiter und Purist 17 – Brechts Tod 21 – Homo faber oder Stillers gegensätzlicher Bruder 23 – Biedermann und die Brandstifter – Ein Lehrstück ohne Lehre 37 – »Ein großzügiger Mensch« 48 – Öffentlichkeit als Partner 51 – Emigranten 53

»Durchschlagende Wirkungslosigkeit des Klassikers«
Wohnsitz Rom (1960–1965)

Ingeborg Bachmann 57 – Andorra 63 – Das »Weltereignis« 70 »Durchschlagende Wirkungslosigkeit« 78 – Dokumentartheater vs. Parabeltheater 79 – Mein Name sei Gantenbein 84 – Exkurs: Der Intellektuelle als Kleinbürger des 20. Jahrhunderts 92 Frisch als Autor des neuen Kleinbürgertums 96 – Neue Liebe, neues Leben 99 – Reisen 101 – Heirat und Alltag 104

»Machen Sie Gebrauch von der Freiheit«
Kunst und Politik (1965–1974)

Die Schweiz als Politikum 108 – Spitzel und Fichen 113 – Das Unbehagen im Kleinstaat 115 – »Unsere Landesschuld« 118 »Man hat Arbeitskräfte gerufen, und es kommen Menschen.« 119 Politische Radikalisierung 123 – »Zürcher Literaturstreit« 124 Endlich darf man es wieder sagen 127 – 1968 131 – Zürcher Unruhen 134 – Zürcher Manifest 135 – Biografie: Ein Spiel 138 »Dramaturgie der Permutation« 138 – Sozialismus als Demokratie? 144 – Der Schauspielhauskonflikt 147 – Der Hofnarr und der »Staatsfeind Nr. 1« 151 – Geist und Macht 154 Wilhelm Tell für die Schule 156 – Tagebuch 1966–1971 164 Tagebuchformen 166 – Dienstbüchlein 171 – »Der rechte Schweizer« 176 – Die Schweiz als Heimat 179 – »Vom langsamen Wachsen eines Zorns«. Ein Fazit 183

»Ich bin nicht ganz allein«
Die letzten 16 Jahre (1974–1991)
> »Schutz der Demokratie durch Abbau der Demokratie« **188**
> Reden ins politische Vakuum **192** – Montauk **194** – Triptychon. Drei szenische Bilder **202** – »Der Rest der Zeit« **208**
> Der Mensch erscheint im Holozän **209** – »Ich bin nicht ganz allein« **214** – Blaubart **216** – »Wir haben uns wacker auseinander befreundet« **220** – Ars moriendi **224** – Letzte Reden und Auftritte **225** – Schweiz ohne Armee? Ein Palaver **230**
> Letztes Ärgernis **234** – »Jetzt müssen die Leute für sich selbst schauen.« **235**

Anmerkungen **237**
Max Frisch – Chronologie seines Lebens **267**
Namen- und Werkregister **270**

Vorwort

Zweieinhalb Jahre nach dem ersten erscheint hiermit der zweite Band der Max-Frisch-Biographie. Der erste Band hatte den Weg des Heimatdichters zum linken europäischen Intellektuellen nachgezeichnet, dieser Band befaßt sich mit dem weltberühmten Schriftsteller, der ebenso zur politischen, literarischen und moralischen Instanz wie zum »Staatsfeind Nr. 1« in der Schweiz avancierte, der als moderner Klassiker sich selbst überlebte und am Ende seines Lebens von einer neuen Generation wiederentdeckt und zum Mentor erhoben wurde.

Auch dieser Band wendet sich an ein breites Publikum, das Max Frisch, sein Werk und sein Leben auf dem Hintergrund der historisch-politischen Zusammenhänge kennenlernen möchte. Wiederum werden die wichtigsten Texte vorgestellt, so daß das Buch auch als Nachschlagewerk verwendet werden kann.

Zahlreiche Freunde und Weggefährten Frischs haben auch diesmal ihr Wissen und ihre Erinnerungen großzügig beigesteuert oder das Manuskript auf sachliche Richtigkeit geprüft. Besonders gedankt sei Marianne Frisch-Oellers, Gottfried Honegger, Hugo Loetscher, Karin Pilliod-Hatzky, Ruth Schmidhauser, Dr. Fortunatus Schnyder, Werner Weber sowie dem Archivar des Max-Frisch-Archivs, Walter Obschlager.

Ohne die Unterstützung durch die Zuger Kulturstiftung Landis & Gyr, die UBS Kulturstiftung sowie die Cassinelli-Vogel-Stiftung wäre das Buch nicht geschrieben worden. Auch ihnen herzlichen Dank.

Ronchamp, Februar 2000

»Sie sollen mich am Arsch lecken«

Der Weltautor
(1955–1960)

»1955 hat Frisch zwei ehrgeizige Ziele erreicht: Er ist ein international bewunderter Schriftsteller und ein national bekannter Architekt und Architekturtheoretiker geworden. Er hat einen großen Weg vom kleinbürgerlichen Heimatdichter zum europäischen Intellektuellen zurückgelegt, er hat seine Themen und seinen Stil gefunden, und er hat sich als Schriftsteller, wie als Gesellschaftskritiker Positionen erarbeitet, denen er bis an sein Lebensende treu bleiben wird. Mit vierundvierzig Jahren schickte er sich an, im schweizerischen und im europäischen Geistesleben eine Instanz zu werden. In Zukunft wird jedes seiner Worte in der Öffentlichkeit (und im Schweizer Polizeiapparat) aufmerksam verfolgt werden, seine Voten erhalten staatspolitisches Gewicht, er selbst wird die Ambivalenz erfahren, zugleich gefürchtet wie bewundert, zugleich verhaßter Staatskritiker wie umjubelter Staatsdichter zu sein. Er wird erleben, wie er selbst zum Monument versteinert und wie eine neue Generation ihn wieder zum Vorbild nimmt.« Mit diesem Fazit und Ausblick schloß der erste Band dieser Biographie.

Mit *Stiller* hatte sich Frisch 1954/55 in die Liste der zeitgenössischen Weltautoren eingeschrieben. Der Roman war kein spektakulärer Marktdurchbruch, eher ein feiner Auftritt im Kreis der internationalen Literaturelite. Erst das nächste Buch, der *Homo Faber,* wurde ein Bestseller im herkömmlichen Wortsinn.

Auch privat vollzog Frisch in diesen Jahren eine entscheidende Wende: Der Mittvierziger verließ Frau und Kinder, bezog in Männedorf am oberen Zürichsee eine eigene Wohnung, verkaufte das Architekturbüro dem langjährigen Mitarbeiter Hannes Trösch und beschloß, Berufsschriftsteller zu werden. Das lange Schwanken um »Was bin ich?« ging zu Ende. Schließlich steckte in diesen Jahren auch der politische Denker Frisch seine Positionen neu aus: Er verweigerte trotz kaltem Krieg sowohl dem kapitalistischen Westen wie dem sozialistischen Osten seine kritiklose Gefolgschaft und setzte sich bewußt und betont zwischen alle Stühle.

Der Geist der dreißiger Jahre hatte den jungen Frisch geprägt, die Geistige Landesverteidigung war sein großes Credo. Sein Bild der Schweiz war ein Ideal, das noch kaum vom Schmutz und Staub der Realitäten getrübt war. Erst die Reibung mit der Kriegs- und Nachkriegswirklichkeit erzeugte kritische Erkenntnisfunken, und von 1943 bis 1950 vollzogen sich bei Frisch jene geistigen Umbrüche, die im ersten Band beschrieben wurden. Die Schriften des frühen Frisch wurzelten im Geist der dreißiger Jahre, affirmativ zu Anfang, zunehmend kritisch zu Ende der vierziger Jahre.

Die fünfziger Jahre wurden in mancher Hinsicht bestimmend für den späteren Frisch. In Opposition zum Mainstream entwickelte er Positionen, denen er ein Leben lang treu bleiben sollte. Der kalte Krieg, die gnadenlose Ideologisierung und Simplifizierung jeden Denkens in Blockgefolgschaften, die militärische Bedrohung der Welt, die Diffamierung von Außenseitern, all das prägte Frischs Haltung.

Die fünfziger Jahre

Die Geschichte der Schweiz in den fünfziger Jahren ist noch wenig erforscht.[1] Im Windschatten der Stürme des kalten Kriegs entwickelte sich die offiziell neutrale Schweiz zum internationalen Händler, Financier und Hehler großen Stils. Das Klingeln in den Tresoren der Zürcher Bahnhofstraße war das ostinate Hintergrundgeräusch zum Säbelrasseln der Machtblöcke.

Drei Faktoren bestimmten im wesentlichen den Geist der fünfziger Jahre: die gescheiterte Vergangenheitsbewältigung, das rasante Wirtschaftswachstum und die Systemkonkurrenz.

In Deutschland hatten nach dem Krieg manche Schriftsteller auf eine gründliche Bewältigung der braunen Vergangenheit und auf einen politischen, moralischen und kulturellen Neuanfang gehofft. Doch die historische Entwicklung nahm einen anderen Weg. Die alltäglichen Sorgen ums Überleben im weitgehend zerstörten Deutschland waren einem »Klima kollektiver Bewältigung«[2] der Vergangenheit alles andere als förderlich. Die »nicht-öffentliche« Meinung (Adorno) hatte die offiziellen Schuldbekenntnisse bald satt. »›Bewältigung‹ der Vergangenheit hätte bedeutet, sich das unvorstellbare Ausmaß der Verbrechen während des Dritten Reiches und den Grad der eigenen Verantwortung bewußt zu machen ... Verdrängung, Verleugnung, Entwirklichung und entschuldigende Erklärungen traten an ihre Stelle.«[3]

Für die Schweiz war die Vergangenheitsbewältigung vorerst gar kein Thema. Zwar hatte es unmittelbar nach Kriegsende scharfe Attacken gegen ehemalige Kollaborateure und »Anpasser« gegeben, etwa gegen die Unterzeichner der »Eingabe der Zweihundert«[4], doch diese Proteste verhallten schnell. Auch die Vorwürfe der Alliierten, die Schweiz habe wirtschaftlich und politisch zu eigennützig mit den Nazis zusammengearbeitet und vom Krieg profitiert, verstummten, als man einen Interessenausgleich gefunden hatte: Die im Krieg reich gewordene Schweiz beteiligte sich mit erheblichen Mitteln an der Marshallplan-Hilfe zum Wiederaufbau Deutschlands. Von den Verbrechen der Schweizer Flüchtlingspolitik und der Fremdenpolizei an jüdischen, jenischen und anderen politischen Flüchtlingen war damals in der Öffentlichkeit noch ebensowenig die Rede wie von den umfangreichen Geldgeschäften der Schweizer Großbanken mit den Achsenmächten. Als nach dem Krieg die Verbrechen der Nationalsozialisten allgemein bekannt wurden, nahmen sich dagegen die Zwielichtigkeiten und Unmenschlichkeiten der Schweizer Kriegspolitik ohnehin wie läßliche Sünden aus.

Die internationale Entwicklung förderte die Verdrängung: Die West- und Ostalliierten zerfielen in verfeindete Lager. Statt an Vergangenheitsbewältigung und Neuanfang dachte jede Seite nur an den Erhalt und die Verteidigung des je eigenen Imperiums. Was interessierte die Vergangenheit eines Funktionärs, eines Fachmanns, eines Intellektuellen, wenn er sich im neuen Verteidigungsdispositiv als nützlich erwies – und als bedingungslos loyal aus Furcht vor der Entdeckung seiner Leichen im Keller! Der Fall des Staatssekretärs Globke in Adenauers Kabinett – er hatte im Dritten Reich maßgeblich an der antisemitischen Gesetzgebung mitgearbeitet – war die prominente Spitze eines Eisbergs, dessen breite Basis im Dunkeln versank.

Die Entnazifizierungsverfahren der Alliierten waren redlichem Bemühen entsprungen, sie verkamen schnell zu »Persilscheinaktionen«. Der großen Masse der Mitläufer, Profiteure und Nichtverweigerer des braunen Systems, nicht zu reden von den vielen einstigen Aktivisten, kam diese Entwicklung nur entgegen. Eine große, heterogene Interessenkoalition verhinderte bis in die sechziger Jahre jede wirkungsvolle Aufarbeitung der Vergangenheit und kehrte das Gewesene unter den Teppich – unter einen Teppich, der dank des »Wirtschaftswunders« schon bald wieder wie ein echter Perser aussah.

In der Schweiz, wo man sich den Deutschen moralisch unendlich überlegen fühlte, wurde die eigene Vergangenheit erst recht kein Thema. Der Antikommunismus bot die Chance, die überlebten Mentalitäten und Strukturen der Geistigen Landesverteidigung mit neuem Inhalt zu füllen und somit kritiklos zu perpetuieren. Kritiker dieser kollektiven Verdrängung und Geschichtsfälschung wurden als lästige, ja als schädliche Nestbeschmutzer abgetan, und dank der militanten Systemkonkurrenz zwischen Ost und West fiel es leicht, die Mahner im eigenen Lager als subversive Handlanger des Feindes und als potentielle Landesverräter zu verunglimpfen.

In den USA hatte Senator McCarthy schon Ende der vierziger Jahre seine Kampagne gegen »antiamerikanische Umtriebe« entfesselt.[5] Als Kommunist war jedermann verdächtig, der abseits der gängigen Normen lebte oder sich kritisch zur eigenen Gesellschaft äußerte. Reisen in Ostländer und Ostkontakte konnten als Grund zur Verurteilung ausreichen. Hunderte von Intellektuellen und Künstlern, nicht nur Brecht und Chaplin, wurden vor McCarthys berüchtigtes Tribunal gezerrt und öffentlich gebrandmarkt.

Mitte der fünfziger Jahre schwappte die antikommunistische Hysterie auch auf Westeuropa über. Die Schweiz ging zwar diskreter, doch nicht weniger wirkungsvoll vor. Alle Stellenbesetzungen bei Bund und Kantonen wurden einem Überprüfungs- und Spitzelsystem unterworfen. Der

Bundesrat ließ von der politischen Polizei hochgeheime Listen verdächtiger Intellektueller und anderer potentiell »landesgefährlicher« Personen anlegen sowie Lager zu deren Internierung planen.[6] Auch Frisch stand auf einer dieser Listen und rechnete es sich später zur Ehre an, seit 1949 von der Schweizer Geheimpolizei (vierzig Jahre lang) observiert worden zu sein.

Wie schnell der latente Antikommunismus in offenen Terror umschlagen konnte, zeigte der Fall Konrad Farner. Der Zürcher Theologe und Kunstwissenschaftler war ein marxistischer Denker europäischen Formats. Anläßlich des Ungarnaufstands veröffentlichte die NZZ Name und Adresse des Wissenschaftlers, die feinen Bewohner des bürgerlichen Zürcher Vororts Thalwil zertrümmerten ihm daraufhin Fenster und Türen, hinderten die Frau am Einkaufen und schickten Brand- und Morddrohungen ins Haus. Farner mußte untertauchen. Wer mit ihm zu tun hatte, wurde polizeilich observiert und belästigt. Farner wurde völlig isoliert, verarmte und war auf Almosen aus dem Freundeskreis angewiesen. Auch Frisch gehörte zu den Unterstützern. Noch 1967 schrieb er ein Rundschreiben zur Unterstützung Farners. »Konrad Farner braucht Geld, ein Bürger dieses Landes, dem durch Boykott nach wie vor das Recht genommen ist, seinen Lebensunterhalt zu verdienen durch die Arbeit, die er leistet.«[7] Eine Kopie des Bettelbriefs sandte er an den Staatsschutz, um diesem die Bespitzelung zu erleichtern.

Die Zeichen der Zeit standen auf Erstarrung: 1953 war der Protest der Bauarbeiter in Ost-Berlin unterdrückt und Ruhe und Ordnung gewaltsam wiederhergestellt worden, 1954 endete der Korea-Krieg am selben Breitengrad, an dem er begonnen hatte, 1956 wurde der ungarische Aufstand zusammengeschossen. Mit Adenauer, de Gaulle,

Macmillan und Chruschtschow beherrschte eine Greisenriege Europa, von der eine junge Generation nichts Neues zu erwarten hatte.

Malaise Suisse

In der Schweiz grassierte das vielbeschworene »Malaise Suisse«. Walter Büsch sah seine Wurzel in der »Diskrepanz zwischen dem Ideal der demokratischen Schweiz, wie es im staatsbürgerlichen Unterricht dargestellt wurde, und der politischen Wirklichkeit … das Mißtrauen unseres Volkes beruht zum großen Teil darauf, daß es den Glauben an die Sauberkeit der Handlungen unserer maßgeblichen Männer verloren hat.«[8] Und Beat Junker konstatierte: »Ein guter Teil des ›Malaise‹ erklärt sich als Protest gegen das allzu große Wohlbehagen der ›Alten‹, die überzeugt sind, in der ›meilleure des Suisses possibles‹ zu leben, an der es mit dem besten Willen nichts mehr zu verbessern gäbe.« Im Gegensatz zur jungen Generation: »Viele Junge glauben nicht mehr an die Erneuerungsfähigkeit unserer Institutionen.«[9]

Büsch wie Junker waren stark beeinflußt von der Streitschrift *Achtung: die Schweiz!*, in der Max Frisch, Lucius Burckhardt und Markus Kutter das Malaise als Grundübel für den Immobilismus der Schweiz analysiert hatten.[10]

Ideologisch gehörten die Jahre zwischen 1956 (Ungarnaufstand) und 1961 (Bau der Berliner Mauer) zu den kältesten im kalten Krieg. Der Kampf gegen Kommunisten und sogenannte »Kryptokommunisten« – eine kaum greifbare, daher höchst perfide Bezeichnung – wurde auf allen Ebenen geführt. Als kryptokommunistisch verseucht galten vor allem Intellektuelle und Künstler. 1958 verbot z.B. der Bundesrat den »Europäischen Kongreß gegen die atomare

Bewaffnung«, zu dem prominente Denker wie Bertrand Russel, Karl Barth, Erich Kästner, Robert Jungk und der Nobelpreisträger Max Born nach Basel eingeladen hatten. Große sowjetische Künstler sowie der chinesische Nationalzirkus erhielten in verschiedenen Kantonen Auftrittsverbot. Zahlreiche Schweizer Bühnen beteiligten sich am Brecht-Boykott, zu dem in der BRD wiederholt aufgerufen wurde.

Und noch ein wichtiger Aspekt gehört zum Konservatismus der Zeit: In der Folge des Ersten Weltkriegs hatten zahlreiche europäische Staaten das Stimm- und Wahlrecht für Frauen eingeführt. Nicht so die Schweiz. Hier wurde noch 1959 dieses Recht im Verhältnis 2:1 an der Urne abgeschmettert. Ein Jahr zuvor war das Buch *Frauen im Laufgitter* von Iris von Roten erschienen, der erste sensationelle Erfolg der modernen eidgenössischen Frauenbewegung. Das Buch provozierte wütende Ausfälle der Männer- wie der Frauenwelt. Der Bund Schweizerischer Frauenorganisationen distanzierte sich indigniert und empört. »Die traditionelle Familie, für deren glücklichen Zusammenhalt die Frau und Mutter allein verantwortlich erklärt wurde, war für viele Bürgerliche *das* Bollwerk gegen Kommunismus und Moderne! Wer in einem von dieser Mentalität geprägten Umfeld für mehr Eigenständigkeit der Frau plädierte, wurde des Kryptokommunismus verdächtigt, vor allem deshalb, weil die Gleichberechtigung der Frau seit dem 19. Jahrhundert ein Anliegen der sozialistischen Parteien gewesen war.«[11]

Gleichzeitig schwappte hinter der konservativ-züchtigen Fassade die erste Sexwelle durchs Land. Der Markt der käuflichen Lüste boomte parallel zum Wirtschaftswundermarkt. Öffentliche Prüderie kompensierte heimlichen Schmuddelsex und umgekehrt.

Frisch: Außenseiter und Purist

Frischs Entschluß, die Familie zu verlassen und ein Leben als freier Schriftsteller zu führen, war in dieser »Treibhausatmosphäre allgemeiner Verdächtigungen«[12] nicht ungefährlich. Politisch erfüllte Frisch alle Kriterien eines qualifizierten »Kryptokommunisten«. Seine zahlreichen Ostreisen und Ostkontakte, sein Versuch, Demokratie und Sozialismus gedanklich zu vereinen,[13] seine offene Unterstützung des marxistischen Kunsthistorikers Konrad Farner, seine Kritik am privatkapitalistischen Grund- und Bodeneigentum in *Achtung die Schweiz!*, seine antischweizerische Polemik in *Stiller* usw. – wer solches tat und schrieb, hatte das Wohlwollen einflußreicher Zeitungsredaktionen und Preisjurys verspielt. Ernst Bieri, Inlandredakteur der *Neuen Zürcher Zeitung*, eine der einflußreichsten und reaktionärsten Figuren im Zürcher Kulturleben,[14] verdächtigte Frisch seit 1948[15] bei jeder sich bietenden Gelegenheit öffentlich der kommunistischen Gesinnung.

Nicht nur politisch, auch moralisch hatte sich Frisch zum Außenseiter der Gesellschaft gemacht. Seine mehr oder minder heimlichen Affären am Schauspielhaus gingen als Künstlerboheme durch. Indiskutabel war es, eine Ehefrau aus bestem Haus mit drei kleinen Kindern zu verlassen. Hier war öffentlich eine Konvention verletzt, die um so mehr geheiligt wurde, je brüchiger sie geworden war.

Zu diesen äußeren Zwängen kamen innere hinzu. Frisch besaß ein empfindliches Sensorium für politische wie ästhetische »Stimmigkeit«. Er reagierte allergisch, wenn Form und Inhalt, Anspruch und Realisierung auseinanderfielen. Der Zweifel an der eigenen sprachlichen Formkraft hatte ihn Ende der dreißiger Jahre zur Aufgabe der Schriftstellerei bewogen. Die Erfahrung, daß die Schweizer Armee in ihrer Struktur und Führung nicht ihrem antifaschistischen Anspruch entsprach, war ein frühes politisches Schlüsselerlebnis. Identität als Übereinstimmung eines Individuums mit sich selbst und die Risse in der Identität beschäftigten ihn als Thema ein Leben lang.

Die Sensibilität für »Stimmigkeit« trieb ihn einerseits zu immer neuen formal-ästhetischen Versuchen. Ein Text war erst dann stimmig, wenn seine Form der geformte Sinn ihres Inhalts war. Anderseits nötigte sie ihn zu einer rigiden politischen Moral. Ein Regime, das den Anspruch erhob, sozialistisch zu sein, doch realiter als Parteidiktatur funktionierte, war ein ebenso verlogenes Konstrukt wie ein Staat, dessen demokratischer Anspruch durch oligarchische Entartung zur Farce verkommen war. Ästhetisch wie politisch war Frisch ein unerbittlicher Purist.

Der Maler und Bildhauer Gottfried Honegger, ein Freund Frischs seit Kriegsende,[16] beschreibt den Zusammenhang von Ethik, Ästhetik, Politik und Formbewußtsein wie folgt: »Es wäre falsch, Frisch ins Links-rechts-Schema einzuzwängen. Er wollte nicht Ankläger sein, nicht Verteidiger, sondern Richter, über den Parteien stehen … Er wünschte in die Geschichte einzugehen als eine nationale moralische Instanz, als ein nationales Gewissen … In der Maßlosigkeit unserer Gesellschaft, in dem vulgären politischen Populismus, dem zum Teil ja auch die Linken huldigten, wollte er ein ethisch-ästhetisches Maß sein … Ein hohes Maß … Er war weder Politiker noch Moralist im Sinne einer Bindung an eine Partei oder an eine Ideologie. Er trug seinen hohen ethisch-ästhetischen Anspruch nach Maß, nach Form, nach Stil wie ein Licht vor sich her, lief im Sumpf seiner Zeit herum und mußte aufpassen, daß er die Kostbarkeit nicht beschmutzte …

Frisch war überzeugt, daß die Sprache die höchste geistige Ausdrucksform des menschlichen Geistes sei – Sprache nicht bloß als Inhalt, sondern ebenso als Form verstanden – daß nur durch Sprache Ethik möglich sei. Er strebte die höchste Kunstform an und wollte Maßgeber für seine Zeit werden. Er hatte ein großes Selbstbewußtsein, er wußte, daß er ein Dichter von europäischem Format war und sah sich in großen historischen Zusammenhängen ... Er verlangte von seinen Partnern höchstes Niveau ... Seine Ansprüche konnten sehr verletzend sein, aber er stellte sie auch an sich selbst.«[17]

Frischs Purismus wurde von anderen zuweilen als blanke Arroganz verstanden. Stadtbekannt wurde etwa der Kneipenkrach, bei welchem sich Frisch Dürrenmatts Buchwidmung »Für meinen alten Kumpel Max« aufs schärfste verbat.[18] Gottfried Honegger wurde zurecht gewiesen, als er, von Frisch zum Abendbrot geladen, zur Vorspeise eine mitgebrachte ›Cervelat‹ essen wolllte ...[19]

Auch Frischs politisches Engagement war »vom Gedanken der Reinheit bestimmt. Er war Demokrat, oder Sozialist – aber stets in der Reinheit des Gedankens ... Er war au-dessus de la mêlée, er war ein linksliberaler moralischer Mensch, aber kein politischer Mensch in dem Sinn, daß er an Aktionen teilgenommen hätte. Er kam, wenn man ihn einlud, und hielt eine Rede, dann ging er wieder und ließ die anderen die politische Arbeit erledigen. Ich verurteile das nicht, aber manchmal wäre ich froh gewesen, wenn er sich mehr engagiert hätte.«[20]

In der Systemkonkurrenz lösten beide Lager ihr »Versprechen«, mehr Sozialismus beziehungsweise mehr Demokratie zu verwirklichen, nicht ein. Frisch konnte weder für die eine noch die andere Seite Partei ergreifen. Als doppelter Außenseiter suchte er nach einer dritten Position, die seinem ästhetischen und ethischen Anspruch gerecht werden konnte. Die Suche zeitigte unterschiedliche Resultate. »Kombattante Resignation« hieß die eine Position, auf die er sich in seiner Büchner-Rede zurückzog, die Verteidigung des L'art pour l'art als ästhetisch-politische Widerstandsposition war eine andere. Oder er setzte seine Hoffnung auf ein einzelnes politisches Ereignis wie den Prager Frühling.

Stets ging es bei seinem Engagement um jene Aufrichtigkeit, jene Übereinstimmung von Anspruch und Wirklichkeit, Idee und Form, die er in Politik und Gesellschaft der fünfziger Jahre schmerzlich vermißte.

Frischs Suche nach einem Weg zwischen den Fronten war seine Art der Opposition gegen den herrschenden Konservatismus und Pragmatismus. Die Jugend kreierte andere Oppositionsformen. Die Bewegung der sogenannten »Halbstarken« mobilisierte vor allem Kinder aus sozial niedrigen Schichten. Sie erschreckten die Bürger durch aggressives Outfit wie Nietenhosen, Lederjacken, Windstoßfrisuren und durch ihre Musik, den Rock'n'Roll. Der Hang der »Rocker« zur Gewalt nahm legendäre Formen an: Beim Bill-Haley-Konzert Ende Oktober 1958 im Berliner Sportpalast zertrümmerten die begeisterten Fans zum Entsetzen der Nation innerhalb von fünfzehn Minuten Mobiliar im Wert von 60 000 Mark – eine enorme Summe in der damaligen Zeit.

Die Kinder des Bildungsbürgertums fanden ihre eigene Oppositionsform. Sie zogen das Habit des »Existentialisten« an, schwarze Röhrenhosen, schwarze Rollkragenpullover, französisches Béret, sie lasen Sartre und Camus, diskutierten in den Cafés die Thesen der französischen Existentialphilosophie und die Filme der *nouvelle vague,* rauchten Gauloises und Gitanes, lauschten den Chansons von Edith Piaf,

Juliette Gréco und Georges Brassens, oder sie besuchten die absurden Theaterstücke Ionescos, Audibertis oder Becketts. Das rasch populär werdende Fernsehen verbreitete die jeweils neuen Strömungen in Windeseile. Es begann jene Beschleunigung der Aktualitäten, die bis heute anhält. Zu beiden Jugendbewegungen hatte Frisch keinen Zugang. Sie waren ihm, dem politischen Analytiker und linksliberalen Bildungsbürger, moralisch und ästhetisch zu anspruchslos.

Brechts Tod

Ein weiteres prägendes Erlebnis der fünfziger Jahre war Brechts Tod. Im September 1955 hatte Frisch den Stückeschreiber zum letzten Mal in Ost-Berlin besucht: »Ein kurzer und sogar etwas steifer Besuch an der Chaussee-Straße. Wohnung mit Blick auf den Friedhof.« Helene Weigel, Brechts Frau, und Benno Besson, mit dessen Schwester Madeleine Seigner Frisch seit Beginn der fünfziger Jahre befreundet war,[21] nahmen zeitweilig am Gespräch teil. Brecht »sah krank aus, grau, seine Bewegungen blieben sparsam ... Es drängte ihn, so tönte es, zu schreiben.« Der Besuch verlief unerfreulich. Die Kluft zwischen Ost und West ließ sich mitten im kalten Krieg auch unter alten Bekannten kaum mehr überbrücken: »Man kam jetzt, wenn man aus dem Westen kam, von weither. ... Ich blieb befangen. Ein unoffenes Gespräch, eigentlich überhaupt keines ... Wiedervereinigung? Dazu Brecht: ›Wiedervereinigung heißt noch einmal Emigration.‹«[22]

Nach diesem Besuch begann Frisch die Arbeit an einem neuen Roman. Der spätere Titel: *Homo faber*. Aus Amerika kam eine Einladung zur Teilnahme an der International Design Conference in Aspen (Colorado).[23] Sie war doppelt willkommen. Die Architekturschrift *Achtung: die Schweiz!*

hatte eine landesweite Diskussion ausgelöst. Frisch sah sich wüsten Polemiken ausgesetzt. Die Trennung von der Familie hatte Wunden geschlagen. Die Reise nach Amerika, die ihn in zwei Monaten über Rom und Neapel per Schiff nach New York, San Francisco, Los Angeles, Mexico City, auf die Halbinsel Yucatan und nach Havanna führte, brachte Distanz und Entlastung. Und alle diese Orte gingen als Schauplätze in den neu entstehenden Roman ein.

Kurz nach Frischs Rückkehr aus Amerika starb, erst 58 Jahre alt, am 14. August 1956 Bert Brecht in Berlin. Frisch schrieb in der *Weltwoche* den Nachruf *Brecht ist tot*.[24] Der kurze Text begann mit den Worten: »Die ersten Zeitungen lesend, die im Lexikon-Ton bestätigen, daß Brecht, dessen Gesicht … mich nun einmal verfolgt, ein politischer Schweinehund war und blind …«

Brecht war zu dieser Zeit in Ost und West Persona non grata: 1953 hatte er sich beim Aufstand der Berliner Bauarbeiter in den Augen vieler einseitig Informierter zu sehr mit der DDR-Führung solidarisiert. Die Folge war ein Aufführungsboykott in zahlreichen westlichen Theatern. Gleichzeitig hatte er sich auch mit der Politik und Kulturpolitik der SED angelegt und zog sich damit den Zorn Ulbrichts und seiner Entourage zu. Verschweigen konnte man den genialen Theatermann hüben wie drüben nicht. Sein Theater am Schiffbauerdamm hatte als einzige deutsche Bühne nach dem Zweiten Weltkrieg Weltruhm erlangt. Brechts Berühmtheit war die Rüstung, die ihn schützte – aber auch panzerte, verhärtete, »unoffen« machte, wie Frisch es nannte.

Der »mitternächtliche Tod von Brecht«, so Frisch, habe ihn »außerordentlich wenig berührt«. Zu »larvenhaft« seien die letzten Gespräche gewesen. »Konnten sie denn anders sein? Der Westen lauerte auf seine Ergebung.« Doch Brecht verweigerte sich.

Ganz anders sei es gewesen, Brecht »an der Arbeit zu treffen und durch seine Fragen sofort beteiligt zu werden, hinreißend zu Wonnen der Nüchternheit. In der Arbeit war er wie keiner bereit, Einwände zu hören, zu prüfen, das Gegenteil zu erproben, zu verwandeln, hier war er lebendig in beispielhafter Art ...«

Frischs Fazit: »Daß Brecht nicht mehr arbeitet, bestürzt mich.« Und weiter: »Vor einem Monat starb Benn, den man nicht nach seiner politischen Einsicht, sondern allein nach seinen Versen wertet. Es räumt auf, es räumt auf unter den Meistern deutscher Sprache, und ins vordere Glied treten, nicht ohne Verlegenheit, so denke ich, die nächsten, der Sense näher als der Meisterschaft.«[25]

»Ins vordere Glied treten«: Mit Brechts Tod war nicht nur der große, umstrittene Lehrmeister gestorben, sondern auch der Platz im »vorderen Glied« frei geworden. Frei für Frisch, doch auch für Dürrenmatt. Beide lieferten sich nach Brechts Tod einen fulminanten Wettlauf um die Position: Dürrenmatt ging 1956 mit *Der Besuch der alten Dame* in Führung, Frisch zog 1958 mit *Biedermann und die Brandstifter* gleich, 1961 folgte *Andorra*, ein Jahr darauf Dürrenmatts *Die Physiker*. In kurzen fünf Jahren begründeten Frisch und Dürrenmatt in einem Kopf-an-Kopf-Rennen ihren Weltruhm als Dramatiker und sicherten sich – vermutlich – ihren Platz in der Klassikergalerie.

Homo faber oder Stillers gegensätzlicher Bruder

Auch als Romancier schuf Frisch in diesen Jahren mit *Homo faber* Weltliteratur. Bis und mit *Stiller* hatten die großen Texte stets eine spezielle biographische Funktion.

Sie waren nicht nur literarische Kunstwerke, sondern auch literarische Probehandlungen auf das Leben hin: In ihnen erprobte Frisch Entscheidungen und Haltungen, die er danach im Leben vollzog. Oder in den Worten Gottfried Honeggers: »Es ist interessant, wie oft bei Frisch die Biographie die Romane einholte.«[26]

Mit dem Entschluß, Berufsschriftsteller zu sein, verlor dieser Aspekt an Bedeutung. Frisch verarbeitete weiterhin seine Biographie zu Literatur. Dürrenmatt bemerkte treffend: Er »konnte Dinge erzählen und beschreiben, die er erlebte, und sie unmittelbar umsetzen in seinem Werk ... Ich bewundere in Frisch, daß er sich als Fall ansah. Frisch ist immer der Fall, sein Fall ist der Fall ... Bei Frisch gibt es die absolute Dokumentation des Vorhandenen ...«[27] Biographisches war und blieb das Zentrum. Doch der Aspekt des Suchens und Erprobens neuer Lebensformen trat in den Hintergrund. Mit *Stiller* hatte Frisch seine Lebensform und seinen Platz in der Gesellschaft gefunden.

Ende 1955 begann Frisch die Arbeit am *Homo faber*. Im folgenden Frühsommer folgte eine zweite Amerikareise. Ende Juli kehrte er in die Schweiz zurück und setzte die Arbeit fort. Ende Februar 1957 annoncierte er seinem Verleger das fertige Manuskript. Zwei Monate später verwarf er die Fassung und erstellte innerhalb von drei Tagen eine neue. Im Mai unternahm er mit seiner damaligen Freundin Madeleine Seigner eine Griechenlandreise und besuchte u.a. Athen und Korinth. Auch diese Reise ging in den neuen Roman ein. Am 20. Juni war *Homo faber* vollendet, letzte Verbesserungen datieren vom 12. August 1957. Das Buch erschien im Oktober desselben Jahres. Eine Reise nach Bagdad diente der Erholung.

Homo faber beginnt, wie der Untertitel suggeriert, als *Ein Bericht*.[28] Walter Faber, Schweizer Ingenieur im Entwicklungsdienst der UNESCO, Rationalist, Techniker und Pragmatiker, rapportiert seine Notlandung in der mexikanischen Wüste.

Es hatte nicht an Ahnungen und Vorzeichen gefehlt, doch zufällig – der Antimetaphysiker Faber glaubt nicht an Schicksal oder Fügung – bestieg Faber im letzten Augenblick die Unglücksmaschine. Der Zufall führt weiterhin Regie. Nach der glimpflich verlaufenen Bruchlandung der Super-Constellation, der modernsten Interkontinentalmaschine der Zeit, entpuppt sich der Sitznachbar Herbert als Bruder von Fabers Jugendfreund Joachim. Joachim betreibt in Guatemala eine Kaffeeplantage. Seit Monaten fehlt von ihm jede Nachricht. Deshalb will Herbert ihn besuchen. Faber unterbricht seine Dienstreise und begleitet Herbert. Man fährt mit dem Jeep durch heißes Sumpfland. Faber, der Kopfmensch mit Wasch- und Rasierzwang, ekelt sich vor der »schleimigen Sonne«, der »klebrigen Luft«, dem »Gestank und Schlamm«[29], und er assoziiert diesen Ekel mit Fruchtbarkeit, Frau und Tod: »Erde ist Schlamm nach einem einzigen Gewitter ... Verwesung voller Keime, ... Tümpel im Morgenrot wie Tümpel von schmutzigem Blut, Monatsblut, ... ein Gewimmel von Spermatozoen, ... grauenhaft ...«[30] Selbst das Organische des eigenen Leibs ist Faber ein Graus: »Überhaupt der ganze Mensch! – als Konstruktion möglich, aber das Material ist verfehlt.«[31] Naturschönheit ist bestenfalls Anlaß zu Spott. Frisch erlaubt seinem gefühlsverkümmerten Protagonisten die gefühlvollsten Naturschilderungen, um sie gleich hinterher als optische Täuschungen ins Lächerlich zu ziehen. Gefühle, so Faber, sind »Ermüdungserscheinungen«.[32] Die einzige Faber gemäße Form der Naturaneignung ist die Schmalfilmkamera, die ihn überallhin begleitet.

Nach der anstrengenden Fahrt durch Dschungel und

Sumpf gelangt man zur Plantage und findet dort Joachim im Schuppen erhängt. Zopilote umkreisen das Haus, das batteriebetriebene Radio dudelt noch. Man beerdigt den Leichnam, der Bruder bleibt zurück, Faber reist nach Caracas weiter. Da dort die gelieferten Turbinen noch nicht zur Montage bereit sind, kehrt er nach New York zurück. Hier trifft er Ivy. Ivy ist jung, schön, sexy – kurz: eine typische Frauenfigur aus Frischs Œuvre. Ivy ist Mannequin von Beruf und, wie ihr Name sagt, von der zähen Anhänglichkeit des Efeus. Doch Faber hat Ivy satt und verläßt sie nach allerlei machistischen Demütigungen. Und wieder trifft er – aus Laune oder Schicksal? – eine ungewöhnliche Entscheidung. Statt nach Paris zu fliegen, bucht er eine Schiffspassage.

An Bord macht er die Bekanntschaft einer zwanzigjährigen rotblonden Frau. Sabeth entpuppt sich als Tochter seiner Jugendliebe Hanna, die er einst in schwangerem Zustand verlassen und die später jenen Joachim geheiratet hatte, der soeben auf der Kaffeeplantage beerdigt worden war. Unwahrscheinliche Zufälle gewiß, doch statistisch gesehen, so Faber, immerhin möglich. Gegen alle Absicht verliebt er sich in Sabeth. Er hält sie für Joachims Tochter, denn Hanna und er hatten damals die Abtreibung beschlossen. Eine einfache Rechnung hätte Faber aufklären müssen, doch wieder spielt ein unwahrscheinlicher Zufall mit: Faber, der Ingenieur, verrechnet sich. Oder verleitete ihn sein Wunsch zum verhängnisvollen Rechenfehler?

Nach der Überfahrt trifft man sich – beinahe zufällig – wieder in Paris und verabredet eine gemeinsame Reise über Südfrankreich und Italien nach Griechenland. In Avignon, der alten Papststadt, erfolgt der Tabubruch: Mond und Sonne stehen in einer astronomischen »Super Konstellation«; in der Nacht geschieht der Inzest des Vaters mit der Tochter, der inverse Ödipus-Akt, unschuldig-schuldig, weil unwissend wie im klassischen Vorbild.

In Griechenland, man ist auf dem Weg zu Sabeths Mutter nach Athen, verdichten sich Fabers Ahnungen. Doch im selben Augenblick, da ihm das Verhängnis zur Gewißheit wird, tritt ein weiterer Zufall ein. Sabeth, von einer Schlange gebissen, weicht vor dem zu Hilfe eilenden Faber zurück und stürzt kopfüber die Böschung hinab. Bewußtlos kommt sie ins Spital, wo sie erfolgreich gegen den Schlangenbiß behandelt wird. Bald darauf stirbt sie, ohne das Bewußtsein wieder erlangt zu haben: Beschäftigt mit dem Schlangenbiß, hatten die Ärzte – so der letzte Zufall – den Schädelbasisbruch des Mädchens übersehen. Hanna, die Mutter, die aus Athen herbeigeeilt ist, findet ihren einstigen Geliebten als den Geliebten ihrer gemeinsamen, soeben gestorbenen Tochter wieder.

Auch Hannas Lebensweg ist einseitig verlaufen. Aus Egoismus hat sie das gemeinsame Kind behalten, aus Realitätsflucht sich in die Archäologie gestürzt, aus Unfähigkeit zur Partnerschaft ein Single-Leben geführt. Für Fabers Einseitigkeit, für sein technizistisches Weltbild, hat sie kein Verständnis. Technik gilt ihr als »Kniff«, die Welt so einzurichten, daß Dulden und Leiden als existentielle Erfahrungen eliminiert bleiben. Techniker sind ihrer Meinung nach »weltlos«, keine Partner, sondern Beherrscher des Lebens.

Das Zusammentreffen dieser »halben« Menschen am Totenbett ihres Kindes (ihrer organischen Synthese) bildet den Höhepunkt an tragischer Verstrickung. Nun beginnt der Untergang Fabers. Er will sein Leben ändern, nach Athen umziehen, Hanna heiraten. Zuvor sind noch private und geschäftliche Dinge zu erledigen. Eine neue Reise, sie gleicht einer Flucht durch die Welt und einer Flucht vor sich selbst, führt ihn in wenigen Wochen über Paris, New York und Venezuela nach Kuba. Auf der Karibikinsel erlebt er eine Art Durchbruch zu einem neuen Lebensgefühl. Die sinnliche Macht der schönen Mulattinnen, der Sonne, des Wassers, des Winds lösen in ihm einen irrationalen Glücksrausch aus, ein euphorisches Gefühl des panerotischen Einsseins mit der Natur. Singend im Sturm anerkennt er zum ersten Mal Vergänglichkeit, Krankheit, Hinfälligkeit und Tod als notwendige Teile eines großen Kreislaufs: »Standhalten dem Licht, der Freude ... im Wissen, daß ich erlösche im Licht über Ginster, Asphalt und Meer, standhalten der Zeit, beziehungsweise der Ewigkeit im Augenblick. Ewig sein: gewesen sein.«[33]

Beflügelt vom neuen Lebensgefühl, kündigt Faber Arbeit, Wohnung und alte Beziehungen auf, läßt sich treiben, bis er zunehmend den inneren Halt verliert. Sein altes Weltbild ist zerbrochen, die neuen Empfindungen überwältigen ihn. Doch mit dem ideellen geht auch der biologische Zerfall einher. Hartnäckige Magenschmerzen kündigen die finale Katastrophe an: Magenkrebs. Faber, der Mensch der »technischen Hybris, wird vom Schicksal auf sein wirkliches Maß zurückgeführt«.[34] In einem Athener Spital wird er für die Operation vorbereitet. Sein letzter Vermerk im Tagebuch: »08.05 Uhr. Sie kommen.«[35] Dann bricht die Aufzeichnung ab, und der Leser ahnt, daß Faber die Operation nicht überleben wird.

Homo faber beginnt wie eine konventionelle Reportage. Doch schon bald splittet Frisch die Fabel nach drei verschiedenen Erzählweisen auf. Der erste Teil des Romans bis zum Zusammentreffen mit Hanna ist retrospektiv erzählt: Faber berichtet Hanna die Geschichte mit Sabeth als Beweis seiner Unschuld am Inzest und am Tod der gemeinsamen Tochter.

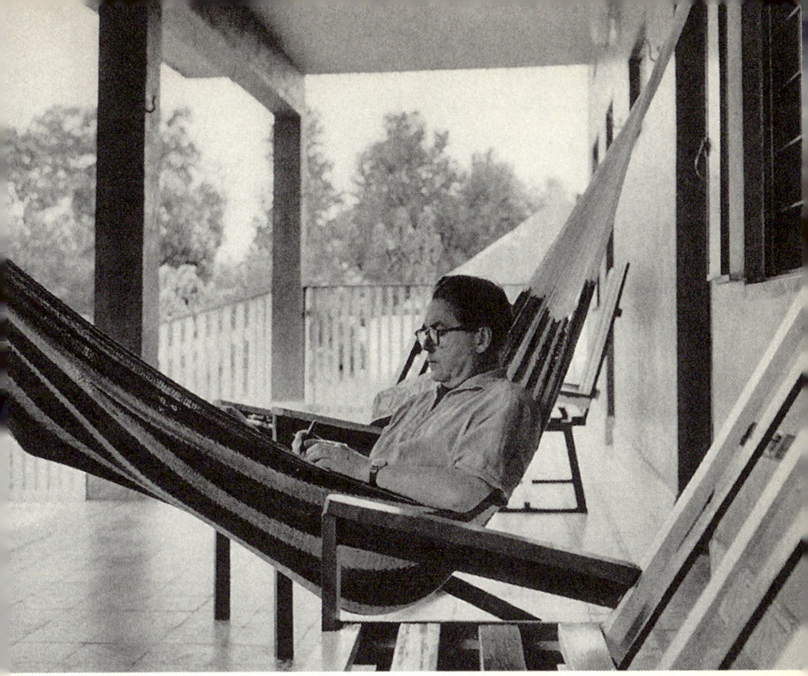

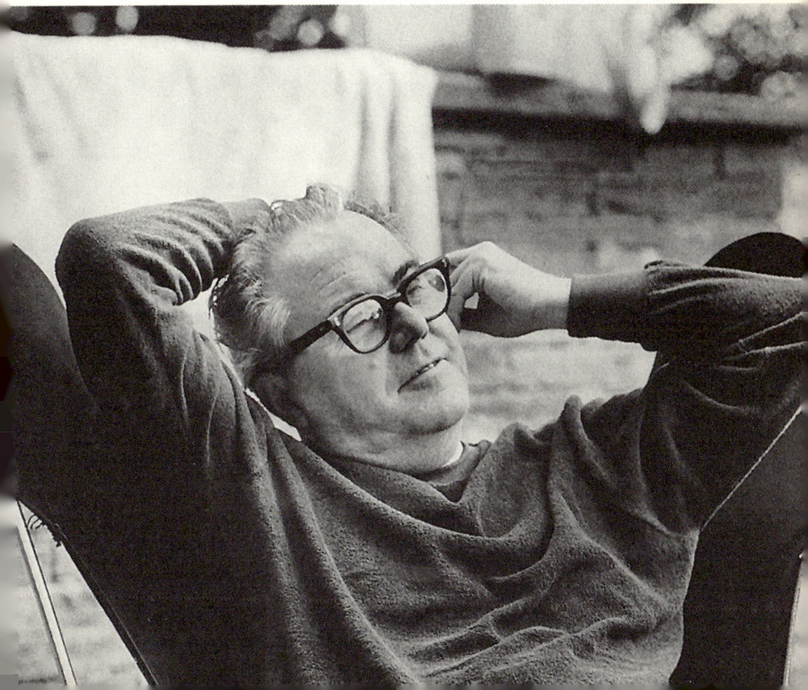

Der zweite Teil, Fabers Flucht vor sich selbst (oder zu sich selbst), hat die Form eines Tagebuchs. Der dritte Teil des Romans zeigt Faber in einem Athener Spital, wo der Krebs operiert werden soll. Man hat ihm die Hermes Baby abgenommen. Darum zeichnet er die Geschichte von Hanna, Sabeth und Joachim in knappen Handnotizen auf.

Indem Frisch diese drei Erzählweisen mischte, schuf er sich vielfältige narrative Möglichkeiten: Berichte wechseln mit Retrospektionen, Überblendungen, Raffungen, Zeitsprüngen und Reflexionen, verschiedene Zeitebenen werden ineinander verzahnt, innere Korrespondenzen von Figuren und Ereignissen hervorgehoben, mythologische und historische Bezüge aufgedeckt usw. Diese erzähltechnischen Raffinessen sind aber nicht Selbstzweck. Sie reflektierten auf der Formebene den Zerfall des eindimensionalen, gradlinigen Faberschen Weltbilds zu einem Konglomerat widersprüchlicher Teile, Fetzen, Mosaiksteine.

Besonders reizvoll fand Frisch »die Diskrepanz zwischen Fabers Sprache und dem, was er wirklich erfährt und erlebt ... Die Sprache ist also der eigentliche Tatort ... Wir sehen, wie er sich interpretiert. Wir sehen im Vergleich zu seinen Handlungen, daß er sich falsch interpretiert.«[36] Aus dieser Diskrepanz entspringt eine permanente Selbstkorrektur: »Der Witz des Buches, der Kniff ... ist ja der: Es ist fast die unwahrscheinlichste Geschichte, die man sich ersinnen kann ... Da ist wirklich ein Zufall nach dem anderen ... Wenn ich das mit Schicksalsgläubigkeit erzählen würde, so würde jeder mit Recht nach fünfzehn Seiten auflachen und sagen: ›Das auch noch! Hab ich's mir doch gedacht! Und wen trifft er jetzt?‹ ... Der Witz daran ist, daß ein Mensch, der in seinem Denken die Zufälligkeit postuliert, eine Schicksalsgeschichte erlebt.«[37]

Bei aller erzähltechnischen Unterschiedlichkeit besteht

ein enger Zusammenhang zwischen *Homo faber* und *Stiller*. Hans Mayer bezeichnete die beiden Texte als »Komplementärromane. Das gleiche zivilisatorische Thema dergestalt behandelt, daß jeder dieser beiden Roman als Gegenstück, Ergänzung ... des anderen betrachtet werden kann.«[38] Frisch hat diese Interpretation in einem Brief ausdrücklich bestätigt:[39] Stiller wie Faber sind Beispiele eines gescheiterten Lebens. *Stiller* ist die Geschichte eines Künstlers, der seine Identität verleugnet und sie im Laufe der Geschichte von außen aufgedrängt erhält; Faber ist der Naturwissenschaftler, dessen Selbstgewißheit durch äußere Ereignisse ins Wanken gerät und schließlich zerbricht. Auch biographisch lassen sich die beiden Romane als Komplementärtexte lesen: Anatol Stiller repräsentiert die eine, Walter Faber die andere Seite der Doppelbegabung Frischs.[40]

Beide Texte sind zugleich Versuche, moderne Lebenserfahrung in eine neue, literarisch adäquate Form zu bringen. Solche Versuche waren charakteristisch für die fünfziger Jahre. Die populärste Bewegung, der französische *nouveau roman,* trug den Erneuerungsanspruch im Titel.

Im großen realistischen Roman des neunzehnten Jahrhunderts war der Autor ein omnipotenter Schöpfer, der in die Köpfe und Herzen seiner Figuren hineinsah und ihre Schicksale überblickte und lenkte. Im zwanzigsten Jahrhundert wurde diese Erzählweise fragwürdig. Wie konnte ein Autor glaubwürdig behaupten, alles zu wissen? Wie eine Ordnung ins erfahrene Chaos bringen? Die Literaturdebatten der fünfziger Jahre schufen den allwissenden Autor ab. Glaubwürdig sei nur noch, aus der subjektiven Ich-Perspektive zu berichten.

Der Demontage des omnipotenten Autors entsprach die Zertrümmerung und Fragmentierung der erzählten Figuren. Ein Individuum hatte keine »Identität« mehr im Sinne einer kohärenten Größe. Es wurde ein Compositum mixtum. An die Stelle eines in sich geschlossenen, eines ›abgerundeten‹ Charakters, der sich durch Handeln und Sprechen psychologisch folgerichtig zu erkennen gibt, trat das Bild eines Menschen, der aus widersprüchlichen Bruchteilen komponiert und in seinem Tun und Lassen unberechenbar und durch Zufälle, Sprünge und Irrationalismen bestimmt war.

Mit solchen Veränderungen reagierte die Literatur auf Entwicklungen, die in der gesellschaftlichen Realität seit dem Ersten Weltkrieg unübersehbar geworden waren: auf die Zerstörung des humanistisch verstandenen menschlichen Individuums durch die moderne Massengesellschaft. Die Erfahrung, daß Menschen keine unverwechselbaren Individuen, sondern zunehmend Massenware wurden, ließ sich mit den traditionellen Romantechniken nicht mehr glaubwürdig gestalten.

Homo faber wurde bei seinem Erscheinen als technikkritischer Reise- und Abenteuerroman gelesen. Frisch hat sich gegen diese vordergründige Lesart gewehrt:[41] Walter Faber ist nicht der »Technikertyp aus einer Zeit, in der das Wort ›American Way of Life‹ ganz positiv und gläubig ausgesprochen worden ist«.[42] Zentrales Thema ist nicht die Technik, sondern das verfehlte Leben: »Dieser Mann lebt an sich vorbei, weil er einem allgemein angebotenen Image nachläuft, dem Image von ›Technik‹. Im Grunde ist der homo faber, dieser Mann, nicht ein Techniker, sondern er ist ein verhinderter Mensch, der von sich ein Bildnis gemacht hat, der sich ein Bildnis hat machen lassen, das ihn verhindert, zu sich selbst zu kommen.«[43]

Die technikkritische Leseart lag nahe, hatten doch die Menschen der fünfziger Jahre ein höchst gespanntes Verhältnis zur Technik. Einerseits herrschte ein ungebrochener Glaube an die technische Machbarkeit der Zukunft. Ein naiver Fortschrittsglaube traf sich mit der Ablehnung jeder Form von »Weltanschauungsethik«. Ideologien hatte man in der Vergangenheit genug gehabt, jetzt sollten nur noch sogenannte »ideologiefreie«, naturwissenschaftliche Fakten gelten. Der schnelle wirtschaftliche und technische Fortschritt der fünfziger Jahre gab diesem Fortschrittsoptimismus Nahrung und Legitimität. Faber, der Techniker, der für gute Zwecke abenteuerliche Reisen unternimmt, war eine ideale Identifikationsfigur.

Aber auch Fabers »Wende«, seine Abkehr vom alleinseligmachenden Glauben an die technische Rationalität, bediente den Zeitgeist. Der technische Fortschritt zeigte damals bereits bedrohliche Kehrseiten. Die wiederaufgebauten Städte erwiesen sich als Betonöden, das Wirtschaftswunder war mit Hektik, Streß und dem Zerfall der herkömmlichen Sozialstrukturen erkauft, die Motorisierung forderte mehr und mehr Todesopfer, die Angst vor der atomaren Selbstausrottung wuchs mit den Krisen, Kriegen und Revolutionen in Korea, Berlin, Vietnam, im Suezgebiet oder in Kuba.

Mitte der fünfziger Jahre begannen die Menschen ihre »Antiquiertheit« zu spüren, die Günther Anders schon damals blendend analysiert hat: Die technischen Erfindungen überstiegen den Denk- und Verantwortungshorizont ihrer Erfinder und setzten unabsehbare, irreversible Entwicklungen in Gang. Angst und Ohnmachtsgefühle waren die Folge.

Im Zeitgeist lagen auch andere Aspekte des Romans: Europa hatte in zwei großen Kriegen die wirtschaftliche und militärische Supramatie der USA anerkennen müssen. Den Dünkel seiner geistigen Überlegenheit hielt es aufrecht. *Homo faber* bediente die antiamerikanischen Klischees europäischer Intellektueller ebenso wie die gängigen Vorurteile zur Psychoanalyse oder zur »Neger«-Welt. Mythen- und Tragiksehnsucht einer geschichtsenttäuschten Generation, Reiseexotik am Beginn des Fernreisebooms, sex and crime in einer ebenso prüden wie lüsternen Zeit, Frauenemanzipation in der Figur Hannas und machistisches Frauenbild in der Figur von Ivy.[44] Frisch, so scheint es, hat eine breite Palette an Reizthemen der Zeit virtuos kompiliert und mit der Rollenprosa des Buchs – Faber spricht den kühlen, knappen Slang des Technikers – auch die modischen Hörgewohnheiten genau getroffen.

Homo faber ist allerdings mehr als ein geschickter Zeitgeist-Text im leichten Ruch des Trivialen. Seine komplexe Textstruktur und seine »chaotische Vielfalt der Symbolik« (Reinhard Meurer) lassen unterschiedlichste Lesarten zu und machen ihn zu einem Eldorado der Literaturwissenschaft.[45]

Im Zentrum der meisten Interpretationen stehen die Antinomien Technik versus Natur, Wahrscheinlichkeit versus Fügung, Zufall versus Schicksal, männlicher Machbarkeitswahn versus weibliche Intuition, Mathematik versus Mythos, Amerika als Ort technischer Rationalität versus Europa als Ort für Ursprung und Kultur usw.[46] Frederick A. Lubich deutete Fabers Reise und seine innere Wandlung gar als Initiation in die Eleusinischen Mysterien: Unter Führung von Joachims Bruder Herbert, dem antiken Hermes (später substituiert durch die Hermes-Baby-Schreibmaschine) verwandle sich Fabers »Zwang zur technologischen Selbstvergewisserung in einen wachsenden Drang nach mythischer Selbsterfahrung«.[47] Fazit: *Homo faber*, das sind 2500 Jahre europäisches Bildungsgut in Form eines unterhaltenden »Reißers«.

Frisch gehörte nach *Stiller* zu jenem Dutzend internationaler Autoren, deren Neuveröffentlichungen sofort und überall rezensiert wurden. *Homo faber* erschien Ende September. Der Verlag hatte das Ereignis publizistisch sorgfältig vorbereitet. Noch vor der Auslieferung erschienen Vorabdrucke aus dem neuen Roman in meinungsbildenden Medien wie der *Neuen Zürcher Zeitung*[48] oder fanden Lesungen statt, z.B. im RIAS-Berlin[49]. Im Schweizer Rundfunk, Studio Zürich,[50] las der berühmte Schauspieler Peter Lühr im Erscheinungsmonat den Roman integral, und Frisch bestritt zahlreiche Lesungen aus dem Manuskript. Das Buch erschien am 30. September 1957 in einer Startauflage von neuntausend Exemplaren. Vier Tage später mußte eine zweite Auflage mit siebentausend Büchern nachgeliefert werden, und kurz vor Weihnachten war eine dritte Auflage mit weiteren fünftausend Exemplaren notwendig. Dreißig Jahre später betrug die Auflage zwei Millionen, und das Buch war in fünfundzwanzig Sprachen übersetzt worden.[51] *Stiller* hatte Frisch bei den Literaturkennern berühmt gemacht, *Homo faber* brachte den breiten künstlerischen und ökonomischen Durchbruch auf dem internationalen Literaturmarkt.

Reinhold Viehoff hat über zweihundert zeitgenössische Rezensionen ausgewertet.[52] Zwei Drittel davon »sprachen sich unter literarästhetischen Gesichtspunkten für den *Homo faber* aus«.[53] Man schrieb von »faszinierender Begabung«, von einem Roman, »den wir zu den interessantesten der letzten Jahre zählen dürfen«, von »einer der glänzendsten Leistungen Frischs«, von »unglaublicher Meisterschaft«, von »seinem besten Erzählwerk bis heute«, von »einem der klügsten deutsch schreibenden Autoren unserer Zeit« etc.[54]

Beim ablehnenden Drittel spielte der Vergleich mit dem

höher bewerteten *Stiller* ebenso eine Rolle wie »politische, zeitgeschichtliche oder religiöse Zusammenhänge«.[55] Typisch für das erste war Walter Jens' Urteil: »In Wahrheit ist *Homo faber* nicht mehr als eine Arabeske zum großen Roman von 1954 [*Stiller;* U.B.] – das Ausgeführte wird übertragen, das Gemälde noch einmal skizziert ... nicht immer ganz glücklich, leider.«[56] Für die religiöse Sichtweise mag die Schlußfolgerung eines überzeugten Christen stehen: »Das spannend geschriebene Buch ist leider schon wegen der Bejahung der Schwangerschaftsunterbrechung für evangelische Gemeindebüchereien nicht geeignet. Schade!«[57]

Besonders umstritten war die Sprache des Romans. Frisch hatte Fabers »Bericht« mit viel Absicht in der kargen, trockenen, oft schludrigen Sprache, im Slang eines modernen Technikers abgefaßt. Die einen Kritiker fanden diese Form der Rollenprosa sehr gelungen,[58] andere wiesen auf den Widerspruch hin, daß Walter Faber noch immer über eine Wortmächtigkeit verfüge, die einem Techniker nicht zukomme. Eine dritte Fraktion verurteilte Fabers Sprache kurzerhand als schlechtes Deutsch: »Wesentlich unangenehmer berührt den, der die Schönheit der deutschen Sprache noch schätzt, die immer wiederkehrende Verwendung falscher Konjunktive, wie sie leider heute vor allem in Deutschland gang und gäbe ist ...«[59]

Auch die Bauform des Romans wurde diametral beurteilt: Die einen lobten die kunstvolle Montage der unterschiedlichen Zeit- und Berichtsebenen als einen »wesentlichen Schritt über den traditionellen Roman und seinen auktorialen Erzähler hinaus«.[60] Andere sahen in dieser Erzählstruktur nur eine »Fülle von wunderbar poetischen und unmittelbar anschaulichen Einzeldarstellungen, die jedoch nicht in die Grundstruktur des Geschehens eingreifen können«.⁶¹ Der internationale Erfolg ließ die ablehnenden Stimmen allmählich leiser werden.

Wenige Monate nach seinem Erscheinen zeichnete die Stadt Lausanne *Homo faber* mit dem damals international renommiertesten Schweizer Literaturpreis, dem Prix Charles Veillon, aus. Der Verleihung war eine Kontroverse vorausgegangen, die eindrücklich Frischs gewachsenes Selbstbewußtsein zeigt: Der Zürcher Literaturprofessor Karl Schmid hatte Frisch aufgefordert, sich um den Preis zu bewerben. Frisch reagierte empört: Früher habe man ihn als »Nestbeschmutzer« und ähnliches verschmäht, jetzt, da er arriviert sei, klopfe man ihm auf die Schulter. Er »bewerbe« sich aber nicht um Preise, er lasse sie sich als Überraschung schenken. Schlußsatz des Briefs: »sie sollen mich am Arsch lecken! Soviel zur Sache.«⁶² Frisch erhielt den Preis ohne Bewerbung. Die Gewichte hatten sich verlagert: Künftig gereichte es einer Preisjury zur Ehre, Frisch mit ihrem Preis zu auszuzeichnen.

Biedermann und die Brandstifter – Ein Lehrstück ohne Lehre

Ein knappes halbes Jahr nach Erscheinen von *Homo faber* gelang Frisch mit *Biedermann und die Brandstifter* auch als Dramatiker der internationale Durchbruch.

Wie schon beim gleichnamigen Hörspiel spielten auch diesmal Zufälle eine Hauptrolle. Frisch berichtete: »Ich hatte einen Roman abgeschlossen und publiziert: den Homo faber, und ich halte es nicht aus, ohne zu arbeiten. Da war ich schon freier Schriftsteller, und ich konnte also nicht auf die Baustelle gehen –, und das Schauspielhaus Zürich sagte: Schreib ein Stück, schreib ein Stück! Ich sagte, ich habe keines. Die sagten: Wie wäre es mit diesem

Hörspiel? ... Und dann habe ich das Stück gemacht. Ich erzähle das nicht als Anekdote, sondern weil diese Art von Arbeit – wenn man einen eigenen Stoff bearbeitet wie einen fremden, der einen nicht mehr als Erfindung interessiert – die handwerklich viel freiere und souveränere ist.«[63]

Frisch kam mit der Arbeit schnell voran, und der Text, geschrieben im Oktober und November 1957, wurde schon am 23. März des darauffolgenden Jahres im Schauspielhaus Zürich uraufgeführt. Regie führte Oskar Wälterlin, das Bühnenbild – ein Einfamilienhaus mit Estrich – entwarf Dipl. Arch. Max Frisch. In den Hauptrollen spielten: Gustav Knuth (Biedermann), Boy Gobert (Eisenring, der Kellner), Ernst Schröder (Schmitz, der Ringer), Elsbeth von Lüdinghausen (Babette, Biedermanns Frau), Margot Trooger (Anne, Dienstmädchen). Auch der Chor der Feuerwehrleute war mit Otto Mächtlinger, Paul Bühlmann und Horst Sachtleben u.a. gut besetzt.

Die prominente Besetzung, die Regie durch den Chef des Hauses und das Premierendatum kurz nach Fertigstellung des Textes weisen darauf hin, wie hoch die Theaterleitung das neue Werk geschätzt haben muß. Aus der zeitlichen Distanz stellt sich die Zusammenarbeit zwischen Schauspielhaus und Max Frisch als ideale Partnerschaft dar. Die Realität sah anders aus: Bis zu *Biedermann* war Frisch eine Risikoposition im Spielplan. Seine Stücke erreichten nie hohe Zuschauerzahlen, waren gar »Flops« oder führten zu Streit. »In den ersten Jahren gehörte ... in Zürich viel Mut dazu, Stücke von Frisch und Dürrenmatt zu zeigen ... Besonders riskant für das Haus sind die Stücke von Max Frisch bis in die fünfziger Jahre hinein, denn er hat sich verdächtig gemacht, spätestens mit GRAF ÖDERLAND.«[64]

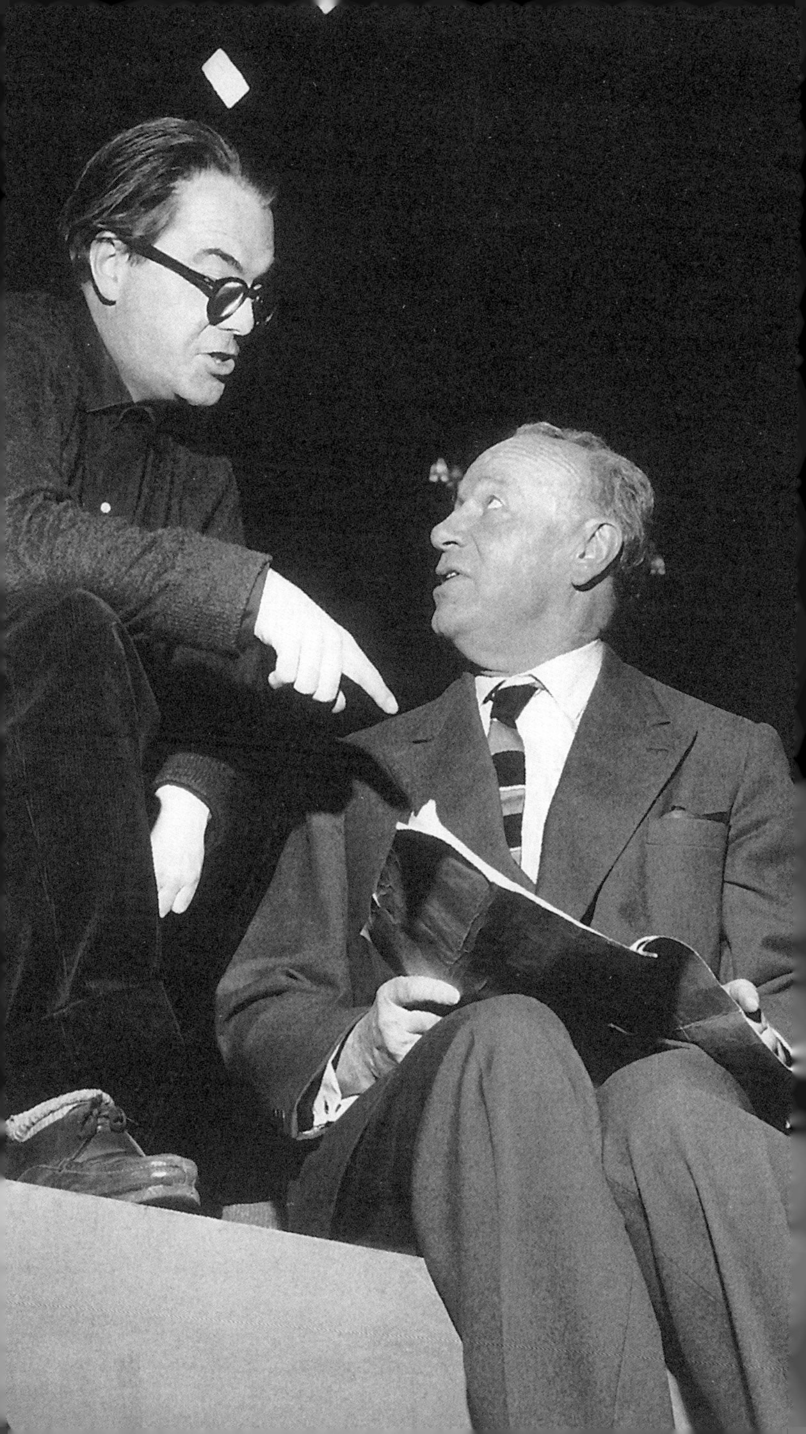

Öderland war ein eklatanter Mißerfolg gewesen und hatte in einem handfesten Krach geendet. Frisch erhob im *Kleinen Memorandum zu Graf Öderland* scharfe Vorwürfe gegen das Schauspielhaus. Von unsorgfältiger Besetzung war die Rede, von der Willfährigkeit des Hauses gegenüber politischen Repressalien, vom Kniefall vor der »Kritikerclique« und von der Verhinderung jeder Diskussion durch eine vorzeitige Absetzung des Stücks.[65]

Das waren happige Vorwürfe. Es zeugt von Größe und Mut, daß Kurt Hirschfeld und Oskar Wälterlin schon zwei Jahre nach dem *Öderland*-Debakel das nächste Stück Frischs, *Don Juan oder Die Liebe zur Geometrie,* zur Uraufführung brachten (1953). Auch dieses Stück stieß zum Teil auf wütende Ablehnung: *»Don Juan oder Die Liebe zur Geometrie* ist ein ganz abscheuliches Stück, reiht sich aber folgerichtig an *Graf Öderland* ... Hitler ist tot – dafür haben wir nun den Nihilismus in anderer Form ... Es fängt an für Zürich bedenklich zu werden«[66], schrieb der Schriftsteller (und erfolglose Dramatiker) Walter Marti an den Zürcher Stadtpräsidenten. Ute Kröger und Peter Exinger resümieren den Hintergrund dazu in ihrer ausgezeichneten Monographie des Schauspielhauses Zürich: »Die Pfauenbühne war in den frühen fünfziger Jahren Zielscheibe des ›Kulturkampfes‹. Daß es sich ihm nicht ganz wehrlos auslieferte, daß Frisch und Dürrenmatt trotzdem gespielt wurden, ist sicher besonders Hirschfeld zu verdanken.«[67]

Erst nach 1956 und nach 1958, d.h. nach den Uraufführungen von Dürrenmatts *Der Besuch der alten Dame* und Frischs *Biedermann und die Brandstifter,* also erst nach ihrem weltweiten Durchbruch galten die beiden Dramatiker auch in Zürich als Koryphäen. Jetzt erst entstand der Mythos vom großen Theater der großen Schweizer Dramatiker und verschmolz mit dem anderen Mythos, dem des großen antifaschistischen Emigrantentheaters. Wäre es nur nach der zeitgenössischen Kritik und dem zeitgenössischen Publikum gegangen, gäbe es beide nicht. Der Stolz, der den heutigen Habitués die Brust schwellt, hat den Zorn der Vor- und Vorvorväter vergessen. Diesen galt das Emigrantenensemble als »jüdisch-bolschewistisches Theater« und Frisch und Dürrenmatt als skandalöse Jungschreiber, als Newcomer ohne kulturelle Wertgarantie.

Die Parabel vom Haarölfabrikanten Biedermann, der trotz deutlicher Warnzeichen zwei Brandstifter bei sich aufnimmt und ihr Treiben aus Feigheit und Konfliktscheu so lange verharmlost, bis das eigene Haus niederbrennt, diese Geschichte wurde bereits bei der Betrachtung des Hörspiels erzählt. Auch auf die große Offenheit der Parabel für konträre Deutungen wurde dort hingewiesen: Sahen die einen im Stück eine Parabel für die Machteinsetzung Hitlers, so die anderen einen Kommentar zum kommunistischen Staatsstreich in der CSSR anno 1948. Für Dritte war *Biedermann* ein Versuch in absurdem Theater oder eine »Machtanalyse der Denkweisen des machthaltigen Bürgertums«, oder ein Spiel um den Verlust der Identität etc.

Im *Tagebuch 1946–1949* hatte Frisch die Geschichte erstmals als *Burleske* skizziert. Burleske bezeichnet seit dem sechzehnten Jahrhundert eine Spottgeschichte (italienisch *burla:* der Spott), die hohe und edle Haltungen und Handlungen ins Lächerliche zieht. Burlesk ist Frischs Geschichte, weil ihr Protagonist edle und humane Motive vorgibt, jedoch aus Feigheit die Augen vor der offenkundigen Wahrheit schließt. Im Interesse des eigenen Seelenfriedens verdrängt er, was ihn empören und zu Widerstand anstacheln müßte – und wird dadurch zum Komplizen von Unrecht und Verbrechen.

Biedermann und die Brandstifter trägt, in polemischer Anspielung auf Brecht, den Untertitel: Ein Lehrstück ohne Lehre. Dennoch enthält die Parabel handfeste Lehren, wovon Schüler auf der ganzen Welt ein Lied zu singen wissen. Gerade seiner Lehrhaftigkeit wegen gehörte das Stück bald zum internationalen Schulstoff.

Frisch war sich der Ironie des Untertitels durchaus bewußt. Zehn Jahre nach der Uraufführung schrieb er: »Die Parabel tendiert zum quod erat demonstrandum, sie impliziert Lehre. Da hilft es nichts, wenn ich im Untertitel schreibe: Ein Lehrstück ohne Lehre. Das signalisiert höchstens, daß es mir nicht eigentlich um die Lehre geht, nicht in erster Linie ... Vielleicht habe ich die Parabel nur gewählt, um dem Imitier-Theater zu entgehen.«[68] – »Imitier-Theater« steht bei Frisch für realistisches Abbildtheater.

Unabhängig von jeder politischen Konkretion zielt die Geschichte vom Biedermann auf ein Grundmuster »biederen« Verhaltens: »Biedermann ist der Prototyp des Spießbürgers; sogar die Angst, spießig zu erscheinen, gehört als Beleg noch zu den Sortenmerkmalen.«[69] Peter Lauser hat den Typus des Spießbürgers wie folgt charakterisiert: »Der Bürger der Mittelschicht ist in seinem Denken und Verhalten konservativ. Er möchte, daß alles so bleibt, wie es ist ... Als Spießer genießt er selbstgefällig seine mittlere Stellung in der Gesellschaftshierarchie. Er tritt kräftig nach unten und buckelt dienststeifrig nach oben. Er ist ein idealer Untertan, der die Autorität über sich voll akzeptiert und ihre Macht nicht antasten will. Er freut sich über die Machtsymbole der Autoritäten und fühlt sich in einem Rangsystem sicher und geborgen ... Er versucht, Kritiker abzuwerten und als ›Sozis, Kommunisten, Erzkonservative, Militaristen, dekadente Intellektuelle und so weiter‹ zu verdammen ... Dieser Spießer der Mittelschicht ist auf

Geborgenheit und Sicherheit aus ... Da die konservative Mittelschicht als Erfüllungsgehilfe der Oberschicht die Unterschicht in Schach halten muß, ist er der geeignete Mann, der für ›law and order‹ eintritt.«[70]

Auf einer allgemeinen Ebene plädiert das Stück gegen mangelnde Zivilcourage, gegen Lüge, Feigheit und Anbiederung aus Angst. Werner Weber hat in einem klugen Essay darauf hingewiesen, daß derjenige, der lügt, stets in der schwächeren Position ist gegenüber demjenigen, der die Wahrheit sagt. Auch wenn letzterer der scheinbar Unterlegene ist. Frisch läßt die Brandstifter voll Ironie erklären, daß die Wahrheit stets die beste Form der Vertuschung sei.[71]

Erst auf der Ebene der konkreten historischen Zuordnung – wer ist mit den Brandstiftern tatsächlich »gemeint«? – wird das Stück polyvalent und kann je nach Situation antisozialistisch wie antifaschistisch, revolutionär oder antirevolutionär gelesen werden. Frisch sah sich bald zu allerlei Präzisierungen genötigt. Um eine plump antisozialistische Lesart zu verhindern, schrieb er für die deutsche Erstaufführung in Frankfurt am Main (28. September 1958) ein *Nachspiel in der Hölle,* in dem Biedermann als Nazimitläufer und die Brandstifter als Faschisten gekennzeichnet werden.

Allerdings war Frisch auch mit dieser Lösung nicht glücklich, schuf sie doch neue Mißverständnisse: »Kurz darauf zog ich dieses Nachspiel zurück, da es die Parabel auf die Vergangenheit bezieht und auf ein bestimmtes Land, also die Parabel als solche aufhebt: die Parabel für die Inkongruenz von Phraseologie und Praxis.«[72] Zwanzig Jahre später brachte Frisch eine unpolitische, psychologische Interpretation der beiden Brandstifter ins Spiel: »Ich meine: die beiden gehören in die Familie der Dämonen. Sie sind geboren aus Gottlieb Biedermann selbst: aus seiner Angst, die sich ergibt aus seiner Unwahrhaftigkeit.«[73]

Die Bühne allerdings tut sich schwer mit Polyvalenzen. Wenn das Stück nicht eindeutig ist, entscheiden der Regisseur oder der Rezeptionszusammenhang, schließlich die Zuschauer, wer mit der Figur des Biedermann, wer mit den Brandstiftern gemeint sein könnte. Diese Unschärfe oder Bedeutungsoffenheit trifft nicht nur auf *Biedermann* zu; sie ist ein Qualitätsmerkmal – oder eine Schwäche – jeder Parabel. »Eine Parabel erhält ihre Bedeutung erst durch die Konfrontation mit den brennenden Problemen der Gegenwart an dem Ort, wo sie gespielt wird.«[74]

Die interpretative Offenheit ist *ein* Grund, weshalb *Biedermann* zu einem der beliebtesten Theaterstücke der Moderne avancierte. Ein anderer Grund liegt in der Bauform. Frischs Parabel ist das Paradebeispiel einer konsequent linearen Handlungsdramaturgie: ein Element ergibt sich zwingend aus dem anderen. Frisch verzichtete weitgehend auf Sprünge, Gegenhandlungen, Spiegelungen, Seitenlinien etc. Die Spannung auf den Ausgang des Stücks wurde eliminiert. Der Zuschauer weiß von Anfang an, daß das Haus abbrennen wird. Das »Was?« ist unwichtig, das Zuschauerinteresse wird allein auf das »Wie?« der Handlung konzentriert. Auffällig gemacht und somit der kritischen Reflexion zugeführt wird die Verhaltens*weise* der Figuren.

Das ist Theater ganz im Sinne Brechts, und brechtisch sind auch die Verfremdungsszenen, die Frisch in die Bühnenversion des Stücks einfügte: Ein Chor von Feuerwehrmännern, Travestie der griechischen Tragödie und Parodie des »gesunden Menschenverstands«[75], singt zwischen den einzelnen Spielszenen in wohlgesetzten Versen seine Warnungen und Kommentare.[76]

Biedermann und die Brandstifter hat Umfang und Struktur eines Einakters. Für einen Theaterabend schien das Stück zu kurz. Frisch arbeitete daher an verschiedenen Ergänzungen. Eine Idee sah vor, daß Friedrich Dürrenmatt, in jenen Jahren noch mit Frisch befreundet, einen zweiten Einakter über die Figur Knechtlings schreiben sollte. Knechtling ist bei Frisch eine Rand- und Kontrastfigur ohne eigenen Bühnenauftritt. Biedermann hatte Knechtling aus unlauteren Gründen gefeuert und lehnt nun gegenüber Knechtlings Frau jede Zurücknahme der Kündigung ab. Knechtling bringt sich daraufhin um. Knechtling steht für die Optik »von unten« auf einen Biedermann, der durchaus auch hartherzig und inhuman sein kann.

Dieser zweite Einakter sollte ein fester Bestandteil des Theaterabends sein. Die reizvolle Idee kam leider nicht zustande. Dürrenmatt muß schnell gemerkt haben, daß Knechtling als Figur weniger ergiebig war als Gottlieb Biedermann. Frisch ließ dem Stück bei der Zürcher Uraufführung daher eine eigene Farce folgen. Ihr Titel: *Die große Wut des Philipp Hotz*. Zwar war er, wie er in einem Brief an seinen Verleger schrieb, davon »noch gar nicht befriedigt«[77], doch faute de mieux blieb er dabei. Ein besonderer Reiz lag darin, daß die Farce von denselben Schauspielern wie *Biedermann und die Brandstifter* gespielt wurde.

Die große Wut des Philipp Hotz zeigt eine typisch Frischsche Ehegeschichte: Ein Intellektueller glaubt, seine Frau betrüge ihn, und beschließt, sich scheiden zu lassen. Zu diesem Zweck veranstaltet er einen enormen verbalen und emotionalen Aufwand und schafft es am Ende doch nicht, die entscheidende Handlung zu vollbringen. Viel Lärm um nichts. Die Farce ist amüsant und gekonnt geschrieben, doch gemessen an *Biedermann und die Brandstifter* ein harmloser Spaß. Sowohl das *Nachspiel in der Hölle,* das Frisch für Frankfurt geschrieben hatte, wie die Farce um *Philipp Hotz* bewährten sich nicht und werden heute kaum mehr aufgeführt.

Biedermann und die Brandstifter gehört zu den wenigen deutschsprachigen Nachkriegsstücken, die in die Welttheaterliteratur eingegangen sind. Allein im deutschen Sprachraum haben seit der Uraufführung 1958 rund 260 Inszenierungen stattgefunden. In fremden Sprachen waren es offiziell 280 Inszenierungen. Die deutsche Buchausgabe hat die Zweimillionengrenze längst überschritten. Hinzu kommen Buchausgaben in dreizehn Sprachen. 1966 wurde das Stück zudem von Rainer Wolfhardt für das deutsche Fernsehen eingerichtet,[78] wobei die Chöre durch fingierte Reportageinterviews ersetzt wurden. Der Film wurde weltweit ausgestrahlt.

Die Kritiken der Uraufführung von *Biedermann und die Brandstifter* fielen im Urteil positiv, in der Substanz allerdings sehr dürftig aus. Mit generöser Herablassung befand Elisabeth Brock-Sulzer, die alte Dame der Zürcher Theaterkritik, Frisch habe ein Stück geschrieben, »das untadelig gekonnt ist und Tiefsinn zur durchsichtigen Oberfläche der theatralischen Form emporzuheben vermag. ... Das Geschehen ist durchaus einbahnig, aber ohne Dürftigkeit. Es ist zielstrebig, aber voll zuchtvoll verwendeter Einfälle ... Das Thema: die Tragikomödie der blossen Gutmütigkeit ... Aber so lebendig, so gegenwärtig szenisch ist dieses sinnbildliche Geschehen gestaltet, daß wir uns hüten sollten, allzu eilfertig die Moral der Geschichte herauszulösen: Frucht und Kern sind sich hier gleichwertig.«[79] Auch *Die große Wut des Philipp Hotz* fand gnädige Erwähnung.: »Gespielt wurde auch das zweite Stück angemessen.«[80] Besonders hatten es die Hauptdarsteller der Kritikerin angetan: »Frisch wird für die drei Hauptrollen nie bessere Darsteller finden können, als sie ihm für diese Uraufführung gegeben wurden.«[81]

Die Selbstgefälligkeit, mit der hier ohne analytische Fundierung Geschmacksurteile abgegeben werden, ist nicht nur für die Schweizer Theaterkritik jener Zeit charakteristisch. Wolfgang Drews formulierte in der FAZ bloß eleganter und witziger: »Ältere Schwänke, jüngere Kabarettspäße, darüber die Stilmittel der modernen Bühne, kräftig geschüttelt, der Cocktail ist fertig, die Gewürze sind die Bonmots ... Unser Freund Frisch hat den Schalksnarren gespielt und ganz heimlich ein Stückchen Nachdenklichkeit in seine Farce hineingepascht.«[82]

Auch Siegfried Melchinger, dem Star-Kritiker jener Jahre, fällt wenig Substantielles ein: Max Frisch habe seit sechs Jahren kein Stück mehr geschrieben. »Wenn man die beiden Stückchen als Etüden betrachtet, mit denen sich der Autor wieder in das dramatische Metier einübt, so sind sie aufschlußreich.« Wofür? »Zum ersten Mal bei Frisch erscheint in *Die große Wut des Philipp Hotz* der Intellektuelle, in welchem der Autor ja wohl auch sich selbst angesprochen wissen will, als Objekt schonungsloser Satire.« Ansonsten bemerkt Melchinger noch »die alte Schwäche des Dramatikers Frisch, die schematisierte Dürftigkeit der Figuren ...«[83]

Nicht nur die Oberflächlichkeit, auch die Zeit- und Ortlosigkeit solcher Urteile frappieren. Joachim Kaiser war einer der wenigen Kritiker, die nicht nur dem allgemeinen Thema des Stücks, sondern auch seinem Zeitbezug nachspürten: »Es ist schwer, das Stück nicht so zu verstehen, wie es notwendigerweise jeder Bürger der Bundesrepublik verstehen wird: nämlich als einen Aufruf, sich gegen die Robusten, Totalitären mit aller Kraft zu wehren ... Mit dem Biedermann verbindet sich nun einmal der Gedanke an einen Bourgeois westlicher Prägung ... Und hat man nicht gelernt, bei den ›Brandstiftern‹ an die ›Roten‹ zu denken, an Leute, die friedlichen Biedermännern an den Kragen wollen?«[84] Frisch habe zwar, um diese Sicht in Deutschland zu verhindern, ein *Nachspiel in der Hölle* geschrieben. Die Mühe sei jedoch umsonst gewesen: Die West-Ost-Optik setze sich trotzdem durch. Noch eindeutiger formulierte in Wien der für seinen antikommunistischen Furor berüchtigte Friedrich Torberg: »Ob er's wollte oder nicht: Max Frisch hat hier die klassische Satire gegen den Kommunismus, gegen seine Infiltrationstechniken und gegen seine bürgerlichen Handlanger geschrieben.«[85]

Das Lob für das neue Stück kann nicht verbergen, wie dürftig die Interpretationsqualität der Uraufführungskritiken war. Man sah in dem neuen Stück einen »brillant gebauten Einakter zwischen Kabarett und Schwank«,[86] zwei »der kabarettistischen Kleinkunst zugehörige Spiele«[87]. Und kamen Zeitbezüge in Betracht, so ausschließlich der Ost-West-Konflikt. Daß hier ein Stück Weltliteratur die Bühne betreten hatte, welches auf groteske Weise die Unmöglichkeit von Humanität in inhumanen Zeiten demonstrierte, fiel keinem Kritiker auf.

»Ein großzügiger Mensch«

Biedermann und die Brandstifter, die Geschichte vom reichen und feigen Haarölfabrikanten, machte Frisch zu einem wohlhabenden und finanziell unabhängigen Mann. Selbst dem ansonsten etwas tumben Spitzeldienst der schweizerischen politischen Polizei fiel die Veränderung auf. Die Fiche hält am 1. April 1959 fest: »Steuerverhältnisse: Einkommen 6200.–, Vermögen: 78 000.–«[88]

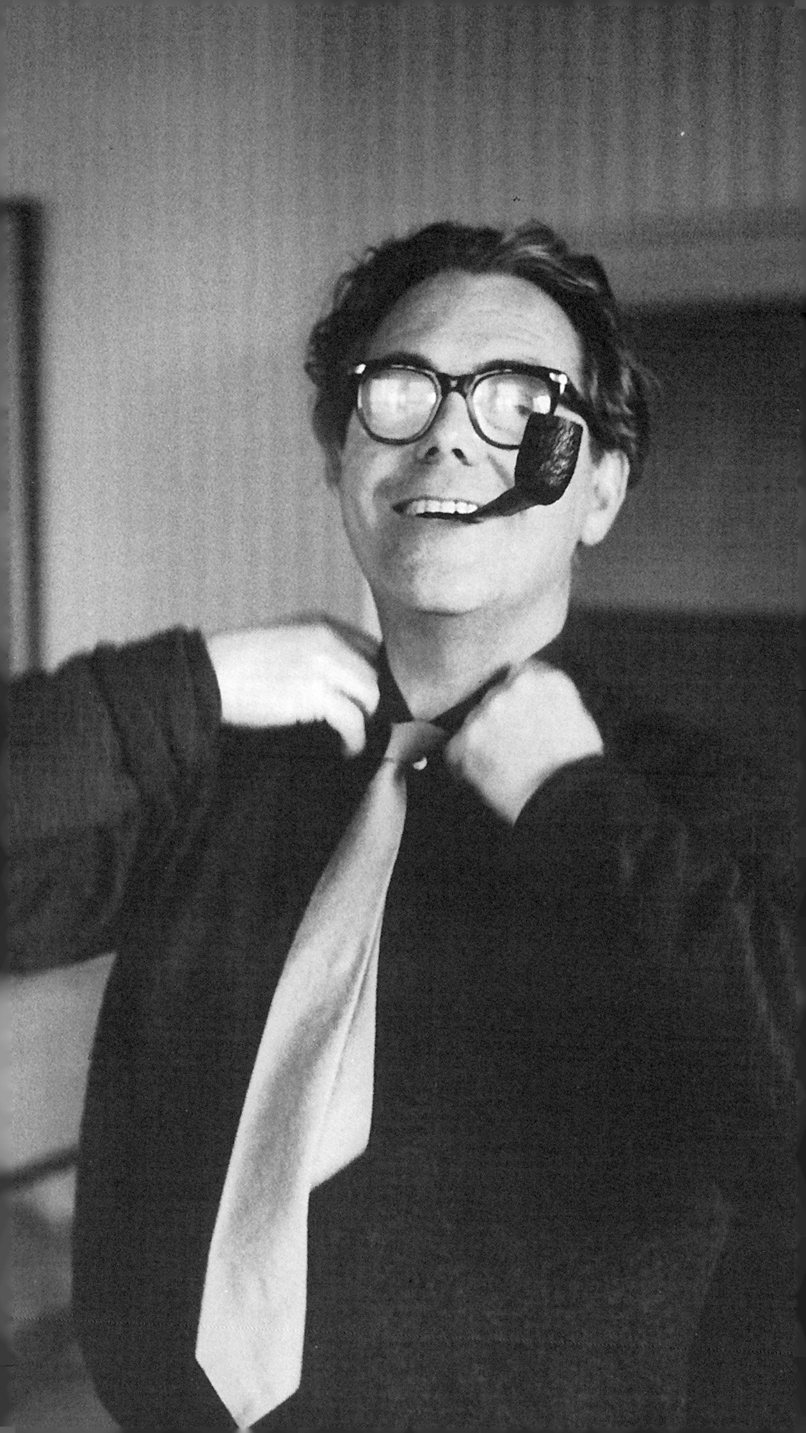

Frisch leistete sich von nun an nicht nur einen komfortablen Lebensstil. Er unterstützte auch zahlreiche Kollegen und Organisationen mit großzügigen Spenden. Der marxistische Kulturkritiker Konrad Farner, die Schriftsteller Paul Nizon, Jörg Steiner, Tankred Dorst, Jürg Federspiel, Peter Handke, Christoph Meckel, Uwe Johnson, Peter Huchel, Günter Eich, Enrico Filippini, der Bildhauer Gottfried Honegger und zahlreiche politische und humanitäre Organisationen konnten in schwierigen Situationen auf Frischs Unterstützung zählen. Geradezu rührend ist die Umsichtigkeit, mit der Frisch Günter Eich anonym 30 000 Mark zukommen ließ,[89] berührend der Brief, mit dem er dem todkranken Enrico Filippini 40 000 DM für die dringende Operation mit dem Gruß überwies: »Enrico, was ich Dir wünsche: Das Wunder.«[90] Auch gut dotierte Kunstpreise gab Frisch weiter, so den 1962 erhaltenen Großen Kunstpreis der Stadt Düsseldorf. Er kam spanischen Künstlern zugute, die vom Franco-Regime verfolgt waren.[91] Mit dem Neustadt-Literaturpreis der University of Oklahoma ließ er in Nicaragua eine Schule bauen (»Das ist mein kleiner Krawattenwiderstand.«[92]), und der Heinrich-Heine-Preis finanzierte 1989 ein Abstimmungsplakat der antimilitaristischen Bewegung GSoA[93] in der Schweiz. Uwe Johnson notierte in den siebziger Jahren, daß Frisch jährlich rund 90 000 Franken für Unterstützungen ausgebe.[94] Marianne Frisch-Oellers, Frischs zweite Ehefrau, erinnerte sich an Legate, die zusammen Millionenhöhe erreichten.[95] Und Ruth Schmidhauser, die Witwe Enrico Filippinis, die mit Frisch in Rom befreundet war, echauffierte sich noch vierzig Jahre später: »Alle, die behaupten, der Frisch sei geizig gewesen, lügen schamlos. Ich habe keinen großzügigeren Menschen gekannt als Max.«[96]

Öffentlichkeit als Partner

Vom Herbst 1957 bis zum Frühjahr 1958 hatte Frisch zwei Texte von Weltformat veröffentlicht. Er war der unbestrittene Star der Saison. Zur Frankfurter Buchmesse Ende September 1958 bat man ihn um die Eröffnungsrede. Frischs Referat *Öffentlichkeit als Partner* fand internationale Beachtung, der Titel der Rede wurde zur Redewendung.

Im selben Herbst erhielt Frisch den Georg-Büchner-Preis und sprach am 8. November, also keine zwei Monate nach der Frankfurter Buchmesse, die Dankesrede mit dem Titel *Emigranten*. Als er im Dezember auch noch mit dem Literaturpreis der Stadt Zürich ausgezeichnet wurde, war er wohl des Redenschreibens müde: Frisch bedankte sich mit einer Wiederholung von Teilen der Frankfurter Rede.

In *Öffentlichkeit als Partner* thematisierte Frisch die Einflüsse zwischen Schriftsteller und Publikum. »Wie kommt es, daß der Schriftsteller, indem er schreibt, Schamhaftigkeit überwindet und Regungen preisgibt, die er unter vier Augen noch nie ausgesprochen hat? Man ist immer bestürzt, wenn man Publikum sieht, und möchte vor Scham versinken. Wie kommen wir dazu, uns derart preiszugeben, und was stellt sich der Mensch, der solches tut, unter Öffentlichkeit vor?«[97] Diesen Betrachtungen schickte Frisch Gedanken zur Verantwortung des Schriftstellers in der Öffentlichkeit voraus. Zum ersten Mal nach langer Zeit thematisierte er wieder einmal seine Doppelexistenz als Künstler und als Homo politicus.

Frisch begann mit einem polemisch formulierten Verdacht, der ihm das Wohlwollen der konservativen Frankfurter Festprominenz eingetragen haben dürfte: »Sind nicht vielleicht manche Schriftsteller nur darum so kämpferisch gegen dies oder das, um es selber nicht als Eitelkeit zu erkennen, wenn sie immer und immer in die Arena springen? Im Grunde, wer weiß, haben sie gar nichts gegen den Stier.«[98]

Schreiben, so fuhr Frisch fort, beginnt nämlich nicht aus Verantwortungsgefühl gegenüber der Öffentlichkeit, sondern aus Lust am Schreiben, aus »unbekümmertem Spieltrieb«, aus »natürlicher Machlust, naiv und rücksichtslos, verantwortungslos«, vor allem aber, »um die Welt zu ertragen, um standzuhalten sich selbst, um am Leben zu bleiben«, aus dem »Drang seine Dämonen zu bannen«, aus dem Bedürfnis nach Kommunikation.[99] Kunst sei in erster Linie Darstellung, nicht Aussage; L'art pour l'art werde nur von Leuten verächtlich gemacht, »die noch nie erfahren hätten, was an Leben geleistet werden muß, um eine reine Figur der Kunst hervorzubringen«. Anderseits werde »poésie engagée« von denselben Leuten nur »begrüßt unter der unausgesprochenen Bedingung, daß uns die Ideen passen, denen das Engagement dient«.[100]

Aus solchen Seitenhieben gegen eine offen politisch engagierte Literatur sprach – einmal mehr – Frischs traditionelles Kunstverständnis: Kunst und Politik sind für ihn Qualitäten sui generis. Aber er verteidigte mit dieser Trennung auch die Freiheit der Kunst vor politischer Vereinnahmung. Literatur als Magd einer linken oder rechten Ideologie hatte er schon mehrfach erlebt[101], zuletzt in der machtpolitisch verkürzten Rezeption von *Biedermann und die Brandstifter*. Und 1957 drohte der Schweizer Schriftstellerverband seinem Mitglied Frisch den Ausschluß an, weil er sich im Ungarnkonflikt nicht antisowjetisch genug geäußert habe.[102] Situationen, in welchen Gesinnungstreue über politische und literarische Redlichkeit gestellt wurden, waren ihm zutiefst zuwider.

»Politisches Engagement hielt er für eine staatsbürgerliche Pflicht. Wenn er aber am *Gantenbein* schrieb, dachte er nicht daran.«[103]

Frisch wußte sehr wohl, wie wenig sich seine Themen – das brüchige Innenleben des kleinbürgerlichen Mittelstandes – für politisch engagierte Literatur eigneten. »Unpolitisch« mochte er seine Texte deswegen nicht nennen. Wie wäre etwa ein so wichtiger, doch abstrakter politischer Begriff wie Entfremdung darzustellen, wenn nicht an einer Ich-Person, fragte er: »Eine Ich-Geschichte, aber das Malaise, das die Privatperson treibt, als Spiegel der herrschenden Verhältnisse, somit als Kritik.«[104] Eine Beschränkung auf das Private und Subjektive sei auch nicht feig oder anpasserisch. »Ein Mensch, der sich etwa darauf hinausredet, als Künstler ein unpolitischer Mensch zu sein, wenn er, um seine Karriere zu sichern, sich mit Verbrechern verbrüdert«, handelt durch und durch moralisch verwerflich.[105] Unausgesprochen blieb allerdings die Frage, wo das Verbrecherische der Macht beginnt ...

Emigranten

In seiner nächsten großen Rede griff Frisch wenige Monate später das Problem des politischen Engagements des Schriftstellers wieder auf. Der Anlaß war illuster: Max Frisch hatte als erster Ausländer den Georg-Büchner-Preis, die höchste literarische Auszeichnung der Bundesrepublik, erhalten. Die Dankesrede, die er am 8. November vor der Deutschen Akademie für Sprache und Dichtung in Darmstadt hielt, trug den Titel *Emigranten*.

Er fühle sich, so Frisch, Büchner dreifach verbunden: durch Emigration, politisches Engagement und durch die Hoffnung aller Emigranten, »das Land, das sie haben fliehen müssen, nicht bloß wiederzusehen, sondern umzustürzen durch ihre Heimkehr«.[106]

Büchner hatte 1835, nach dem Scheitern seiner revolutionären Aktivitäten in Hessen, nach Hause geschrieben: »Ich habe mich seit einem halben Jahr vollkommen überzeugt, daß nichts zu tun ist und daß jeder, der im Augenblick sich aufopfert, seine Haut wie ein Narr zu Markte trägt.«[107] Und weiter: »Der Einzelne ist nur Schaum auf der Welle.«[108] Diese resignativen Gedanken formulierte der zweiundzwanzigjährige Politiker, Naturforscher und Dichter, der sich nur durch Flucht der wahrscheinlichen Todesstrafe hatte entziehen können, als Rechtfertigung vor den zurückgebliebenen, gefangengesetzten und teilweise hingerichteten Mitkämpfern. Es waren bittere Sätze nach einer verlorenen Schlacht, die seinen besten Freund das Leben gekostet und seine eigene Zukunft auf absehbare Zeit vernichtet hatte.

Diese Sätze einer akuten Verzweiflung übertrug der doppelt so alte, wohletablierte Preisträger ohne weiteres auf sich und seine eigene Situation. Zwar würden, so Frisch, Dichter nicht mehr gehängt, doch die eigene Zeit sei ebenso hoffnungslos restaurativ wie die Zeit nach 1848: »Der Kapitalismus kann es sich leisten, sozialer zu sein als seine Gegner, und die Unterdrückung ist ohne Willkür.«[109]

Auch Emigration, für Büchner eine Flucht auf Leben und Tod, sei das Schicksal vieler heutiger Schriftsteller. »Das Emigrantische, das uns verbindet, äußert sich darin, daß wir nicht im Namen unserer Vaterländer sprechen können noch wollen; es äußert sich darin, daß wir unsere Wohnsitze, ob wir sie wechseln oder nicht, überall als provisorisch empfinden ... Wir sind Emigranten geworden, ohne unsere Vaterländer zu verlassen.«[110]

Nachdem Frisch diese – gewagten – historischen Parallelen etabliert hat, kann er im Analogieverfahren das politische Nichtengagement des Schriftstellers in der eigenen Zeit rechtfertigen: »Vor die Wahl gestellt, ein Engagement auf die Dogmen des Ostens oder ein Engagement auf die Dogmen des Westens einzugehen, entscheiden sich die meisten von uns (nach ihren Werken zu schliessen) für l'art pour l'art, was meistens eine Tarnung ist. Was bleibt uns anderes übrig, um wahrhaftig zu bleiben? Wir können das Arsenal der Waffen nicht aus der Welt schreiben, aber wir können das Arsenal der Phrasen, die man hüben und drüben zur Kriegsführung braucht, durcheinanderbringen, je klarer wir als Schriftsteller werden, je konkreter nämlich, je absichtsloser in jener bedingungslosen Aufrichtigkeit gegenüber dem Lebendigen, die aus dem Talent erst den Künstler macht.«[111] Aufrichtigkeit und Wahrhaftigkeit der Darstellung, Mut zum Widersprüchlichen, Liebe zu den Menschen, Unabhängigkeit von Nationalismen jeder Art, Zersetzung von Ideologien durch Aufrichtigkeit hiessen Frischs zentrale Postulate.[112] »Bedingungslose Aufrichtigkeit« als politische Pièce de résistance einer Literatur in ideologieverseuchter Zeit. Frisch findet einen tröstlichen Begriff für diese Rückzugsposition: »kombattante Resignation«.[113]

Fünfzehn Jahre früher hatte Frisch den Schriftsteller zum Bewahrer des Schönen und Guten inmitten der Greuel der Zeit bestimmt. Das Engagement war in der Zwischenzeit ohne Zweifel dringlicher geworden, die Sprache fordernder, die Absage an die Zwecklügen der Politik eindeutiger, doch an der Grundhaltung Frischs hat sich wenig geändert.[114] Sein Schreiben blieb ihm ein eigener Bezirk, der von Politik und Tagesengagement säuberlich getrennt, allenfalls durch moralische Vorbildkraft wirksam werden konnte. Mit dieser Haltung »au-dessus de la mêlée« (Gottfried Honegger) blieb er, im Unterschied zu Brecht, politisch mehrheitsfähig: Niemand kann einer moralisch-ästhetischen Haltung ernsthaft widersprechen, die kaum jemandem ernsthaft widerspricht.

Wie anders hatte sich doch Büchner, Frischs Kronzeuge, engagiert: Weder in der Themenwahl, in den Figuren, in der Sprache, noch in den unzweideutigen Urteilen über die Machtträger findet sich bei Büchner der Rückzug auf ein bloß moralisches Postulat der Aufrichtigkeit. Büchner positionierte sich nicht zwischen oder über den Fronten, sondern nahm leidenschaftlich Partei, war einseitig und, in den Augen der Herrschenden, ein Hetzer, Ketzer und Ideologe. Aufrichtigkeit »an sich« war für ihn keine Position, dichterische Wahrheit um der Wahrheit willen keine Option. Freilich hätte Büchner mit seiner radikalen Haltung auch nicht den Büchner-Preis der Deutschen Akademie für Sprache und Dichtung des Jahres 1958 erhalten.[115]

Anzumerken bleibt: Frisch hat sich als Dichter, nicht aber als Staatsbürger an seine Maxime gehalten. Als Citoyen nahm er kein Blatt vor den Mund, wenn es galt, Unrecht und Machtmißbrauch, Ressentiments und Inhumanität, Verlogenheit und Selbstüberschätzung anzuprangern. »Immer und immer« wieder sprang auch er »in die Arena«.[116] Und keinen politischen Acker hat er gründlicher umgepflügt als seine »Heimatscholle«, die Schweiz. Mehr davon im übernächsten Kapitel.

»Durchschlagende Wirkungslosigkeit des Klassikers«

Wohnsitz Rom
(1960–1965)

Mit *Homo faber* sowie *Biedermann und die Brandstifter* verlief das Jahr 1958 beruflich höchst erfolgreich: Frisch hatte es in vier Jahren harter Arbeit geschafft, ein internationaler Literaturstar zu werden. Auch privat brachte das Jahr eine wichtige Zäsur: Frisch und Ingeborg Bachmann lernten sich kennen, verliebten sich und begannen eine ebenso intensive wie konfliktreiche vierjährige Beziehung.

Ingeborg Bachmann

Frisch hatte Ingeborg Bachmann einen Glückwunsch zum Hörspiel *Der gute Gott von Manhattan* geschrieben.[1] Am 3. Juli 1958 trafen sich die beiden erstmals in Paris. Bachmann besuchte Paul Celan, die große Liebe und den Freund aus Wiener Zeiten, Frisch war zum Zürcher Gastspiel von *Biedermann und die Brandstifter* angereist. Man saß vor der Vorstellung im Café Châtelet nahe dem Theater – und blieb sitzen. Frisch überredete die junge Dichterin, statt ins Theater mit ihm essen zu gehen. Man blieb die Nacht zusammen bis zum ersten Café im Morgengrauen in Les Halles. Frisch hat die Szene in *Gantenbein*, Ingeborg Bachmann in *Malina* nachgezeichnet.

Sie zogen zunächst in Zürich zusammen: Später mietete Ingeborg Bachmann eine Arbeitswohnung im ehemaligen Gottfried-Keller-Haus an der Kirchgasse, Frisch wohnte und arbeitete in Uetikon am See. Ab 1960 kam eine gemeinsame Wohnung an der Via de Notaris in Rom dazu.

Frisch ließ sich von seiner ersten Frau Trudy Frisch von Meyenburg scheiden und trug Ingeborg Bachmann die Ehe an. Sie lehnte ab.

Was sich im nachhinein wie eine geordnete Abfolge der Ereignisse ausnimmt, verlief in Wirklichkeit chaotisch. Kaum waren Ingeborg und Max zusammengezogen, trennten sie sich wieder, zogen wieder zusammen, pendelten zwischen Rom und Zürich und kamen trotz Eifersucht und Schwierigkeiten bis im Winter 1962/63 nicht voneinander los.

Die geniale, durch Medikamente und Alkohol gefährdete und wenig kompromissbegabte Bachmann und der vorsichtige, langsame, zäh arbeitende Schreibhandwerker Frisch waren zu unterschiedliche Charaktere. Zugleich verband sie eine Reihe gemeinsamer Interessen – z.B. die Schöpfung eines literarischen Kosmos aus der Kosmogonie des eigenen Ichs, die leidenschaftliche Suche nach einer Sprache, die Erfahrungswirklichkeit unverbraucht und »wahrhaft« auszudrücken vermag, das Interesse an der Auslotung der Risse und Tiefen individueller Identität, das Finden neuer Erzählweisen um die problematische Gebrochenheit des Ichs und die Erfahrung einer fragmentierten Welt adäquat widerzuspiegeln ...

Ein Jahr nach Beginn der Beziehung – man hatte gerade den Umzug nach Rom beschlossen – erkrankte Frisch an einer schweren Hepatitis. Er interpretierte die Infektionskrankheit psychosomatisch. Im Krankenhaus schrieb er ein Tagebuch. Ingeborg Bachmann fand, las und verbrannte es. Frischs späterer Kommentar: »Ich trauer dem nicht nach. Ich hätte es vielleicht auch vernichtet. Das war ein Tagebuch, das sich nur um die Beziehung drehte. Etwas anderes ist die Frage, ob sie das Recht dazu hatte.«[2]

Frisch hinwiederum las heimlich Bachmanns Briefe an

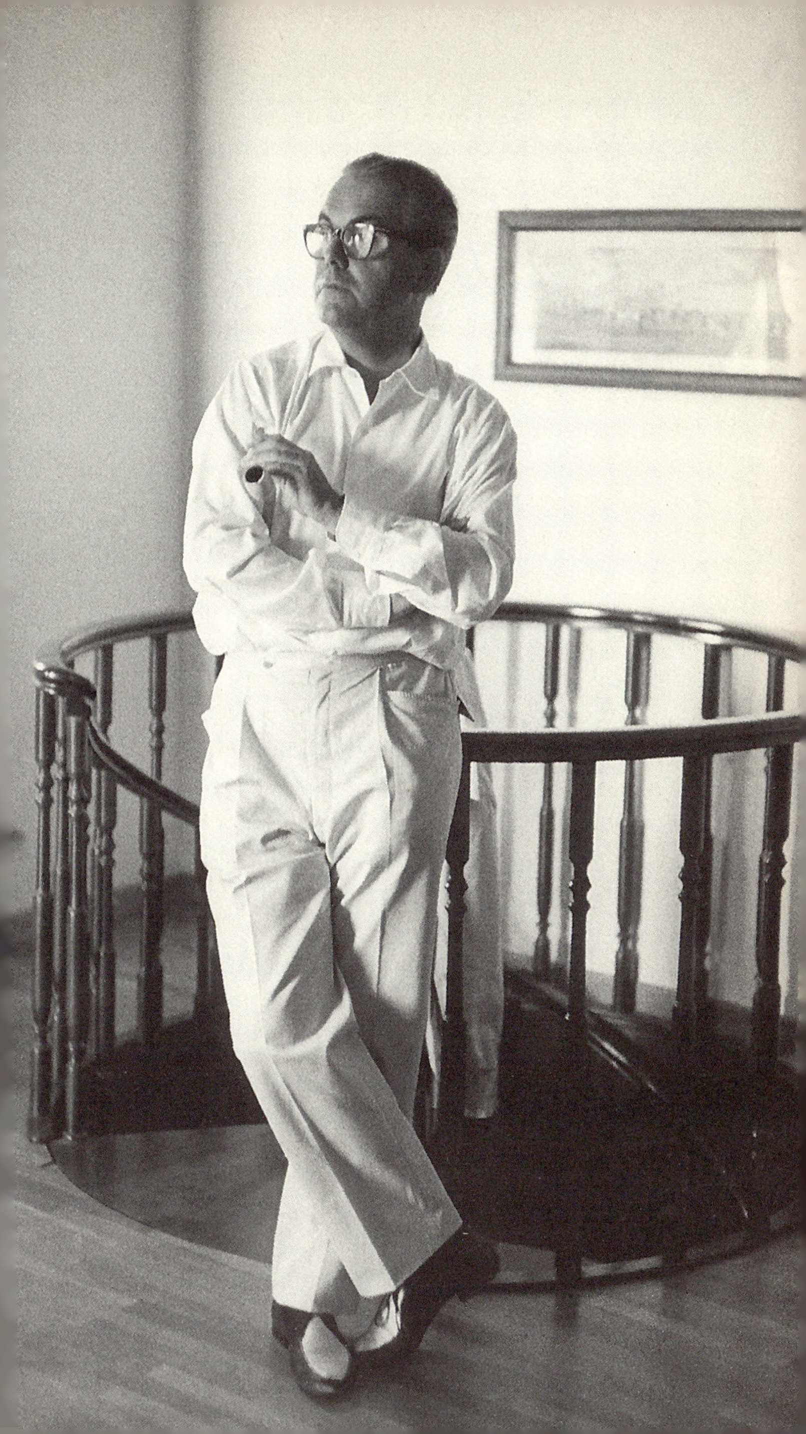

andere Männer und litt an rasender Eifersucht und Selbstzerknirschung. Ingeborg Bachmann unterhielt, auch in den Jahren mit Frisch, zu diversen anderen Kollegen intensive und intime Kontakte. Eine jahrzehntelange Arbeitsbeziehung verband sie zum Beispiel mit Hans Werner Henze, eine intime Freundschaft mit Hans Magnus Enzensberger, beides mit Paul Celan. Die Freiheit – auch von den gängigen moralischen Vorurteilen – gehörte zu ihrem Credo. »Freiheit, die ich meine: die Erlaubnis, da Gott die Welt in nichts bestimmt hat und zu ihrem Wie nichts getan hat, sie noch einmal neu zu begründen und neu zu ordnen. Die Erlaubnis, alle Formen aufzulösen, die moralischen zuerst, damit sich alle anderen auflösen können.«[3]

Die Auflösung der moralischen Formen und ihre Neuformierung, nicht nur auf dem Papier, sondern auch im Leben, eine Forderung, die zehn Jahre später auch von der Studentenbewegung aufgenommen wurde, war in den verschmockten und verklemmten endfünfziger Jahren ein Skandalon. Frisch hat Ingeborg Bachmann für ihren Anspruch auf Freiheit bewundert, und er hat darunter gelitten: »Ihre Freiheit gehört zu ihrem Glanz. Die Eifersucht ist der Preis von meiner Seite; ich bezahle ihn voll.«[4]

Gottfried Honegger resümierte: »Trudy von Meyenburg war eine feine, aber sinnlich reservierte Frau, die zudem eng mit ihrer Familie verbunden blieb. Das wurde Frisch mit der Zeit zu eng. Ingeborg Bachmann war das pure Gegenteil: ein Ausbund an Sinnlichkeit und Ungebundenheit. Frisch war heillos überfordert und krepierte fast vor Eifersucht.«[5]

Frisch wie Bachmann haben ihre Beziehung in der Öffentlichkeit zwar diskret behandelt, doch sich immer wieder literarisch damit auseinandergesetzt. Frisch hat sich in *Montauk, Blaubart* und in *Mein Name sei Gantenbein* zu

Ingeborg Bachmann geäußert, diese wiederum hat Frisch u.a. in *Malina, Der Fall Franza* und in weiteren Fragmenten des geplanten Zyklus *Todesarten* literarisch »verwertet«. Solche literarischen Fakten wurden jahrzehntelang umstandslos biographisch interpretiert und haben wesentlich zu dem einseitigen Bild einer scheuen, genialen, realitätsfremden »Lyrikdiva« und eines klugen, doch egozentrischen und karrieretüchtigen Literaten beigetragen. In Wahrheit haben Frisch wie Bachmann ihre persönlichen Erfahrungen nur »unter Kunstzwang« (Frisch) in ihre Literatur einfließen lassen, d.h. die Erfahrungswirklichkeit in Kunst transformiert und verallgemeinert. Biographische Faktizität ist aus diesen Konstrukten nur sehr bedingt ablesbar.

Die Beziehung Frisch-Bachmann wird vermutlich erst in den Jahren 2011 und 2025 genauer zu rekonstruieren sein, wenn die privaten Briefe der beiden entsiegelt werden. Bis dahin wurde und wird spekuliert. Ingeborg Bachmanns zunehmende psychische Zerrüttung nach der Trennung von Frisch im Winter 1962/63 – »Das Ende haben wir nicht gut bestanden, beide nicht«, notierte Frisch[6] –, ihr schrecklicher Tod infolge eines Brandunfalls, ihre Wiederentdeckung als Ikone der Frauenbewegung in den siebziger Jahren haben viel zu einer Legendenbildung beigetragen, in der Frisch als der Machotyp, den er in seinen Büchern immer wieder beschrieben hat, äußerst schlecht wegkommt.[7]

Es mag zutreffen, daß Ingeborg Bachmann sich in der Figur Lilas im *Gantenbein*-Roman arg verzeichnet und verraten sah.[8] Tatsache ist, daß Frisch bis ans Lebensende eine hohe Verehrung und Zuneigung für die Dichterin hegte, sie als die wichtigste Frauenbeziehung seines Lebens bezeichnete und noch im letzten Werk, *Jonas und sein*

Veteran, voll Bewunderung das Bachmann-Gedicht *Alle Tage* zitierte.

Max Frisch wie Ingeborg Bachmann standen in den Jahren 1958 bis 1962 im Scheinwerferlicht des öffentlichen Erfolgs und damit auch des literarischen Klatsches. Frisch hatte *Stiller*, *Homo faber* und *Biedermann* veröffentlicht und unter anderem den Georg-Büchner-Preis erhalten. 1961 folgten mit *Andorra* zahlreiche weitere Auszeichnungen. Ingeborg Bachmann war mit den beiden Lyrikbänden *Die gestundete Zeit* (1953) und *Anrufung des großen Bären* (1956), diversen Hörspielen und Einzelveröffentlichungen sowie dem ersten Erzählband *Das dreißigste Jahr* (1961) zum Idol der deutschen Literaturwelt avanciert. 1959 wurde sie Mitglied des westdeutschen Pen-Clubs, erhielt den Hörspielpreis der Kriegsblinden und eröffnete die Reihe der Poetikvorlesungen an der Frankfurter Universität, die der Suhrkamp Verlag gestiftet hatte. 1961 folgten der Berliner Kritikerpreis für *Das dreißigste Jahr* und die Berufung in die Akademie der Künste.

Bachman wie Frisch suchten in jenen Jahren intensiv nach neuen literarischen Ausdrucksweisen: Frisch laborierte am *Gantenbein*-Roman mit seiner äußerst komplizierten Struktur, Ingeborg Bachmann wandte sich von der Lyrik ab und erprobte – auch in Abgrenzung zu Frisch – einen eigenen neuen Prosastil; berufliche Krisen und private Spannungen überlagerten sich zwangsläufig. Fixiert auf die Schwierigkeiten, hat die Forschung bislang leider kaum nachgefragt, wieweit in den gemeinsamen vier Jahren auch positive wechselseitige Anregungen stattgefunden haben.[9] Bachmanns Versuch, in der Prosa durch poetische Verdichtung und Überhöhung der Alltagsrealität symbolische Bedeutung zuzuschreiben, könnte als komplementärer Ansatz zu Frischs Vorgehen verstanden werden, durch

Aussparung und Um-Schreibung den bedeutsamen Kern als »weiße Stelle« im Text sichtbar zu machen. Beiden gemeinsam war die Intention, die Erneuerung der Sprache nicht bloß als virtuosen Akt, sondern als neue Erkenntnisweise zu betreiben. »Mit einer neuen Sprache wird der Wirklichkeit immer dort begegnet, wo ein moralischer, erkenntnishafter Ruck geschieht, und nicht, wo man versucht, die Sprache an sich neu zu machen ... Eine neue Sprache muß eine neue Gangart haben, und diese Gangart hat sie nur, wenn ein neuer Geist sie bewohnt.«[10]

Andorra

Zurück von einer kurzen Reise nach New York, übersiedelte Frisch 1960 nach Rom und lebte dort vorerst mit Ingeborg Bachmann in einer gemeinsamen Wohnung. Gewissermaßen zum Abschied verfaßte er auf Anfrage des Migros-Buchclubs Ex Libris den Text *Die Schweiz ist ein Land ohne Utopie*.[11] Er sollte einen endgültigen Schlußstrich unter ein Thema ziehen, das Frisch seit den dreißiger Jahren beschäftigt hatte: »Die Problematik des Schweizer Schriftstellers in der Schweiz? Persönlich habe ich mit ihr abgeschlossen, sie beschäftigt mich nicht mehr ... Was den Schweizer Schriftsteller ... oft geradezu lähmt, ist das Geschichtslose unserer Existenz ... daß wir keinen Entwurf von uns selber und damit keine Zukunft haben. Es geht bei uns stets nur darum, zu bewahren, auszubessern, zu perfektionieren – nie um einen neuen Grundriß ... Ich möchte die Angst vor der Zukunft geradezu als ein Grundgefühl der Schweizer Zeitgenossen bezeichnen ... Warum ich dennoch in der Schweiz lebe? Ganz einfach darum, weil es sich hier bequem leben läßt. Außerdem hat die Schweiz für den Schriftsteller heute gegenüber Westdeutschland zumindest den einen Vorteil, daß er hier weiß, an wen – und das heißt auch immer gegen wen – er sich wendet. Sowohl Dürrenmatts *Der Besuch der alten Dame* wie mein *Biedermann und die Brandstifter* hätten nicht entstehen können, ohne das kompakte Gegenüber eines weitgehend intakten Bürgertums.«[12] Schrieb's und zog mit Ingeborg Bachmann nach Rom!

Der Umzug mag viele Gründe gehabt haben. Ingeborg Bachmann lebte und arbeitete seit längerem in Italien. Sie pendelte vor 1960 zwischen Zürich und Italien hin und her. Die Trennung von alten Bindungen, geistigen, politischen wie persönlichen, kamen Frisch entgegen. Und schließlich machte er die schmerzliche Erfahrung, daß auch der internationale Erfolg sein Renommee zu Hause nicht sonderlich hob. Er entdeckte, was andere Schrifsteller, Denker und Künstler vor und nach ihm auch erlebt und beschrieben haben: In einem Land, wo der Kompromiß und die Suche nach einem gemeinsamen Nenner das politische Leben bestimmen, sind alle Extreme, auch herausragende Persönlichkeiten, suspekt. Jedes Streben nach dem Außergewöhnlichen, jeder Anspruch auf das Außerordentliche, jede Radikalität kollidiert zwangsläufig mit dem nationalen Bestreben, Interessengegensätze durch Ausgleich zu lösen und im Gewöhnlichen das Ordentliche, im Mittelmaß das Rechte zu suchen.

Im Reisegepäck nach Italien befand sich ein angefangener Roman, ein liegengebliebenes Stückmanuskript wurde, mehr aus Versehen, mit eingepackt. Sein Arbeitstitel: *Modell Andorra*.

Wie schon beim *Biedermann* hatten auch hier allerlei äußere Umstände eine Rolle gespielt. Die Neue Schauspielhaus AG wünschte sich 1958, zum zwanzigsten Geburtstag, ein neues Stück ihres Hausautors. Gleichzeitig plante der Verlag die Neuauflage des *Tagebuch 1946–1949*. Frisch revidierte den alten Text während eines Urlaubs auf Ibiza. Dabei stieß er auf die Geschichte vom andorranischen Juden. Erst jetzt fiel ihm die dramatische Struktur des Stoffs auf. »Ich entdeckte … daß das ein großer Stoff ist, so groß, daß er mir Angst machte, Lust und Angst zugleich.« Ich sah, »daß dieser Stoff *mein* Stoff ist. Gerade darum zögerte ich lang, wissend, daß man nicht jedes Jahr seinen Stoff findet«.[13]

Erst im Frühjahr 1959 lag eine erste Fassung vor – zu spät für die Geburtstagspremiere. Anschliessend blieb die Arbeit bis zum Jahresende liegen, weil Frisch mit dem *Gantenbein*-Projekt beschäftigt war. Dann schrieb er das Stück fünfmal um – die Fassungen sind leider nicht erhalten –, bevor er es Ende Dezember dem Verleger und dessen Lektoren Hans Magnus Enzensberger und Karl-Heinz Braun schickte. Ende Januar 1960 wurde mit *Andorra* der endgültige Titel festgelegt: »Kein guter Titel, der bessere fiel mir nicht ein.« Dazu Werner Weber: »Vor dem *Andorra*-Stoff hat das Denken eine Form der Scheu. Der Titel selbst, *Andorra* stammt aus dieser Scheu, er gibt nichts preis. Er habe keinen besseren gefunden, sagt Frisch; nein, einen besseren hat er sich verboten.«[14]

Die Vorgeschichte: Vor Jahrzehnten hatte ein junger, idealistischer Lehrer das zu enge, zu selbstgefällige Andorra verlassen und war ins Land der »Schwarzen« gezogen. Später kehrte er von dort mit Andri, einem angeblichen Judenkind, zurück, das er in einem Pogrom vor den »Schwarzen« gerettet haben wollte. In Wahrheit ist Andri sein eigener Sohn, die Frucht unehelicher Liebe zu einer Frau im Land der »Schwarzen«. Wieder in Andorra, heiratete der Lehrer eine Einheimische und zeugte mit ihr die Tochter Barblin. Andri und Barblin wachsen gemeinsam auf und verlieben sich ineinander. Soweit die Vorgeschichte.

Andorra, ein friedlicher Kleinstaat, wird von seinen Nachbarn, den antisemitischen und aggressiven »Schwarzen«, bedroht. Die Andorraner befürchten eine Invasion. Unter dem Druck dieser Drohung wird auch in Andorra der Antisemitismus virulent. Andri, der vermeintliche Jude, erfährt die rassistischen Vorurteile seiner Mitbürger am eigenen Leib: Juden seien feig, Juden hätten kein Gemüt, Juden taugten nicht fürs Handwerk, allenfalls für den Verkauf etc. Auch Philosemitismus erlebt Andri als getarnten Antisemitismus: Wir, so der Pfarrer, lieben euch Juden gerade, weil ihr so anders seid, gescheiter, schlauer, weniger gefühlig etc. Andri erfährt, was es bedeutet, wenn jemand ausgegrenzt wird, wenn die anderen sich »ein Bild von ihm machen«, ihn in ein Stereotyp einsperren. Im Umgang mit Andri entblößt sich die friedliche, selbstgenügsame andorranische Gesellschaft zur Kenntlichkeit: Sie ist böse, verlogen, aggressiv, feige und voller Vorurteile.

Nur Barblin steht zu Andri. Die beiden wollen heiraten. Doch der Vater, zu feige, den angeblichen Stiefsohn über dessen wahre Herkunft aufzuklären, verbietet die Heirat. Andri interpretiert dieses Verbot – wie kann er anders? – als weiteren antisemitischen Akt: Barblin sei seinem Ziehvater wohl zu schade für einen Juden. In ihrer Verzweiflung läßt sich Barblin mit einem andorranischen Soldaten ein.

Selbst ein überraschender Besuch von Andris Mutter aus dem Land der »Schwarzen« bringt keine Wende. Auch sie klärt Andri aus Rücksicht auf die Familiensituation nicht über seine Abstammung auf. Auf der Rückreise wird sie als feindliche »Schwarze« von aufgebrachten Andorranern ermordet und nimmt Andris Geheimnis mit ins Grab. Die

Andorraner schieben, wider allen Augenschein, Andri den Mord in die Schuhe.

Unter dem übermenschlichen Druck der Verhältnisse beschließt Andri, das ihm aufgezwungene Jude-Sein »anzunehmen«, sein Anderssein als Auszeichnung aufzufassen und sich bewußt der Opferrolle zu stellen. Er hofft, dadurch die Andorraner zu entlarven und zu beschämen.

Jetzt erst versucht Andris Vater, seinen Sohn über den wahren Sachverhalt aufzuklären. Zu spät. Andri hält des Vaters Wahrheit für eine Zwecklüge und ist von seiner jüdischen Identität überzeugt. In der Selbstbeobachtung hat er mehrere »typisch jüdische« Züge an sich entdeckt, d.h. das Fremdbild als Selbstbild integriert. Auch der Pastor redet ihm vergeblich zu. Andri hat seine Rolle angenommen, ist das »Bild« geworden, das sich die anderen von ihm gemacht haben. Er antwortet dem Pfarrer bezeichnenderweise in einem Deutsch mit jiddischen Anklängen: »Seit ich höre, hat man mir gesagt, ich sei anders, und ich habe geachtet darauf, ob es so ist, wie sie sagen. Und es ist so, Hochwürden: Ich bin anders ... Hochwürden haben gesagt, man muß das annehmen und ich hab's angenommen. Jetzt ist es an Euch, Hochwürden, euren Juden anzunehmen.«[15]

Die »Schwarzen« besetzen Andorra. Der »Widerstand bis zum letzten Mann«, den die Andorraner großmäulig angekündigt hatten, verwandelt sich flugs in Unterwürfigkeit und Kollaboration. Der »Judenschauer« der »Schwarzen« veranstaltet eine »Judenschau«. Die Andorraner werden mit schwarzen Tüchern verhüllt und müssen an ihm vorbeidefilieren. Der »Fachmann« erkennt den Juden nämlich bereits am Gang. (Im Unterschied zu den historischen »Judenschauen«, bei denen es um die Beschneidung ging.) Andri wird als Jude »enttarnt« und deportiert. Kein Andorraner wehrt sich. Der Lehrer erhängt sich, Barblin verliert den Verstand.

Ansonsten geht das Leben im friedlichen, selbstgenügsamen, freundlichen Andorra weiter wie zuvor.

Während Frisch für seine großen Romane jeweils erzähltechnisch neue Lösungen gefunden hatte, blieb *Andorra* formal konventionell. *Biedermann* wie *Andorra* sind einfache Parabeln mit linearem Verlauf. Die zwölf chronologischen Erzählszenen des neuen Stücks werden einzig durch Monologe einzelner Figuren unterbrochen, die aus der Handlung heraustreten und ihr damaliges Verhalten im Stile rückblickender Rechtfertigungen vor Gericht begründen und verteidigen. Diese Reden mit ihren Zeitsprüngen erzeugen Reflexionsdistanz zwischen Bühnengeschehen und Zuschauern, d.h. »Verfremdung« im Sinne Brechts.[16] Neu war die Technik nicht; Parabeln mit Verfremdungseffekten gehörten Anfang der sechziger Jahre zum Standard der Dramenformen.

Erst sieben Jahre nach *Andorra* wird Frisch in *Biografie: ein Spiel* die formalen Erkenntnisse, die er sich in den großen Romanen erarbeitet hatte, auch auf die Bühne übertragen und eine neue, eigene Dramaturgie schaffen: die »Variantendramaturgie« oder »Dramaturgie der Permutationen«.

Mit Andorra, einem »südlichen Kleinstaat«, wollte Frisch weder den bestehenden Pyrenäenstaat Andorra, noch die Schweiz, noch Deutschland, sondern »ein Modell« schlechthin gemeint haben,[17] ein Modell für Vorgänge, wie sie in jedem Staat unter bestimmten Voraussetzungen geschehen können: *Biedermann* und *Andorra* »sind keine Zeitstücke im landläufigen Sinn. Es sind immer wiederkehrende Muster ...«[18] »*Biedermann* und *Andorra* sind Parabeln ... Das Verfahren der Parabel: Realität wird nicht auf der Bühne imitiert, sondern kommt uns zum Bewußtsein durch den ›Sinn‹, den das Spiel ihr verleiht; die Szenen selbst geben sich offenkundig als ungeschichtlich, als Beispiel fingiert, als Modell und somit als Kunststoff.«[19]

Während diese Umschreibung von Parabel auf *Biedermann* fraglos zutrifft, ist der Fall *Andorra* komplizierter. Hier spielen zahlreiche konkrete, historisch fixierte Fakten mit hinein: Die »Schwarzen« sind als Faschisten ebenso historisch vorbelastet wie die militärische Aggression. Die Ideologie des »Widerstands durch Anpassung« verweist auf die Geistige Landesverteidigung, der Antisemitismus, auch wenn ihn Frisch nur »als Beispiel« verstanden haben will,[20] erinnert an den Nationalsozialismus, das verfremdende Heraustreten der einzelnen Figuren an die Kriegsverbrecherprozesse und Entnazifizierungsverfahren, die aus dem Rätoromanischen entwickelten Figurennamen sind ebenso geographisch fixiert wie der helvetische Satzfall, den sich Frisch eigens für das Stück erarbeitet hatte: »Für den Ort Andorra habe er eine eigene Sprache finden müssen, sagt Max Frisch; der Zuschauer sollte das Gefühl haben: so sprechen die Leute in Andorra … Und um eine gesprochene und nicht schriftlich wirkende Sprache zu erreichen, habe er … seine mundartliche Redeweise nachgeahmt.«[21] Schließlich ist die Ortschaft Güllen aus Dürrenmatts *Der Besuch der alten Dame* leicht in der Kleinstadt Andorra wieder zu entdecken. Es gibt also jede Menge konkreter historischer Bezüge in diesem »Modell *Andorra*«.[22]

Auch in anderer Hinsicht war der Modellanspruch problematisch: Wenn Judenpogrome schlimmster Art überall und jederzeit, selbst im friedlich-biederen Andorra, geschehen können, bedeutete dies nicht eine moralische Entlastung Deutschlands? War dem Holocaust überhaupt mit einem Modell beizukommen? Handelte es sich nicht viel eher um historisch unvergleichbare Greuel? Und wenn *Andorra* ein Modell sein wollte für Vorurteile im weitesten Sinn, waren diese einzigartigen antisemitischen Greuel dann überhaupt als thematisches Material tauglich? Verharmloste Frisch nicht die historischen Judenverfolgungen und ihre realen Bedingungen, indem er sie mit seiner eigenen Identitätsproblematik und dem Bildnisverbot verknüpfte?[23]

Gegen alle diese Einwände hat Frisch stets den »reinen« Modellcharakter von *Andorra* hervorgehoben: »Das Stück ist nicht eine allegorische Illustration der Geschichte, sondern es greift hinter die Geschichte.«[24] – »Was in Andorra geschieht, das könnte sich überall ereignen, wenn die Voraussetzungen gegeben sind.«[25]

Das »Weltereignis«

Andorra wurde, drei Jahre nach *Biedermann und die Brandstifter,* der zweite Welterfolg des Dramatikers Frisch. Der Literaturmarkt hatte das Stück schon im voraus als Sensation gehandelt. Der Ansturm der nationalen und internationalen Prominenz und Kritik war so groß, daß das Schauspielhaus Zürich mit seinen rund 850 Stühlen zu wenig Platz bot. Die Premiere mußte gleich dreifach, am 2., 3. und am 4. November 1961 gegeben werden. Kurt Hirschfeld führte Regie, das Bühnenbild stammte von Teo Otto. Die Besetzung war auserlesen: Ernst Schröder spielte den Lehrer, Kurt Beck den Soldaten, Willy Birgel den Doktor, Peter Ehrlich den Tischler, Carl Kuhlmann den Wirt, Heidemarie Hatheyer die Barblin und Gerd Westphal den Jemand. Als Andri gelang dem jungen und noch wenig bekannten Peter Brogle der große Durchbruch. Der Erfolg war überwältigend. Der Inspizientenbericht vermeldet zweiundzwanzig Vorhänge; das Publikum war sich bewußt, an der Geburt eines Stücks Weltliteratur teilgenommen zu haben.

Nach dem ersten Premierenabend saß man wie üblich im Restaurant Kronenhalle und feierte den Erfolg. Auch Friedrich Dürrenmatt war unter den Geladenen. Während die Gäste die Bühnenkünstler und den Autor hochleben ließen, soll Dürrenmatt, so Frisch, den Abend damit verbracht haben, den anwesenden Kritikern die Schwächen und Fehler von *Andorra* zu erläutern. Frisch beklagte sich bei Kurt Hirschfeld bitter über das »infantile Verhalten« des Kollegen, »der jetzt noch in der Kronenhalle keinen Abend vergehen läßt, ohne die Schwächen von *Andorra* darzulegen ...«[26]

Der Beschuldigte unternahm in der Folge drei Anläufe, seine Kritik an *Andorra* in Form eines Geburtstagsbriefs an Frisch darzulegen. Leider schickte er den Text nie ab. Dabei zielte seine Kritik durchaus auf neuralgische Punkte. Auch Dürrenmatt kritisierte den Modellcharakter: »War es richtig, das Problem des Antisemitismus mit dem des Kleinstaates zu verbinden? Kleinstaaten auf der Bühne: Gut als Klima. Gefährlich, wenn ihnen ein Schicksal zugeschrieben wird, welches sie zu einem Problem an sich werden läßt, das sie aus der Anonymität reißt, wie es hier durch den Angriff der Schwarzen geschieht. Parallelen mit der Vergangenheit stellen sich notgedrungen ein, müssen sich einstellen .... Der Einwand, alles sei gleichnishaft gemeint, ist nicht ohne weiteres zulässig, es gibt Probleme, die sich nicht mehr aus dem Geschichtlichen herausoperieren lassen.« Oder: »... daß Andri kein Jude ist, halte ich zwar für eine Delikatesse, aber nicht für mehr ... Zur Judenschau: Kommt hier die Theatersymbolik an die Realität heran?«[27]

Soweit die wichtigsten Einwände Dürrenmatts, wie er sie wohl, weniger vorsichtig, schon an der besagten Premierenfeier geäußert haben wird. Die anwesenden Kritiker liessen sich nicht beeinflussen. Elisabeth Brock-Sulzer, Johannes Jacobi, Joachim Kaiser, Friedrich Luft, Siegfried Melchinger, Henning Rischbieter, Gody Suter und Werner Weber, sie alle betonten ihre Begeisterung für den großen Theaterabend. »Ich kenne kein Stück, kann mich an kein Theatererlebnis erinnern, das eine größere Wirkung auf mich ausgeübt hätte«, schrieb etwa Gody Suter in der Zürcher *Weltwoche*.[28] Und auch der für seine scharfen Kritiken gefürchtete Henning Rischbieter, der Mitbegründer der Zeitschrift *Theater heute,* kam zum Schluß: »Es wird schwer sein, die Zürcher Aufführung zu übertreffen.«[29] *Andorra* wurde einer der größten Erfolge des Schauspielhauses Zürich in der Nachkriegszeit.

Gewiß gab es Einwände und Fragen. Nicht nur Dürrenmatt stieß sich an Frischs Modellbegriff. Hans Magnus Enzensberger hatte ihn im Programmheft sehr einseitig interpretiert: »*Andorra* ist kein historisches Drama ... Die ›Schwarzen‹ sind nicht die SS, der Judenschauer ist nicht Eichmann, und nicht einmal der Jude ist ein Jude. Das Stück ist ein Modell: will sagen, nicht die Darstellung dessen, was war, sondern dessen, was jederzeit und überall möglich ist ... Gemeint ist nicht die andere Gegend ... sondern die je eigene, die sich am schuldlosesten vorkommt ...«[30]

Diese Interpretation leuchtete den meisten Kritikern nicht ein. Für sie war *Andorra* allenfalls ein Modell für den Antisemitismus im Dritten Reich: *Andorra* »ist in deutscher Sprache das wichtigste Stück seit Jahren. Sein Thema ist der Antisemitismus ... Der Schweizer Max Frisch besaß nicht Selbstgerechtigkeit genug, um das Thema als Reportage über die finsteren Jahre des Nachbarlandes zu behandeln ... So wählte er als Schauplatz ein Land, das es auf keiner Landkarte gibt ... ›Andorra‹, sagt er, ›ist der Name für ein Modell.‹« So Siegfried Melchinger in der *Stuttgarter Zeitung*.[31] Und Joachim Kaiser präzisierte: »Frisch hat das Drama eines unheilbaren Vorurteils geschrieben. Er hat sich ... dabei auf die Frage nach dem *Wie* beschränkt. Nicht *warum* die Andorraner antisemitisch reagieren, wird erörtert, sondern auf welche Weise sie es tun.«[32]

Indem es *Andorra* auf seine antisemitische Thematik einengte, konnte sich das Schweizer Publikum durchaus entlastet fühlen. Verglichen mit den Judengreueln jenseits des Rheins nahmen sich die eigenen Vorurteile und Verfehlungen geradezu harmlos aus. Melchinger schloß seine Kritik mit den hellsichtigen Sätzen: »Dieses Stück, dessen Uraufführung ein Ereignis des deutschsprachigen Theaterlebens war, wird von vielen westdeutschen Bühnen gespielt werden. Wir wünschen den Vorstellungen nicht den spontanen Applaus der Nichtbetroffenheit, den das Zürcher Publikum spendete. Noch unziemlicher wäre es freilich, wenn das Stück dazu missbraucht würde, das Alibi hervorzukehren, jenes wohlbekannte: ›Die anderen wären auch nicht besser gewesen.‹«[33]

Im Unterschied zu den deutschen Kollegen verwiesen die Schweizer Kritiker auch auf das eigene Land: »Es führt ein gerader Weg von Seldwyla nach Andorra«, bemerkte Hans Rudolf Hilty.[34] Und Charlotte von Dach verwahrte sich gegen die zu offenkundigen Schweizbezüge in *Andorra* aus »redlicher nationaler Haltung«.[35] Elisabeth Brock-Sulzer dürfte mit ihrer Bemerkung zur herrschenden Stimmung recht gehabt haben: »Das Thema des Antisemitismus ist beim breiten Publikum alles andere als beliebt. Erstens gehe es ja doch meistens um schauerliche Dinge dabei, und zweitens habe man nicht mehr nötig, solche zu sehen; man sei im Bilde, namentlich in der Schweiz, man brauche keine Aufklärung mehr.«[36]

Den Publikumserfolg führte sie auf die neuartige Behandlung des Themas zurück. Man kann es auch pointierter sagen: Dank der geschickten Behandlung des bekannten Themas konnten sich die Schweizer Zuschauer betroffen fühlen, ohne in ihrem Unschuldbewußtsein getroffen und verletzt zu sein. Das Modell gegen jede Art von Vorurteil bestätigte unversehens das Vorurteil von der historischen Unschuld der Schweiz.

Die Uraufführung von *Andorra* hatte in Zürich drei Abende gedauert; die deutsche Erstaufführung fand am 20. Januar 1962 an drei Theatern gleichzeitig statt: in München, Frankfurt und in Düsseldorf. *Andorra* war die Sensation der Saison.

Die deutschen Erstaufführungen hatten sich an der Schweizer Uraufführung zu messen. »*Andorra* ist weit mehr als eine Premiere, es ist eine repräsentative Kraftprobe des deutschen Theaters«, hatte Joachim Kaiser schon in Zürich prognostiziert.[37] Die schwierige Frage nach dem Modellcharakter von *Andorra* wurde von Rudolf Walter Leonhardt in der *Zeit* apodiktisch entschieden: »Das historische Modell für Andorra ist Deutschland.«[38] Und Hanns Braun schrieb im *Rheinischen Merkur:* »Uns hilft es nichts, daß wir nicht die Andorraner der Modellhandlung sind, denn wir sind ganz gewiß ›die Schwarzen‹, die dort den in Lieblosigkeit und Vorurteilen angebahnten Judenmord organisatorisch-perfekt ausführen. Daß keine SS-Uniformen modellgetreu vorgestellt werden, ist eine poetische Scham, die jedenfalls unsere Blößen nur kümmerlich bedeckt; und Andorraner haben wir noch obendrein.«[39]

Die dreifache Erstaufführung fand große Resonanz in

der deutschen Presse. Geradezu hymnisch schrieb die *Frankfurter Allgemeine Zeitung:* »Das Bedeutende hat uns erreicht. Max Frischs neues Schauspiel *Andorra* ist mit der deutschen Erstaufführung in Düsseldorf, Frankfurt und München am Samstag zu einem Ereignis geworden. Zum zweitenmal (nach Dürrenmatts *Der Besuch der alten Dame*) tritt das Theater in seine Funktion der Läuterung ein. Zum zweitenmal hat ein deutsch sprechender Autor den Verrat am Menschenbruder zur Sache der Dichtung gemacht. Betroffenheit zeichnete die Reaktion des Publikums, Beifall den Gewinn an Kunst ... In Frischs Sicht ist jeder dem antijüdischen Vorurteil mehr oder weniger ausgesetzt, ein jeder wird zum Opfer des Bildes, das ihn einzufangen sucht ...«[40]

Nach diesem redaktionellen Lead, der eine eher verharmlosende Sicht auf das Stück vorgab – jedermann kann Opfer von Vorurteilen werden –, schrieben Albert Schulze-Vellinghausen, Günther Rühle und Wolfgang Drews über die drei Aufführungen. Während Schulze-Vellinghausen aus Düsseldorf »manche Träne, vielleicht aus Reue, nicht nur aus Betroffenheit« meldete – »Das Tun und Nichttun, das Reden und Schweigen, weht uns wie Grabeswind eigener, noch nicht vergessener Untat an« –, entzog sich Rühle in Frankfurt jeder politischen und moralischen Wertung, indem er seine Kritik auf die Beschreibung von Schauspielerleistungen reduzierte. Das entschärfte das brisante Ereignis zum Courant normal. Drews in München verbarg Stück und eigene Meinung hinter einer Mauer hochlobender Phrasen: Schweikart habe »eine großartige Vorstellung« geschaffen, »die beklemmend und bestürzend war und doch erfüllt von einer höheren Heiterkeit« – »Der Regisseur konnte sich auf sein Ensemble verlassen ...«[41] usw. Joachim Kaiser kombinierte in der

Süddeutschen Zeitung die beiden Haltungen: Erst erfolgte ein überschwengliches Pauschallob an Autor und Stück, um anschließend umstandslos zur ästhetischen Detailkritik überzugehen.[42] Für moralische oder politische Reflexionen blieb kein Raum. Diese Strategie zeigte sich durchgängig: Man vermied inhaltliche, auf die eigene Realität bezogene Auseinandersetzungen, indem man *Andorra* auf den Parnaß großer Dichtung weglobte und sich auf ästhetische Beurteilungen beschränkte: Integration eines möglichen Skandalons durch Affirmation.

In der ästhetischen Kritik fehlte es nicht an unterschiedlichsten Einwänden gegen Stück und Inszenierungen. Während Melchinger und andere von der Judenschau-Szene überzeugt waren, fand Charlotte von Dach diese Szene nur »peinlich«[43], und Karl August Horst sprach gar von einer »obszönen Show«.[44] Joachim Kaiser und andere lobten den ahistorischen Kunstcharakter, dagegen bezichtigte Carl Seelig das Stück der »Kolportage« und der »Räuberromantik«.[45] Manche Rezensenten empfanden die Frauenfiguren als schemenhaft, flach, konturlos.[46]

Es gab auch prinzipielle Einwände. Vom Zwittercharakter *Andorras* zwischen Modell und Zeitstück war bereits die Rede. Auch Frischs Einfall, daß eine Gemeinschaft biederer Bürger aus Angst, Feigheit und Vorurteil einen Nicht-Juden zum Juden stempelt und sich im nachhinein mit dem Irrtum rechtfertigt, man habe den Nicht-Juden eben für einen typischen Juden gehalten, dieses Konstrukt schien einigen Kritikern zu gewagt zu sein. Judenverfolgung als Irrtum? Verschoben sich da nicht unter der Hand die Gewichte bedenklich? Karena Niehoff berichtete von folgender Reaktion eines jungen deutschen Zuschauers: »Und das alles, wo er doch gar kein Jude war.«[47]

John Milfull erinnerte sich zwanzig Jahre später: »Schon

damals schien es mir merkwürdig, daß ein Stück, welches das Thema Antisemitismus so bewußt aufgriff und dessen Besuch zu einer Art Ritualsühne für die bekannte Kollektivschuld wurde, sich den Spaß leistete, einen Juden, der keiner war, als Protagonist in Szene zu setzen ... Der Jude wird zum Juden *gemacht,* indem er sich zwangsläufig dem Stereotyp anpaßt, das sich die Gesellschaft vom Juden gebildet hat.«[48] Fiele das Stereotyp weg, wären die Juden »Menschen wie Du und ich«. Diese aufklärerische Maxime impliziert »ein Bild vom Menschen, das ohne kulturellen Pluralismus, ja ohne Unterschiede auskommt: sie nimmt die Möglichkeit gar nicht wahr, daß Menschen entweder anders sein wollen, oder tatsächlich anders sind«.[49] Frisch, so Milfulls Argumentation, habe das existentielle Anders-Sein der Juden mißachtet. Aus diesem Grund dürfte auch die amerikanische Erstaufführung des Stücks ein Mißerfolg gewesen sein. Marianne Frisch-Oellers, die mit ihrem späteren Mann zur Premiere reiste, berichtete: »Die New Yorker Juden verstanden den andorranischen ›Juden‹ überhaupt nicht. Das war für sie schon fast eine Art Beleidigung.«[50]

Der historische Zusammenhang erklärt Milfulls Argumentation und die New Yorker Reaktion: Nachdem alle Anstrengungen, sich zu assimilieren, den Holocaust nicht verhindert hatten, pochten viele politisch bewußte Juden nach dem Zweiten Weltkrieg und der Gründung Israels auf ihr Recht, anders zu sein. Nicht Anpassung an die nichtjüdischen Gesellschaften, sondern volle Anerkennung des spezifisch jüdischen Anders-Seins hieß jetzt ihre Forderung.

Frisch hingegen sah in seinem »hypothetischen« Juden bloß eine geeignete Figur, Vorurteilsverhalten an sich darzustellen. Als »Jude« wird man geboren, unveräußerliche Situationsmerkmale sind vorhanden, »und doch ist die äußerliche Unterscheidung so wenig zwingend, daß es noch möglich ist, einen ›hypothetischen‹ Juden einzuführen.«[51] Ein Kommunist oder ein Schwarzer eigneten sich dagegen schlecht als Modell: Der eine sei durch seine frei gewählte Gesinnung, also eigenverantwortlich, bestimmt, der andere durch sein äußeres Erscheinen »unverwechselbar« festgelegt.

Interessant ist, daß in diesem Zusammenhang nie die Beschneidung der Juden thematisiert wurde, obschon dieses Kriterium in den historischen »Judenschauen« eine zentrale Rolle gespielt hat. Die Berücksichtigung dieses »unverwechselbaren« Merkmals hätte Frischs Fabelkonstruktion verunmöglicht.

»Durchschlagende Wirkungslosigkeit«

Andorra provozierte viele Fragen, eine Provokation wurde es nicht. Der Grund war einfach: Zum einen opponierte niemand grundsätzlich gegen das Stück oder sein Thema. Wie auch? Antisemitismus war tabu, war öffentlich diskreditiert, und über den durchaus virulenten verborgenen Antisemitismus sprach man nicht. Zum andern war die Erinnerung an den historischen Antisemitismus noch zu präsent, als daß man bereit gewesen wäre, *Andorra* auch als Modell für andere Formen von Vorurteilsdenken zu verstehen, etwa als Stück gegen fanatischen Antikommunismus oder Antikapitalismus. Das moralische Engagement des Stücks stand außer Zweifel, ebenso die Qualität seiner Machart. *Andorra* rannte mit Aplomb Türen ein, die offiziell weit offen standen, hinter denen sich aber nach wie vor Ressentiments, Rassismus und Vorurteilsdenken aller Art sorgfältig verborgen hielten.

So wurde *Andorra* allseitig applaudiert, löste aber keine weiterführenden Diskussionen aus. Die allgemeine Zustimmung brach dem Stück seine politische und sozialkathartische Spitze; »es wurde ›diskussionslos genehmigt‹. Ein paar Kritiker stellten rhetorische Fragen, andere sprachen von ›Mißverständnissen‹; nach der deutschen Erstaufführung im Januar hielt Rudolf Walter Leonhardt in der *Zeit* fest: ›Wir haben den Eindruck, daß es sich die Kritik bisher ein bißchen zu leicht gemacht hat, wenn sie aus einem so hart treffenden Stück nicht mehr herauslesen konnte als: es sei gut, sich kein Bildnis zu machen, keine Vorurteile zu haben.‹ Doch kaum jemand scheint geneigt, es sich schwerer zu machen.«[52]

Noch heute wird das Stück, nicht zuletzt wegen seiner hohen moralischen Verbindlichkeit, die sich auf keine konkrete historische Situation festlegt, vor allem von kleinen und mittleren Bühnen gespielt, Bühnen, die sich mehr der lokalen Auseinandersetzung als dem ästhetischen Wettbewerb verpflichtet fühlen. Es gehört inzwischen auch zur Pflichtlektüre der deutschsprachigen Schulen und hat sich die Aura eines »modernen Klassikers« erworben. Frisch hatte Brecht einst die »durchschlagende Wirkungslosigkeit eines Klassikers« attestiert. Mit *Andorra* holte sein kluges Bonmot ihn selber ein.

Dokumentartheater versus Parabeltheater

Anfang der sechziger Jahre eroberte in kurzer Zeit eine junge Generation deutscher Dramatiker die westeuropäischen Bühnen: die Vertreter des sogenannten Dokumentartheaters. Die etablierte Dichtung mit ihren modellhaften Fabeln und Parabeln, ihren überparteilichen Standpunkterklärungen, ihrer sorgfältigen Trennung von echter Dichtung und politischer Intervention, ihrem Festhalten am klassisch humanistischen Kultur- und Bildungsanspruch, all das schien den neuen Dichtern obsolet: Antikommunismus und Raffgier, Hedonismus und Egoismus, Korruption und Geistfeindlichkeit, Geschichtslüge und Verdrängungskampf beherrschten ihrer Meinung nach den Geist der Zeit. Ihn zu bekämpfen waren neue, schärfere Waffen nötig. Sie sagten sich vom traditionellen Wertekanon und von der vornehmen Distanz zum politischen Tagesgeschäft los und gingen zum Frontalangriff auf die Gesellschaft über.

Rolf Hochhuth, Peter Weiss, Martin Walser, Heinar Kipphardt, Hans Günter Michelsen, Tankred Dorst, Hans Magnus Enzensberger und Günter Grass wurden die bekanntesten Exponenten der Bewegung. Ihre Dramen sind sehr unterschiedlich gebaut, und der Begriff Dokumentartheater führt leicht zu Mißverständnissen. Er suggeriert Faktentreue und Objektivität, Dokumentenmontage und historische Authentizität. Tatsächlich steckt bereits in der Auswahl und der Montage des Materials jede Menge subjektive Wertung; ganz abgesehen davon, daß die meisten der sogenannten Dokumentartheater-Stücke Mischformen sind. Sie amalgamieren Dokumente mit Spielhandlungen und Fakten mit Fiktionen. Der Begriff Dokumentartheater macht daher nur Sinn als Bezeichnung eines historischen Phänomens, nicht aber einer dramatischen Form.

Eine Grundintention hatten die neuen Stücke allerdings gemeinsam: Sie wollten die Verlogenheit und moralische Korruption der satt gewordenen Gesellschaft entlarven, deren Leichen aus dem Keller hoch- und den Schmutz unter dem Teppich hervorholen. Der Wille zur Aufklärung, zur Entlarvung und Anklage diktierte die Texte. Dem Zuschauer-Bürger sollten seine historischen Verfehlungen und seine Mitschuld so präzise und so gut dokumentiert an den Kopf geschleudert werden, daß ein Ausweichen in die Verdrängung und in die Verharmlosung nicht mehr möglich war.

Der weltweite Skandal um Hochhuths *Stellvertreter* gab 1963 die Initialzündung. Die an Schiller geschulte Dramaturgie des Stücks war und blieb umstritten, doch die Thematik, die Mitschuld des Papstes am Holocaust, hatte eine ungeheure Sprengkraft; sie sprengte die Mauern zwischen Kunst und Wirklichkeit und brach der neuen Bewegung Bahn.

In rascher Folge kamen nun aktuelle und verdrängte Probleme auf die Bühne. Mit *Der Stellvertreter* (Hochhuth), *In der Sache J. Robert Oppenheimer* und *Joel Brandt* (Kipphardt), *Marat/Sade*[53] und *Die Ermittlung* (Weiss), *Helm* (Michelsen) setzte sich das deutsche Drama zwischen 1963 und 1968 erstmals nach dem Krieg wieder an die Spitze der Entwicklung. Frisch und Dürrenmatt, die bisherigen Protagonisten, mußten ins zweite Glied treten. Zum Vergleich: Frischs *Andorra* war 1961 an drei deutschen Theatern gleichzeitig erstaufgeführt worden. Dies war sensationell. Doch *Marat/Sade* von Peter Weiss wurde drei Jahre später zum weit größeren Triumph: Ingmar Bergmann, Peter Brook, Roger Planchon und zahlreiche weniger prominente Regisseure brachten das Stück in kürzester Zeit auf die Bühnen Europas, und 1965 erlebte sein Stück *Die Ermittlung* sogar vierzehn gleichzeitige Uraufführungen! Friedrich Luft sprach vom Ende des »Interregnums der Mittelmäßigkeit«.[54]

Ein hervorstechendes Merkmal der neuen Dramatik bestand, wie erwähnt, in der Montage historischer Dokumente mit Fiktionen und erdachten Figurenprofilen. Piscator hatte bereits in den zwanziger Jahren erfolgreich mit dieser Dramaturgie experimentiert. Natürlich gab es schlechte Nachahmer, die vor keiner künstlerischen Unzulänglichkeit zurückschreckten. Sie rechtfertigten den Mangel an Kunst mit dem moralischen Anspruch, Verdrängtes und Verheimlichtes aufzuklären. Die besten Autoren des Dokumentartheaters haben sich immer wieder von solchen Verwechslungen distanziert. Peter Weiss etwa schrieb: Das Dokumentartheater »muß zum Kunstprodukt werden, wenn es Berechtigung haben will ... ein dokumentarisches Theater, das in erster Hand ein politisches Forum sein will und auf künstlerische Leistung verzichtet, stellt sich selbst in Frage. In einem solchen Fall wäre die praktische politische Handlung in der Außenwelt effektiver.«[55] Und Tankred Dorst verwahrte sich gar gegen die Bezeichnung Dokumentarstück für seinen *Toller:* »Ein Theaterstück, das vorgibt, dokumentarisch zu sein, baut seine Wahrheit auf dem Schwindel auf, daß Theaterszenen etwas anderes sein könnten als arrangierte Fiktionen.«[56]

Diese Kunstabsicht teilte das Dokumentarstück mit dem Parabeltheater ebenso wie den aufklärerischen Impetus. Beide Theaterformen versuchten Antworten auf die Grundfrage jedes realistischen Theaters: Wie kann ich die gesellschaftliche Wirklichkeit auf der Bühne erkennbar, erfahrbar und durchschaubar machen.

In der Expressionismusdebatte der dreißiger Jahre, der sogenannten Brecht-Lukács-Debatte, war die Frage bereits ausgiebig diskutiert worden. Brecht hatte das Problem wie folgt zusammengefaßt: »Die Lage wird dadurch so kompliziert, daß weniger denn je einfache ›Wiedergabe der Realität‹ etwas über die Realität aussagt. Eine Photographie der Kruppwerke oder der AEG ergibt beinahe nichts über diese Institute. Die eigentliche Realität ist in die Funktionale gerutscht. Die Verdinglichung der menschlichen Beziehungen, also etwa die Fabrik, gibt die letzteren nicht mehr heraus. Es ist also tatsächlich ›etwas aufzubauen‹, etwas ›Künstliches‹, ›Gestelltes‹. Es ist also ebenso tatsächlich Kunst nötig.«[57]

Trotz aller Gemeinsamkeiten haben viele Vertreter des Parabeltheaters das Dokumentartheater abgelehnt, so Frisch: »Auch der Versuch, die theatralische Vision zu ersetzen durch Dokumente, die eben dadurch, daß sie von einem Darsteller gespielt werden, ihre Authentizität und damit ihren einzigen Wert verspielen … kann eine Wohltat sein: er wird uns zeigen, was das Theater nicht vermag.«[58] Diese Kritik am Dokumentartheater war, mißt man sie am Kunstanspruch und am Kunstwert der guten Dokumentartheaterstücke, Kritik an einem Popanz: Frisch attackierte die kunstlosen Nachahmungen und glaubte damit die Bewegung zu kritisieren.

Die Konkurrenz der neuen Dramatiker mit ihren radikalen Parolen hatte Frisch beunruhigt. Doch dies erklärt noch nicht die pauschale Ablehnung. Der tiefere Grund lag im unterschiedlichen Verständnis des Verhältnisses von Kunst und Realität. Das Dokumentartheater beabsichtigte, möglichst nahe an eine historisch bestimmte, authentische Realität heranzukommen und die Grenzen zwischen Kunst und Leben abzubauen. Frischs Theater hingegen orientierte sich an der traditionellen Scheidung von Kunst und Leben. Es bevorzugte Gleichnisse, deren Sinngehalt die Realität auf eine umfassende Art erfassen sollte. Während das Dokumentartheater durch Berufung auf Faktizität direkt auf die Erschütterung und Veränderung gesellschaftlicher Strukturen abzielte – und in diesem Punkt ein direkter Vorläufer der 68er Bewegung war –, suchte das Parabeltheater eines Frisch und Dürrenmatt über allgemeine Erkenntnisprozesse und moralische Demonstrationen Bewußtseinsveränderung in Gang zu setzen. Und wie so oft, wenn zwei Lager ähnliches auf unterschiedliche Weise anstrebten, entstand Polemik, drohte Glaubenskrieg.

Für Frisch war das neue Dokumentartheater ein Holzweg. Doch auch die Parabelform erschien ihm nach *Andorra* als Sackgasse. Sechs Jahre lang verstummte er als Dramatiker. Es bedurfte des Umwegs über die Prosa, um eine neue Dramaturgie, »Dramaturgie der Permutation«, zu entwickeln.

Mein Name sei Gantenbein

Für *Stiller* wie für *Homo faber* hatte Frisch neuartige und raffinierte erzähltechnische Lösungen entwickelt: *Stiller,* der sein Ich verleugnet und es im Laufe der Geschichte von außen oktroyiert bekommt, Faber, dem Identität kein Problem zu sein scheint, bis sie ihm im Verlauf der Geschichte abhanden kommt. Nun, im *Gantenbein,* diesem »vertracktesten und faszinierendsten Buch, das Frisch je geschrieben hat«,[59] löste Frisch die erzählenden wie die erzählten Personen in reine Fiktionen auf: »Ich stelle mir vor«, sagt das unbekannte Erzähler-Ich und verwandelt sich im Handumdrehen mal in Enderlin, in Svoboda oder eben in Gantenbein. »Ich probiere Geschichten an wie Kleider«, heißt ein zentraler Ausspruch des anonym bleibenden Erzählers. Oder: »Jedermann erfindet sich früher oder später eine Geschichte, die er für sein Leben hält.« Oder: »Ein Mann hat eine Erfahrung gemacht, jetzt sucht er die Geschichte dazu.« Was mit solchen Sätzen eingeleitet wird, ist als Fiktion gekennzeichnet, als Bildnis, als Rolle, als Erfindung, als Geschichte, oder auch als »Außenansicht eines gesuchten Inneren«[60].

1960, als Frisch in Rom mit den ersten Entwürfen zu *Gantenbein* beschäftigt war, schrieb er einen kleinen theoretischen Text. Der Titel: *Unsere Gier nach Geschichten*. »Man kann die Wahrheit nicht erzählen. Das ist's. Die Wahrheit ist keine Geschichte, sie hat nicht Anfang und Ende, sie ist einfach da oder nicht, sie ist ein Riß durch die Welt unseres Wahns, eine Erfindung, aber keine Geschichte. Alle Geschichten sind erfunden, Spiele der Einbildung, Entwürfe der Erfahrung, Bilder, wahr nur als Bilder. Jeder Mensch, nicht nur der Dichter, erfindet seine Geschichten – nur daß er sie, im Gegensatz zum Dichter, für sein Leben hält – anders bekommen wir unsere Erlebnismuster, unsere Ich-Erfahrung, nicht zu Gesicht.«[61] Und in der Vorankündigung des Romans erklärte Frisch seinen Lesern: »Die Person ist eine Summe von verschiedenen Möglichkeiten, meine ich, eine nicht unbeschränkte Summe, aber eine Summe, die über die Biographie hinausgeht. Erst die Varianten zeigen die Konstante.«[62]

Es geht im *Gantenbein* also nicht um Geschichten, sondern um Erlebnismuster, die sich in Geschichten ausdrükken. Sie machen, so Frischs Überzeugung, die Wahrheit der Personen und ihre wirklichen Erfahrungen aus. Solche Erfahrungen finden nicht in einem logischen und kausalen Kontext statt. Sie brechen vielmehr unerwartet über ihre Subjekte herein, sind ein »Riß« im Kontinuum dessen, was wir irrtümlich für Wirklichkeit halten; sie lassen sich daher auch nicht logisch diskursiv beschreiben, man kann sie nur um-schreiben, in dem Sinn, den Frisch schon im *Tagebuch 1946–1949* skizziert hatte.

Eine herkömmliche Beschreibung im Imperfekt suggeriert zwangsläufig: So war das damals. Sie legt eine Kausalität und eine Zeitfolge fest, die kaum je dem tatsächlichen Erleben entspricht. Will man die spezifische Qualität, wie, laut Frisch, Erfahrungen gemacht und Erkenntnisse gewonnen werden, adäquat beschreiben, so braucht man andere Erzählweisen, Erzählweisen, welche »das Eigentliche« der Gegenstände nicht benennen, sondern es mit Geschichten wie mit Spiegeln umstellen, bis es in den Brechungen und Oszillationen erkennbar oder zumindest ahnbar wird. Jeder Versuch hingegen, »das Eigentliche« auf einen Begriff zu bringen, zerstört seinen lebendigen fluktuierenden Charakter, fixiert und tötet, was nicht festgenagelt und ein für alle Mal benannt sein kann.

Eine nacherzählbare Fabel im herkömmlichen Sinn bietet *Gantenbein* nicht. Das zentrale Thema, um das die Geschichten im Präsens kreisen, heißt Liebe, Liebe zwischen Mann und Frau mit all ihren Schwierigkeiten wie Untreue, Eifersucht, Unglück, Trauer, Vergänglichkeit. Dieser Themenkomplex bildet die Konstante in den permanenten Variationen.

Frischs gedanklicher »Kniff« für das Variantenspiel ist ebenso einfach wie genial: Ein Mann kann gegenüber einer geliebten Frau nie alle Rollen spielen, die er spielen möchte, oder spielen müßte. Er kann nicht zugleich Ehemann, heimlicher Liebhaber und gewesener Mann sein, sie nicht gleichzeitig verlassen und bei ihr bleiben, sie vermissen und zugleich besitzen. Nur in der Vorstellung, nur im Roman, sind alle Varianten möglich. Nur hier kann der Held mehrere Leben leben, das wirkliche Leben hingegen ist Beschränkung.

Die Variantenform des Romans *Gantenbein* ist zugleich Teil seiner ›Botschaft‹: *Gantenbein* ist ebenso ein Roman über die artistischen Möglichkeiten modernen Erzählens wie ein Text über die schmerzliche Begrenzung des realen Lebens.[63]

Das Variantenspiel geht von einem Grundeinfall aus: Ein Mann, »sein Name sei Gantenbein, Theo Gantenbein«, wie der Ich-Erzähler festlegt, erleidet einen Verkehrsunfall, bei dem zwar nicht sein Leben, jedoch sein Augenlicht in Gefahr gerät. Wie Gantenbein nach langer Rekonvaleszenz der Augenverband entfernt wird, kann er wieder sehen, behauptet jedoch, blind zu sein. Als sehender Blinder erblickt und durchblickt er von nun an durch eine dunkellila Blindenbrille seine Mitwelt – und beschreibt sie als böse Gesellschaftssatire.

Gantenbeins Ehefrau Lila ist erfolgreich, schön, selbständig, lebenserfahren und umschwärmt. Ihr Beruf: Schauspielerin. (Ingeborg Bachmann sah sich voll Zorn in der Figur »als Studienobjekt mißbraucht«.[64]) Gantenbein liebt Lila, obschon er weiß, daß diese ihn mit einem oder mehreren Liebhabern betrügt. Dafür läßt sich Gantenbein von Lila aushalten, führt ein ganz und gar parasitäres Leben. Anders formuliert: Der Blinde hat sich auf die Rolle des reinen Beobachters zurückgezogen. Er läßt den Dingen ihren Lauf, mischt sich nicht ein, versucht keinen Einfluß zu nehmen, schaut bloß zu und reflektiert. Als er zum Schluß des Romans versucht, aus der kontemplativen Haltung herauszutreten, seine Blindheit abzulegen und sozusagen wieder ins Leben einzutauchen, geht alles schief. Eifersucht übermannt ihn, die Liebe zu Lila erlischt, die Ehe zerbricht.

Die großen Seher der Antike waren blind, und »Liebe macht blind«, sagt der Volksmund. Daß sich ein Liebender blind stellt, um schärfer zu sehen, ist eine interessante Variante der Antinomie von Sehen und Blindsein.

Theo Gantenbein ist nur eine der drei (Haupt-)Rollen, in die der unbekannte Ich-Erzähler »probeweise« schlüpft. Felix Enderlin heißt eine andere Inkarnation. Er spielt für gewöhnlich den Liebhaber Lilas. Aber im Unterschied zu Gantenbein fällt ihm das gesellschaftliche Rollenspiel schwer. »Enderlin kann keine Rolle spielen«, er »erschrickt über die Rolle, die er offenbar gespielt hat bisher«, er bleibt sich fremd in seinen Lebenssituationen: »Der fremde Herr: Enderlin.«[65]

Von Beruf ist Enderlin Kunsthistoriker; er erhält als Krönung seiner brillanten Karriere einen Ruf nach Harvard. Doch im Spital erfährt er durch Zufall – die Notiz steht auf der Rückseite eines Arztbulletins –, daß er an Magenkrebs leide und nur noch ein Jahr zu leben habe. So verschiebt er seine Abreise nach Amerika und entwickelt eine wilde Lebensgier, vor allem eine Gier nach Frauen, nach geschlechtlichen Umarmungen, nach Sinnlichkeit. Als er schließlich wider alles Erwarten nicht stirbt – die Arztnotiz hatte sich nicht auf ihn bezogen –, fügt er sich allmählich wieder in seine Umwelt ein, beschränkt seine Ansprüche, »funktioniert« wieder, wie man es von ihm erwartet, bescheidet sich in die Rolle eines Zeitschriften-Herausgebers, fügt sich ins Altern und findet sich, *Stiller* vergleichbar, mit seinem beschränkten Lebenskreis ab.

Frantisek Svoboda, die dritte Imagination, der Ex-Ehemann von Lila, steht für einen anderen Weg. Er ist Architekt, ein Mann der Tat – ein wenig ein Homo faber –, und hält, was er sieht und erlebt, ganz unbefangen für die ganze Wirklichkeit. Doch das Leben lehrt ihn das Gegenteil. In verschiedenen schmerzlichen Etappen durchlebt er das Zerbrechen der Liebe zu Lila, leidet an Eifersucht, vereinsamt und muß sich nolens volens mit der Tatsache abfinden, daß die Wirklichkeit hintergründiger und unkontrollierbarer ist, als er es sich gedacht hatte.

Gantenbein, Enderlin, Svoboda sind Erfindungen des unbekannten Buch-Ichs, das sich zu erkennen sucht, indem es sich in seinen Phantasiefiguren und deren Erlebnismustern ausprobiert. Und Lila? Sie ist die zentrale Figur beinahe aller Geschichten, die der Ich-Erzähler erfindet.

Sie ist die Frau, die die drei Männerschicksale verbindet, und ihr gemeinsamer Spiegel. Nie schlüpft der Ich-Erzähler in ihre Haut, sie bleibt stets sein Gegenüber. Frisch kommentierte: »Lila ist überhaupt keine Figur. Und das ist ja der Jammer, der erzählt wird. Lila ist eine Chiffre für das Weibische, das andere Geschlecht, wie es das Buch-Ich sieht; seine Chiffre, von der er nicht loskommt. Darum gibt es nur sie, die es nicht gibt. Das ist ja die Komödie. Was von Lila erzählt wird, porträtiert nur ihn. Lila ist ein Phantom, also nicht zu fassen ...«[66] Lila verändert sich daher im ganzen Buch nicht, und Gantenbeins Versuche, sie sich als Gräfin, als Ärztin oder als Krankenschwester vorzustellen, müssen scheitern.

Vollkommen unbestimmt bleibt das erzählende Buch-Ich, die geheime Instanz im Hintergrund, das sich in unzähligen von ihm erfundenen Geschichten und Figurenvarianten spiegelt. Es ist, so Frisch, »das Unsagbare«, das man nicht benennen, sondern nur als »Spannung zwischen den Aussagen« spürbar machen kann.[67] Es ist ein »weißer Fleck ... umrissen durch die Summe der Fiktionen, die dieser Person möglich sind. Und dieser Umriß, so meine ich, wäre präziser als jede Biographie, die, wie wir wissen, auf Mutmaßungen angewiesen ist.«[68]

Das Grundthema: Wie beschreibe ich mein Ich?, und die Grundschwierigkeit des Schreibens: Wie gestalte ich schreibend die Wahrheit?, gehen dauernd ineinander über – ein hochvertrackter Text. Es ist kaum zufällig, daß Frisch nach *Gantenbein* keinen Roman mehr geschrieben hat. Er hätte, bei seinem beschränkten Themenrepertoire, ein Rückschritt hinter das Erreichte oder eine Wiederholung sein müssen. »Frisch ging bei der Wahl seiner Themen immer sehr intuitiv vor«, berichtete Marianne Frisch, »aber dann arbeitete er sehr zielgerichtet, systematisch und hartnäckig an der Form ... Er schrieb ohne Pläne und Zettelkasten. Er hatte seine kleinen schwarzen Notizbüchlein. Danach hat er richtiggehend an der Konstruktion seiner Texte gefeilt. Er ließ Pinnwände anfertigen, wo er die Konstruktionsarrangements ausprobieren und umbauen konnte. Er suchte immer nach Variationen, ging eigentlich von der Musik aus und suchte Variationen zu einem Thema. Er hat immer gesagt, am liebsten wäre er Komponist geworden.«[69]

Im *Gantenbein* trieb Frisch seine fiktionale Variantenkomposition bis an ihre Grenzen. Hier war kein Weiterkommen. Sein nächster großer Prosatext – die Erzählung *Montauk* – setzte daher an einem extrem gegensätzlichen Punkt an: bei der unfiktionalen Realität.

Die Radikalität und Neuartigkeit der Textbehandlung stieß beim Erscheinen des Romans auf Skepsis. Zwar war man sich einig, daß Frisch brillante Episoden und Analysen und viele hinreißende Miniaturen geschrieben habe, doch hielt man die große Form des Romans im allgemeinen für fragwürdig oder gar für mißlungen. Von einer »exemplarischen Sackgasse« war die Rede,[70] von »schwindel-erregendem Schwindel«[71], vom »Scheitern des Erzählers Max Frisch«,[72] vom »Mangel an Integration aller erzählerischen Elemente«,[73] ein Starkritiker sah sich »zu Wanderungen eingeladen, die sich als faszinierend erweisen, jedoch zu Gemeinplätzen führen«.[74]

Man sah damals noch nicht, wie sehr »dieser Roman, der auf den ersten Blick so offen erscheint ... viel geschlossener ist als Frischs frühe Bücher. Die Geschichten weisen immer wieder in das Buch zurück auf das fabulierende Ich und nicht wie früher über das Buch hinaus auf Gott oder Götter, Dämonen oder Zufall«, so Wolf Marchand in der Rückschau zwanzig Jahre später.[75]

Mein Name sei Gantenbein wurde im Lauf der Jahre zu einem oft interpretierten Werk moderner deutscher Literatur.[76] Die Vielbezüglichkeit des Textes, die komplexe Thematik, die Spiegelungen, der mythologische Hintergrund, die Erzählartistik, sie boten ein fruchtbares Feld für scharfsinnige Interpreten. So unterschiedlich die Interpretationen ausfielen, sie sprachen alle von: *dem* Mann, *der* Frau, *dem* Weiblichen, *der* Wahrheit, *dem* Leben, *der* Erfahrung, *dem* Ich usw.

Solche verallgemeinernden Bestimmungen sind nicht falsch, ging es Frisch doch nicht um die Darstellung einmaliger Charaktere, sondern um charakteristische allgemeine Verhaltens- und Denkmuster. Zu fragen ist allerdings, wie weit diese Muster tatsächlich allgemein sind. Es könnte auch sein, daß sie einem besonderen, höchst eingeschränkten Blick auf die Welt entspringen, einem Blick, der sich irrtümlicherweise für allgemein hält. Solche Irrtümer sind häufig in der Geistesgeschichte. Selbst die »allgemeinen Menschenrechte« der bürgerlichen Aufklärung stellten sich im Laufe der Zeit als höchst beschränkte Rechte heraus.

Dürrenmatt bemerkte, Frisch habe seinen persönlichen Fall stets als allgemeinen Fall verhandelt.[77] Sozialpsychologisch gesprochen, könnte man die Behauptung aufstellen: Frisch, ein kleinbürgerlicher Intellektueller, beschreibt aus einer kleinbürgerlichen Optik eine Welt voller Kleinbürger in Texten, die vorwiegend von kleinbürgerlichen Intellektuellen rezipiert werden. Ausgehend von Frischs literarischem Universum erscheint der Intellektuelle als der prototypische Kleinbürger des zwanzigsten Jahrhunderts.

Exkurs: Der Intellektuelle als Kleinbürger des 20. Jahrhunderts

»Kleinbürger« soll hier nicht als Schimpfwort, sondern als sozio-ökonomische Kategorie verstanden werden. Ludwig Börne hatte den Begriff um 1830 geprägt, Karl Marx definierte damit wenig später jene soziale Mittelschicht, die sich als Puffer zwischen den Hauptklassen Kapital (den Ausbeutern) und Arbeit (den Ausgebeuteten) bewegt.[78] Historisch entstand das Kleinbürgertum aus den selbständigen Handwerkern der städtisch-zünftischen Gesellschaft des hohen Mittelalters. Zuweilen opponierte es gegen das städtische Patriziat, zuweilen verbündete es sich mit der Oberschicht gegen die Übergriffe des Adels, gegen rebellische Bauern oder gegen die Ansprüche des Fernhandels.

Unter den gesellschaftlichen Bedingungen des Kapitalismus gerieten die Kleinbürger zunehmend unter Druck: Die Finanzkraft und Marktdominanz der Industrie mit ihren billigen Massenwaren und das in den Banken konzentrierte Finanzkapital gefährdeten die soziale Position der Mittelschicht »von oben«. »Von unten« drohte das Industrieproletariat nicht nur als ökonomische Konkurrenz, sondern auch als jene graue, lohnabhängige Masse, in die der Kleinbürger absank, sobald seine ökonomisch selbständige Existenz fallierte.

Der formal selbständige Kleinbürger war in hohem Maße unselbständig, weil von Kräften abhängig, auf die er kaum Einfluß hatte: Sein Status war von oben wie von unten bedroht, seine persönliche Identität von Angst und Unsicherheit untergraben, seine Aufstiegs-Sehnsucht galt der kapitalistischen Oberschicht, seine Abscheu dem Proletariat. Der typische Kleinbürger war autoritär und autoritätshörig, politisch konservativ bis reaktionär, Neuerungen fürchtend, ahistorisch und intellektuellenfeindlich denkend, buckelnd nach oben, tretend nach unten usw.

Zu Ende des neunzehnten, vor allem aber im zwanzigsten Jahrhundert erlitt der historische Kleinbürger radikale Veränderungen. Einerseits wurde er vom selbständigen Handwerker zum Reparateur defekter Industrieprodukte deklassiert: Aus dem Schuster wurde der Flickschuster, aus dem Schneider der Änderungsschneider, aus dem Mechaniker der Servicemann. »Hierin besteht die Deklassierung des Kleinbürgers *als Klasse,* die *psychische Verelendung* von so globalem Ausmaß erzeugt, daß die unmittelbar ökonomische als sekundär erscheint.«[79] Der Psychoanalytiker Erich Fromm leitete aus dieser Deklassierung die typische Ich-Schwäche des Kleinbürgers ab.[80]

Auf der anderen Seite schuf dieselbe Entwicklung neue mittelständisch-kleinbürgerliche Existenzen. Sie entstanden als Nischenökonomie überall dort, wo industrielle Großfertigung nicht rentierte oder nicht möglich war; häufig im Dienstleistungs- und Transportgewerbe, im Bereich der medizinischen und sozialen Betreuung, im Detailhandel, in der Informatikbranche usw.

Vor allem ein Bereich explodierte förmlich: der Bereich der intellektuellen Kleinbürger. Das Zeitungs-, Zeitschriften- und Verlagswesen sowie die Kultur- und Bildungsindustrie expandierten ab der zweiten Hälfte des 19. Jahrhunderts sprunghaft. Im zwanzigsten Jahrhundert kamen Rundfunk, Film und Fernsehen als riesige neue Märkte dazu. Sie erzeugten ein unabsehbares Heer intellektueller Zuarbeiter, Verarbeiter und kritischer Nachbereiter: Schauspieler, Sänger, Musiker, Journalisten, Redakteure, Dramaturgen, Regisseure, Kameramänner, Schriftsteller, Cutter, kleine Film- und Fernsehproduzenten, Publizisten, Kunstmaler, Galeristen, Kunsthändler, Kleinverleger, Herausgeber, Übersetzer, Buchhändler, Kulturvermittler aller Arten, Werbetexter und Grafiker wurden zu gängigen Berufen. Auch andere freiberufliche Sektoren intellektueller Arbeit wuchsen kräftig an wie Architekten, Ingenieure, Consultants aller Arten, Ärzte, Anwälte, Treuhänder, Programmierer, und ihre jeweiligen weiblichen Pendants. Die Liste der neuen intellektuellen Kleinbürger wurde unabsehbar.[81]

Der neue Kleinbürger fühlte sich zwar intellektuell dem traditionellen Mittelständler turmhoch überlegen. Aber auch den intellektuellen Kleinbürger prägen Unsicherheit und Ohnmachtsgefühle. Seine geistige Überlegenheit kontrastiert schmerzlich mit der Erfahrung seiner ökonomischen und politischen Marginalität zwischen den großen Klassen. Zwar weiß er dank Bildung und Reflexionsdistanz vieles besser, doch nützt ihm dies nur so weit, als er das richtige Gehör findet. Selbst machtlos, gewinnt er Macht allein, indem er Einfluß auf Mächtige gewinnt. Sein Platz ist im Ohr der Machthaber, seine Ideen finden den Weg ins Leben nur über fremde ökonomische und politische Geburtshelfer.

Als Produzent von Ideen, Konzepten, Urteilen steht er auf dem Markt in scharfer Konkurrenz zu anderen Intellektuellen und macht die Erfahrung, wie leichtverderblich seine Ware ist. Was heute Mode war, ist morgen Schnee von gestern. Wer heute umjubelt wird, kann morgen vergessen sein. Er mag redlich von sich überzeugt sein, überzeugt er andere nicht, bringt ihm die Redlichkeit nichts. Sein Dasein schwankt zwischen Standpunktfestigkeit und Anpassungspragmatismus, Treue zu sich selbst und Selbstverleumdung, Stolz und Selbstverachtung. Architekten, Designer, Grafiker, Künstler, Texter, Regisseure, Journalisten usw., endlos ist ihr Klagelied über die Selbstverstümmelung eigener Werke auf Wunsch und Wille von Auftraggebern und Brotherren. Wer sich treu bleibt, wird unter solchen Umständen leicht zum Narren.

Die Machtlosigkeit ist nur die eine, und zwar die individuelle Seite des intellektuellen Kleinbürgers. Dank seiner massenhaften Präsenz in den Medien und öffentlichen Institutionen hat er, als Klasse, aber auch Macht. »Das Kleinbürgertum verfügt in allen hochindustrialisierten Gesellschaften heute über die kulturelle Hegemonie. Es ist zur vorbildlichen Klasse geworden ... Sie besorgt die Innovation. Sie legt fest, was für schön und erstrebenswert gilt. Sie bestimmt, was gedacht wird ... Sie erfindet Ideologien, Wissenschaften, Technologien. Sie diktiert, was Moral und Psychologie bedeuten ... Sie ist die einzige Klasse, die Kunst und Mode, Philosophie und Architektur, Kritik und Design erzeugt ... Kleinbürger waren es, die das Bild vom Spießer entwarfen, und aus Kleinbürgern hat sich ganz überwiegend die Boheme rekrutiert, deren Spezialität es war, andere Kleinbürger zu erschrecken ... Die frenetische Produktivität der kleinen Bourgeoisie, ihre Fähigkeit zur Innovation ... dürfte sich einfach aus der Tatsache erklären, daß ihr nichts anderes übrig bleibt. Sie ist ›intelligent‹, ›begabt‹, ›erfinderisch‹, weil ihr Überleben davon abhängt ... Heute wimmelt die Klasse von Fortschrittsmännern, und niemand ist begieriger als sie, den neusten Trend beim Schopf zu packen«, so Hans Magnus Enzensberger.[82]

Tonangebend als Klasse, doch als einzelner meist kaum hörbar, eignet dem intellektuellen Kleinbürger eine weitere typische Eigenschaft: Er »will alles, nur nicht Kleinbürger sein. Seine Identität versucht er nicht dadurch zu gewinnen, daß er sich zu seiner Klasse bekennt, sondern dadurch, daß er sich von ihr abgrenzt, daß er sie verleugnet. Was ihn mit seinesgleichen verbindet, gerade das streitet er ab. Gelten soll nur, was ihn unterscheidet: der Kleinbürger, das ist immer der andere. Dieser sonderbare Selbsthaß wirkt wie eine Tarnkappe. Mit seiner Hilfe hat sich die Klasse insgesamt fast unsichtbar gemacht.«[83]

Frisch als Autor des neuen Kleinbürgertums

Verblüffend ist, wie gut die Züge des intellektuellen Kleinbürgers sowohl zum Autor Max Frisch wie zu seinen Figuren und wahrscheinlich auch zu einem Gutteil seiner Rezipienten und Interpreten passen.

Frisch hat sich verschiedentlich selbst als Kleinbürger apostrophiert. »Das Schicksal seines Vaters, der vom Architekten zum Makler abstieg, und der Familie, die oft kein Geld mehr hatte, waren für ihn wichtige biographische Fakten«, sagt Marianne Frisch.[84] Herkommen und soziale Prägung, Beruf(e) und Bildung, gesellschaftliche Erfahrungen und Distanz zu den politischen Hauptkräften, überparteiliches intellektuelles Engagement und Enthaltsamkeit von politischer Aktivität, Identitäts- und Sinnkrisen, innere Unsicherheit und ethisch-ästhetischer Rigorismus, Liebe und Haß zum eigenen Land, Pathos der Solidarität und Insistenz auf der eigenen Einzigartigkeit, Großmut und eifersüchtige Horizontverengung, unerbittliche Analytik und Innovationsdrang, protestantische Schaffensethik, Standpunktfestigkeit und Geschäftsgeschmeidigkeit, Hang zum bürgerlich repräsentativen Lebensstil und Bescheidung in Konventionalität[85], Exhibitionismus und Verletzlichkeit – man kann sich dem Autor Max Frisch von unterschiedlichen Seiten nähern, immer stößt man – wenn auch nicht ausschließlich! – auf Züge des intellektuellen Kleinbürgers. Marianne Frisch-Oellers: »Frisch hatte unglaublich viele kleinbürgerliche Angewohnheiten in seinem Habitus und seinem gesellschaftlichen Umgang. Das war ihm gar nicht so bewußt ... Aber er ließ sie sich, noch mit über fünfzig, auch austreiben und abgewöhnen. Erst da hat er sich geöffnet und verändert.«[86]

Auch Frischs literarische Figuren passen ins Bild: Jürg Reinhart, Dr. Leuthold, Bin, Öderland, Stiller, Faber, Gantenbein, Enderlin, Swoboda, Hotz, die Figuren aus *Biografie* und viele Gestalten aus *Triptychon,* der Ich-Erzähler aus *Montauk,* Geiser, Dr. Schaad – sie alle tragen das Zeichen des intellektuellen Kleinbürgers offen auf der Stirn. In *Andorra* wird ein ganzes Kleinbürgerspektrum aufgefächert, und auch Herr Biedermann ist als kapitalistischer Unternehmer eine so kleine Nummer, daß er mentaliter dem Kleinbürgertum weit näher steht als der Großindustrie.

Das thematische Zentrum in Frischs Werk heißt Identitätskrise. Das Ich, das zerbricht, seine Bestimmung und Form nicht findet, an sich leidet, zweifelt, im falschen Bild seiner selbst verloren geht – die Variationen sind vielgestaltig. Es sind Varianten eines typisch kleinbürgerlichen Gestus: zwischen den großen Klassenkräften zerrieben, findet das Kleinbürgertum als »eigentliche Nichtklasse« (Enzensberger) keinen historischen Ort und damit auch keine sozialpsychologische Identität. Dieses gesellschaftliche Problem erscheint in den Frischschen Figuren als individuelles Leiden an der eigenen beschädigten Identität. Der gesellschaftliche und politische Hintergrund bildet die – oft kaum sichtbare – Voraussetzung für die scheinbar rein privaten Figurenschicksale.

Zur Begründung seiner »Variantendramaturgie« formulierte Frisch einen Satz, der sich wie eine Beschreibung des kleinbürgerlichen Lebensgefühls lesen läßt: »Unsere Existenzerfahrung: Es geschieht etwas, und etwas anderes, das ebenso möglich wäre, geschieht nicht, und eigentlich liegt's nie oder selten an einer einzelnen Handlung oder an einem einzelnen Versäumnis, wo wir Entscheidungen treffen, bleibt uns der Verdacht, daß es die Gebärde eines Gesteuerten ist, der nicht weiß, was ihn steuert; es gibt Zwänge, aber es gibt auch Zufälle; was auf die Gebärde des Entscheidens folgt, kann so und auch anders verlaufen ...«[87] Es kennzeichnet die »Existenzerfahrung« des intellektuellen Kleinbürgers, daß er sich im sozialen Rahmen als ein Gesteuerter erfährt, der nicht weiß, was ihn steuert, dem seine Lebenswirklichkeit daher undurchschaubar ist. In diesem Kontext ist Frischs Variantendramaturgie die adäquate dramatische Form dieser kleinbürgerlichen Existenzerfahrung.

Die Existenzerfahrung prägt schließlich auch die Schreibweise: Die einzig mögliche Beschreibung einer undurchschaubaren Wirklichkeit ist ihre Um-Schreibung: das Undurchschaubare ist ein »weißer Fleck«; es ist nur ahnbar zu machen, indem man es möglichst genau mit Sprache umstellt, eben um-schreibt. Nicht nur Frischs Figuren, Themen und seine Dramaturgie, auch seine spezifische (Um-)Schreibtechnik kann als Konsequenz einer kleinbürgerlich intellektuellen Existenzerfahrung entschlüsselt werden.

Indem Rezipienten aus derselben sozialen Schicht Frischs Texte interpretieren, schließt sich der Kreis: Kleinbürgerliche Intellektuelle rezipieren eine Welt von Kleinbürgern in Texten, die ein kleinbürgerlicher Intellektueller aus seiner kleinbürgerlichen Optik schrieb.[88] Und weil der Kreis sich so hermetisch schließt, halten die Interpreten die Texte für eine Beschreibung der Wirklichkeit schlechthin. Ihre große Qualität ist jedoch eine andere: Selten hat ein

Schriftsteller, indem er sich selbst in zahlreichen Varianten literarisierte, ein so beklemmend präzises Bild seiner Klasse gezeichnet, ja gestochen – ein Bild, in welchem wir uns als »Klassenbrüder« amüsiert, erschreckt, betroffen und unbarmherzig durchschaut wiedererkennen.

Soweit der Exkurs, zurück zur Chronologie.

Neue Liebe, neues Leben

1963 brach die Beziehung mit Ingeborg Bachmann endgültig auseinander. »Im fünften Jahr war die Hörigkeit aufgebraucht.«[89] Frisch reiste ohne sie nach Amerika.

Eine neue Liebe erleichterte ihm die Trennung. Marianne Oellers, Literaturstudentin, Jahrgang 1939, lernte Max Frisch 1962 in Rom kennen. Die Begegnung war, so die Erinnerung von Marianne Frisch-Oellers, reiner Zufall. Tankred Dorst, ihr damaliger Lebensgefährte, hatte ein Literaturstipendium an die Villa Massimo erhalten. Marianne besuchte ihn in den Semesterferien. Eines Tages lud Ingeborg Bachmann sie zum Aperitif ein. »Max Frisch und Ingeborg Bachmann lebten in einer luxuriös möblierten Duplexwohnung ganz im Stil der Movie Stars aus Cinecittà in einem römischen Nobelquartier oberhalb der Villa Borghese. Es gab auch eine Bedienstete mit weißem Häubchen. Ich war eine frühe 68erin, und die Wohnung kam mir sehr spießig vor, nobelspießig. Ich erinnere mich an falsche venezianische Spiegel und an eine zwölfbändige Baudelaire-Ausgabe. Ich habe sofort gesagt, daß Baudelaire niemals soviel geschrieben hat. Die Bücher waren Attrappen! Ich hatte keine Hemmungen, war in keiner Weise devot, ich glaube, ich war einfach frech. Das schien ihm zu gefallen. Mich hingegen faszinierte, daß er zwei Krawatten übereinander trug, eine blaue und eine gelbe. Ich dachte mir, das muß wohl die neue Mode in Rom sein. Wir blieben nicht lange.«[90]

Erst zwei Monate später traf man sich wieder. Frisch hatte Tankred und Marianne zum Abendessen eingeladen. Ingeborg Bachmann war abwesend. »Da war Max allein, sehr allein«, so die Erinnerung Marianne Frischs. »Die römische Gesellschaft war sehr hermetisch, Max hatte keine Freunde in Rom. Er war wie ein streunender Hund. Er hatte gerade *Le deuxième Sexe* von Simone de Beauvoir gelesen und begann mich mit spöttischen Bemerkungen über die Emanzipation der Frauen zu provozieren. Unser erstes Zusammentreffen war ein einziger lebhafter Streit über das Geschlechterverhältnis. Dorst hörte zu und amüsierte sich. Ich polemisierte gegen den ganzen Luxus und meinte, mir reiche Schwarzbrot. Worauf Frisch und Dorst einen Song auf die Schwarzbrot-Marianne dichteten. So wurden wir Freunde. Manchmal kam Frisch zu uns in die Villa Massimo, um Boccia zu spielen. Er suchte Menschen, er wollte nicht allein sein. So erfuhr ich, daß Frisch sich in seiner Luxuswohnung wie in einem fremden Anzug fühlte, daß er sie Ingeborgs wegen gemietet hatte. Auch das Krawattenrätsel löste sich. Frisch und Bachmann hatten sich vor unserem ersten Besuch, wie so oft in ihrer Römerzeit, gestritten, und Frisch vergrub sich in sein Arbeitszimmer im ersten Stock. Als er uns lachen hörte, band er sich eine Krawatte um und kam herunter – ohne zu bemerken, daß er bereits eine getragen hatte. Meine Unbekümmertheit, Lebhaftigkeit und Neugier taten ihm wohl. Wir konnten wunderbar zusammen streiten, lachen, diskutieren.«[91]

Die beiden verliebten sich und zogen im Jahr darauf in Rom zusammen. »Wir lebten in der Altstadt, Via Marcutta, in einer Einraum-Atelierwohnung, dem puren Gegenteil zur Nobelwohnung in der Via de Notaris. Aber Max fühlte sich hier viel wohler.«[92] 1964 kaufte Frisch ein »Rustico«, ein typisches Tessiner Bauernhaus in Berzona, einem kleinen Dorf im Onsernonetal. Wieder hatte der Zufall die Hand im Spiel. Am Anfang stand ein Besuch bei Alfred Andersch. »Es regnete, wir spazierten, Andersch sagte uns: Dieses Haus ist zu verkaufen. Erst viel später sagte mir Max, daß er mit dem Besitzer Kontakt aufgenommen habe. Mir gefiel vor allem der Steintisch vor dem Haus. Damals wußte ich noch nicht, daß viele Tessiner Häuser so einen Steintisch haben ... Berzona war als Sommerhaus gedacht, dann wurde es immer mehr zum Haupthaus. Frisch baute sich die Scheune zum Arbeitshaus um. Dabei wollte er ursprünglich gar nicht ins Tessin, das Tessin wollte er den Deutschen überlassen.«[93]

Später kamen eine Loft in New York und eine Wohnung in Berlin dazu: »Genau die Art von Wohnung, die wir in Zürich vergeblich gesucht hatten: einfach, aber mit hohen Zimmern.«[94]

Reisen

Max und Marianne reisten oft und ausgiebig. Frisch erholte sich dabei nicht nur von der täglichen »Schreibfron«, er benutzte die Reisen auch, um seine Neugier auf Stoffe und Eindrücke zu befriedigen. Stets führte er ein kleines schwarzes Notizbuch bei sich, in dem er Einfälle, Beobachtungen, Gedanken zur späteren »Verarbeitung« festhielt.

Den Reisen lagen meist Einladungen zu Aufführungen, Lesungen oder Kongressen zugrunde. Die erste gemeinsame Reise mit Marianne führte nach Amerika. In New York wurden gleichzeitig *Biedermann* und *Andorra* gespielt. »Beide Stücke kamen nicht an. Die New Yorker Juden verstanden den andorranischen Juden nicht. ... Und für den *Biedermann* fehlte ihnen die richtige Art von Humor.«[95] 1965 fuhren beide nach Israel, wo Frisch den Literaturpreis der Stadt Jerusalem entgegennahm und dort die erste offizielle Rede in deutscher Sprache hielt.

»Wie belastet sie auch mit Schmach und Schuld ist, man kann seine Muttersprache nicht wählen«, begründete Frisch seine Sprachwahl: »Man kann sich nur zu ihr bekennen, indem man sie reinigt, und man kann sie nur reinigen, indem man sich zu ihr bekennt.«[96] Ansonsten lobte er den Gastgeber – »Israel ist das Land, das uns wie kein anderes erfüllt mit Zuversicht in die Zukunft der Menschheit«[97] – und vermied sorgfältig jeden Hauch einer Andeutung zur brisanten Palästina-Problematik.

Es gab aber auch Reisen aus privatem Anlaß. Der Plan zur ersten Reise in die Sowjetunion 1966 wurde spätabends von einer feuchten Runde im Restaurant Kronenhalle in Zürich entworfen. Ursprünglich wollte die Tafelrunde in einem gecharterten Bus das Land erkunden. Angesichts der geographischen Dimensionen stieg man schließlich auf Bahn und Flugzeug um. »Wir sind wie ›gewöhnliche Bürger‹ mit Intourist gefahren.«[98] Die Reise führte nach Moskau, Leningrad und Odessa. Der Rückweg ging über Warschau, das Frisch knappe zwanzig Jahre vorher als Trümmerberg gesehen hatte.

Die Eindrücke waren zweispältig: »Die Menschen wirkten sehr traurig, sehr lustlos, sehr bedrückt. Aber wir glaubten damals, da entsteht eine neue Gesellschaft, eine neue Welt. Das war der Grund für unsere Reise.«[99]

Im gleichen Jahr starb hochbetagt Frischs Mutter. Max war ihr zeitlebens sehr verbunden gewesen, hatte sie finanziell unterstützt, sich um ihr Wohlergehen gekümmert und ihr Jugendbildnis in jeder seiner Wohnungen an die Wand gehängt. Zuletzt war ihr Zeit- und Realitätssinn verwirrt, und sie vermengte das Rußland ihrer Zeit – sie war vor der Revolution Kindermädchen in Odessa gewesen – mit der Sowjetunion der sechziger Jahre. Frisch hat ihren Tod sehr empfunden.

Weitere Reisen führten Max und Marianne 1967 nach Prag und 1968 zum zweiten Mal in die Sowjetunion. 1969 folgte eine Reise nach Japan, 1970 in die USA, wo sie 1971 und 1972 jeweils fast dreiviertel Jahre verbrachten.

Heirat und Alltag

Ende Dezember 1968 heirateten Marianne und Max in Berzona nach sechsjährigem Zusammenleben. In einer Zeit, da die Jugend mit der Abschaffung der bürgerlichen Konventionen, auch der Ehe, beschäftigt war, konnte dieses Ereignis nicht unkommentiert bleiben. Frisch hat sich bei Johnson denn auch über den unerwünschten Rummel beklagt.[100] Die Ehe war jedoch nicht als Gegenstrategie zur 68er Bewegung gedacht. »Wir wollten«, so Marianne Frisch, »keine bürgerliche Ehe, keine Wohnküchenatmosphäre, nur nicht immer zusammenhängen, ein freies Künstlerleben, mit Vertrauen allerdings. Das ging auch gut. Wir haben aus pragmatischen Gründen geheiratet. Wir wollten zusammenbleiben. Doch es gab stets die lästigen Hindernisse mit der Aufenthaltsbewilligung. Ich mußte mich als Frischs Sekretärin ausgeben, um die Bewilligung zu bekommen, worauf die Behörden meinten, es gäbe doch auch in der Schweiz gute Sekretärinnen usw. Für Max hatte Heiraten eine große Bedeutung. Er besaß eine ganz altmodische Vorstellung von Ehe.«[101]

Durch Marianne lernte Frisch eine neue Generation Schriftstellerinnen und Schriftsteller kennen. »Frisch konnte nicht gut Freunde für sich gewinnen, aber er freute sich immer, wenn ich junge Leute einlud. Er hat ihre Texte gelesen, sie gefördert und auch finanziell großzügig unterstützt.«[102] Peter Bichsel: »Das Bild, das wir uns heute machen von Max Frisch, wäre ein ganz anderes ohne Marianne. Es wäre ein so anderes, daß es völlig unvorstellbar ist. Es gibt kaum einen Autor der damals jüngeren Generation, der ihn nicht durch Marianne kennengelernt hat. Sie öffnete sein Haus – in Berlin, in Zürich, in New York, in Berzona. Sie war es, die sich brennend für neue und junge

Literatur interessierte und die sich für die Menschen interessierte, die sie herstellten.«[103]

Auch in ihrer Arbeit halfen und ergänzten sich Max und Marianne. Sie lektorierte als erste seine neuen Texte. »Wenn er ein Manuskript abgeschlossen hatte, niemals vorher, gab er es mir zur Beurteilung. Dann ging er in die Berge und kehrte abends bänglich zurück. Er hielt sehr viel von meinem Urteil. Manchmal fand er mich zu schulmeisterlich, aber mehr dann, wenn er mit sich selbst unzufrieden war. Umgekehrt hat er meine Übersetzungen gelesen und mit mir besprochen. Ich habe ihm auch von Büchern berichtet, die ich gelesen hatte und die ihn interessierten. Das alles war eine sehr gute Zusammenarbeit. Jeder hatte sein Arbeitsfeld und man tauschte sich gegenseitig darüber aus.«

Frisch arbeitete ungemein diszipliniert. »Er war Frühaufsteher, er war kein Nachtarbeiter. Nachts schrieb er Briefe. Er frühstückte allein, er wollte den Tag ganz rein und ungestört beginnen. Die Morgenstunden waren ihm sehr wichtig. Er verschwand dann in seinem Arbeitszimmer bis mittags, dann ging es am Nachmittag weiter.«

Natürlich gab es auch Spannungen. Max war achtundzwanzig Jahre älter als Marianne. Er bemühte sich jedoch, »den Alters- und Erfahrungsunterschied nicht durchkommen zu lassen, nie die Rolle des Erfahrenen und Überlegenen zu spielen. Er war sich seiner selbst immer sehr bewußt, sehr kontrolliert, ich war viel emotionaler.«[104]

Nach Jahren einer produktiven und anregenden Ehe geriet die Beziehung 1973 in eine Krise und begann auseinanderzubrechen. 1979 erfolgte die Scheidung. Frisch hat die Zeit zwischen 1973 und 1980 in einem *Berlin Journal* literarisch verarbeitet. Der Text wurde bei einem Notar hinterlegt und ist bis zwanzig Jahre nach Frischs Tod gesperrt. Nur Uwe Johnson hat ihn – teilweise – gelesen, mußte sich jedoch zu Stillschweigen verpflichten. »Ich weiß nicht mehr, was darin steht«, schrieb Frisch 1980, »viel Krudes, vermute ich, viel Selbstgerechtigkeiten ... Die späteren Hefte befassen sich nur noch mit Marianne / bis zum Begräbnis meiner Hoffnung, daß eine nacheheliche Freundschaft möglich sei. Sicher ist manches anders gewesen, als der Schreiber dieses Journals es erlebt; es ist abgelebt.«[105]

Nach *Stiller, Homo faber, Biedermann, Andorra* und *Gantenbein* gehörte Frisch zu den großen Weltautoren. Alljährlich erwartete er mit Spannung den Tag der Nobelpreis-Verkündung. Marianne Frisch-Oellers erinnert eine Reise mit Frisch und Dürrenmatt nach Venedig. Am Morgen des fraglichen Tages habe man beide aus dem Hotel zu verschiedenen Kiosken tigern sehen – um bald darauf mit gespielter Gleichgültigkeit und der Tageszeitung zurückzukehren.[106]

Der über Fünfzigjährige, der ein Leben lang zwischen Selbstzweifeln und Selbstüberhebung schwankte, mußte den Umgang mit dem neuen Status erst lernen. Gottfried Honegger berichtete, wie der Freund seine Popularität sehr geniessen konnte, wenn etwa junge Radsportfans ihn auf der Rennbahn des Arbeiterbezirks Oerlikon um ein Autogramm baten.[107]

»Machen Sie Gebrauch von der Freiheit«

Kunst und Politik
(1965–1974)

1965 kehrten Max und Marianne Frisch von Rom in die Schweiz zurück. Die Rückkehr hatte manche Gründe, vorab private. Frisch war in Rom einsam geblieben, die Römer Gesellschaft hatte ihn nicht aufgenommen. Rom, das war die schwierige Zeit des Zusammenlebens mit Ingeborg Bachmann. Nun versuchte er mit der neuen Lebensgefährtin einen Neubeginn in einer neuen Umgebung. Rom war ihm mit den Jahren auch zu exterritorial geworden, zu weit entfernt von seinen wichtigen Lebenserfahrungen, Verbindlichkeiten, seinen Schreibquellen, seiner Sprache, seinem literarischen »Material«. Frisch schätzte durchaus die Vorteile, »Schweizer in der Schweiz zu sein. Sie können mich nicht mehr ausweisen. Zum Beispiel. Ferner die zentrale Lage in Europa. Nicht zu vergessen die Landschaft ... Vor allem die Mundart ... Ich meine es beruflich. Unsere Mundart erschwert das Schreiben, aber sie kontrolliert es.«[1] Die Tatsache, daß die Alltagssprache nicht die Schriftsprache der Deutschschweizer ist, zwinge diese, so Frisch, zu einem besonders aufmerksamen Umgang mit Sprache. Die Schriftsprache schiebe sich wie ein Filter zwischen Realität und Text und werde als Kunstprodukt wahrgenommen, daher kunstvoll gehandhabt. Manche Schweizer Schriftsteller seien aus dieser spezifischen Mühe mit und um die deutsche Sprache große Stilisten geworden.

Schließlich gesteht Frisch ganz unumwunden seine menschliche und künstlerische Verbundenheit mit seinem

Land: »Beschäftigung mit gesellschaftlichen Verhältnissen, wenn sie nicht ideologisch bleiben soll, setzt nicht nur Kenntnis voraus, sondern Erlebnis. Dazu braucht man Lebenszeit. Deutschland oder Amerika oder Italien kann ich nicht mehr als Schüler erleben, als Rekrut, als Student, als Anfänger mit der Frau usw. Nur hier war das eben so ... Menschen sind noch schwerer zu erraten, wenn man nicht aus eigener Erfahrung wenigstens ihre Schulstube kennt, die Gerüche eines Quartiers, wo der andere herkommt, Gerüche aber so, wie man sie selber als Kind aufgenommen hat, Töne der Einheimischen unter sich, Stammtischgespräche vor Hitler und nachher und heute, die Attitude von Großbürgern, wenn man als junger Mann und mittellos sie besucht, die Kasernen-Kameraderie, die Tonart bei behördlichen Sitzungen, Milieu-Möglichkeiten, die Tabus damals, die Idole und die Realität dazu, eine Unsumme von Kleinigkeiten – – die Folie braucht ja nicht geschildert zu werden, nur brauche ich sie, um Menschen eher zu begreifen, und diese Folie entsteht nur durch Zeit. Wo sonst habe ich sie? Zugehörigkeit ist nicht der Gewinn, sondern der Preis.«[2]

Frischs Schreiben war eng mit seiner Biographie verbunden, mit seinem Herkommen, seinem Land, seinen Erlebnissen, seinen ihm bekannten Kreisen. Sein Land und er selbst in seinem Land gehörte zum primären Kunst-Stoff seines Werks. Und schließlich »liebte er sein Land weit mehr, als er je zugeben wollte«.[3]

Die Schweiz als Politikum

In den Römer Jahren hatte sich Frisch aller politischen Äußerungen zur Schweiz enthalten. Doch kaum zurückgekehrt, packte ihn wieder die alte Streitlust. Marianne

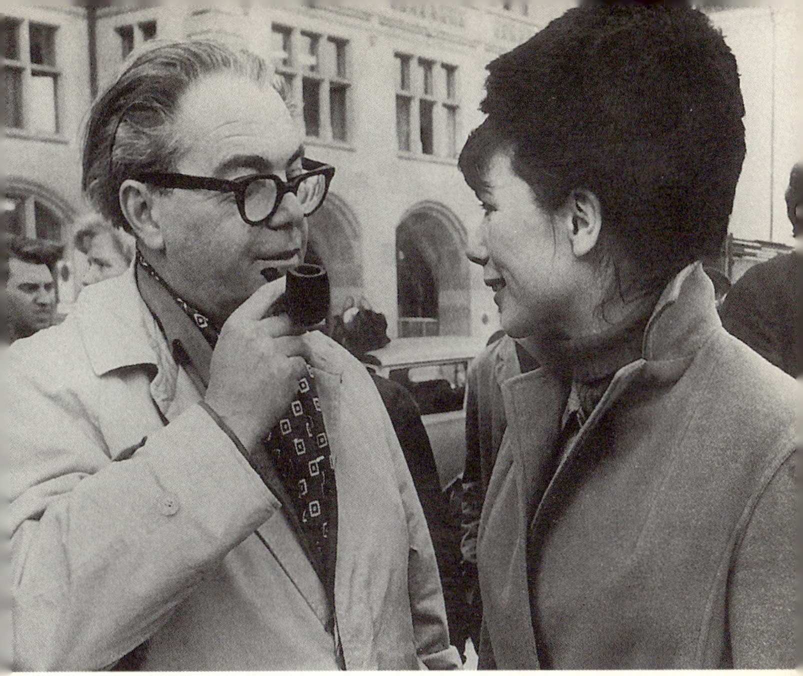

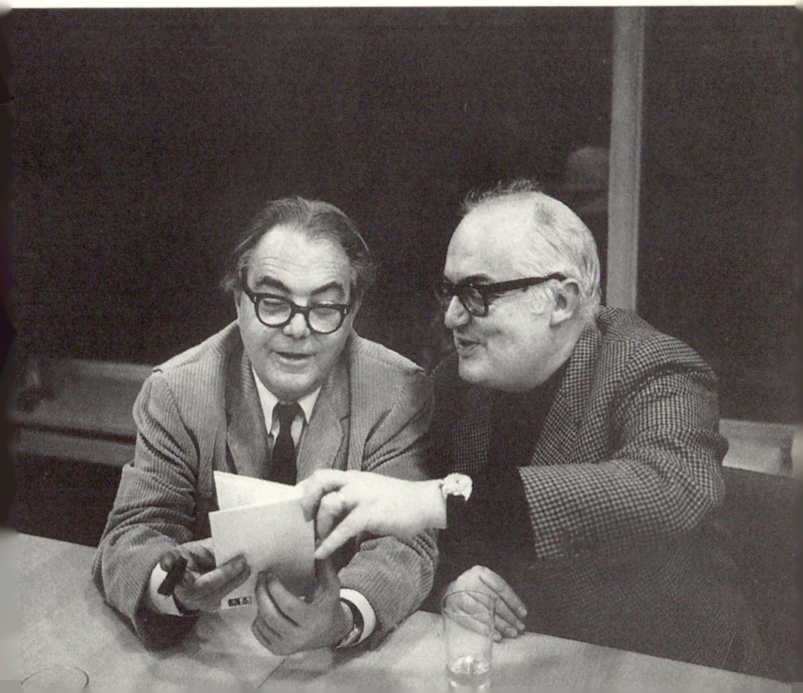

Frisch-Oellers: »In Rom hatte er kein politisches Betätigungsfeld. Er konnte schlecht italienisch, konnte sich nicht einmischen. Er hatte ein Defizit an politischen Einspruchsmöglichkeiten und stürzte sich nun in der Schweiz kopfüber in die Politik.«[4] Eine Kandidatur für das Amt des Zürcher Stadtpräsidenten, die ihm die sozialdemokratische Partei antrug, lehnte er zwar ab. Doch in zahlreichen Interventionen, die nur aus der genaueren Kenntnis der tagespolitischen Ereignisse verständlich sind, in der Grundsatzrede *Die Schweiz als Heimat?* sowie in den beiden literarischen Texten *Wilhelm Tell für die Schule* und *Dienstbüchlein* ließ er sich erneut auf das gehaßt-geliebte Land ein.

Warum dieser »Rückfall«? Frisch hat die Frage in einer Art literarischen Selbstbefragung mit dem Titel *Symposium für eine Person* zu beantworten versucht.[5] Neben polemischen Spitzen finden sich hier Sätze von ganz persönlicher Betroffenheit: »Heimat ist unvertauschbar. Infolgedessen gilt es, dazu ein hygienisches Verhältnis zu finden.«[6] Wie das? »Die Eidgenossenschaft ist eine Hausordnung, als solche vortrefflich.«[7] Sie ist aber kein »Projekt«, keine »Aufgabe«, kein »Engagement an eine Zukunft«. »Utopie ist in allen Gesprächen hier ein negativer Begriff, gleichbedeutend mit Flunkerei. Politik ist Real-Politik, pragmatisch, Politik als Arrangement mit dem Derzeit-Möglichen, im Grunde bäuerlich: man wartet die Zukunft ab wie das Wetter.«[8] Die Folge davon ist: »Zugehörigkeit zu einem Gemeinwesen, das mich nicht in einem Projekt engagiert, erzeugt natürlich eine gewisse Frustration, also ein unhygienisches Verhältnis zu diesem Gemeinwesen. Alle Kritik an der Schweiz, die ich je geäußert habe, kommt aus dieser persönlichen Frustration ...«[9]

Die »persönliche Frustration« hatte weitere Gründe. Zum Beispiel das verlogene »Selbstbewußtsein der

Schweiz«. »Legt einer Wert darauf, als Schweizer empfunden zu werden, so kann er nicht bescheiden genug sein. Als Person. Ihre Angst, daß ihnen der eine oder andere über den Kopf wächst, wählt ja auch das Parlament, das im gleichen Sinn wiederum den Bundesrat wählt. Ob Lehrer oder Landesplaner oder Bundesrat, die Hauptsache bleibt, daß er mittelmäßig ist, und ist er nicht Mittelmaß, so hat er sich wenigstens wie Mittelmaß zu verhalten. Das halten sie für demokratisch. Wo man vorgibt, daß alle das gleiche Recht haben, soll ja auch keiner mehr Glanz haben.«[10]

Bei solcher Gesinnung bleibt die Demokratie auf der Strecke: »Die Schweiz gilt als Demokratie. Da der Einzelne nichts ändern kann, ist die Mehrheit natürlich überzeugt, daß sie die Verhältnisse bestimme. Tatsächlich bestimmen die Inhaber der wirtschaftlichen Macht; nur kommt es der Mehrheit nicht zum Bewußtsein. In dieser Täuschung, daß sie der Souverän sei, ist sie natürlich sehr allergisch, wenn der Einzelne sich ein anderes Bewußtsein herausnimmt; sie empfindet den Einzelnen als überheblich. Wie schon gesagt worden ist: der Einzelne kann in diesem Land nicht bescheiden genug sein. Hochmut der Person ist verhaßter als Dummheit der Person.«[11]

Am 1. Mai 1957, anläßlich seiner ersten großen politischen Rede im Industriequartier Zürich-Oerlikon, hatte Frisch diese Kerngedanken seiner Schweizkritik auf eine knappe kämpferische Formel gebracht: »Es gibt keine Freiheit ohne Risiko ... Machen Sie Gebrauch von der Freiheit!«[12]

Frischs Schweiz-Obsession mag weitere Gründe gehabt haben. Etwa enttäuschte Heimatliebe. Noch 1955 glaubte Frisch daran, die Schweiz habe die utopische Kraft, seine Musterstadt zur Expo 1964 zu realisieren.[13] Noch Ende der sechziger Jahre hoffte er, wenn auch voll Skepsis, auf die verändernde Kraft der studentischen Linken. Erst in den siebziger Jahren vertrieb zunehmende Bitterkeit die Hoffnungsreste.[14]

Verletzte Eitelkeit mag im Spiel gewesen sein: Frisch litt lange Zeit darunter, daß seine Heimat ihm die Anerkennung und Hochschätzung verweigerte, die ihm das Ausland entgegenbrachte. Honegger vermutete ein Assimilationsproblem: Die Frischs hätten als Zugewanderte noch keine einheimische Gelassenheit gegenüber dem Land entwickelt.[15] Michel Seigner hingegen, auch er ein langjähriger Freund Frischs, hat eine ganz andere Erklärung: Die Schweiz war der Ort, an dem Frisch genauer und kenntnisreicher als anderswo das heillose Auseinanderklaffen von Anspruch und Wirklichkeit erfahren und analysieren konnte. Sie war daher das Land, die Gesellschaft, die Mentalität, an die er sein Maß und seinen ethisch-ästhetischen Anspruch besonders rigoros anlegte.[16]

»Nein, er war kein Patriot«, befand Peter Bichsel. »Er war nur einer, der sein Leben, seine Welt ernst nahm – Schweiz zum Beispiel. Nichts anderes hat ihm die erbitterte Feindschaft von Bürgerlichen eingebracht ... Kein anderer wie er hat so hartnäckig darauf beharrt, daß Schweiz ein Thema sei. Von ihm haben wir das Thema. Er hat uns gelehrt, daß Schweiz Sprache werden kann. Er hat Sprache gefunden, Schweiz zu beschreiben, und er hat sie so dem stillschweigenden Einverständnis entrissen, dem stillschweigenden Einverständnis der Patrioten, der Obersten, der Spekulanten und Profiteure, dem stillschweigenden Einverständnis der Schweizer.[17] Auch Hugo Loetscher, der zu Frischs Werk ein eher ambivalentes Verhältnis hat, betont, wie sehr dieser mit seiner Schweiz-Kritik der nachfolgenden Generation die Türen aufgestoßen habe.[18]

Spitzel und Fichen

Auch die offizielle Schweiz hat sich intensiv mit Frisch beschäftigt. Allen voran die politische Polizei. Allein Frischs »Fiche« – das Verzeichnis der heimlich über ihn angelegten Observierungsakten – umfaßt dreizehn Seiten und an die hundert Einträge. Der erste Eintrag vom 27. August 1948 hält fest, daß Frisch zum Weltkongreß der Intellektuellen für die Sache des Friedens nach Polen gefahren sei. Der letzte stammt vom 12. Januar 1990 und vermerkt, daß eine Person, deren Namen unkenntlich gemacht wurde, den kranken Schriftsteller besucht habe. Frischs Kommentar: «Interessant ist das Datum! Im Herbst 1989 hat Arnold Koller, Bundespräsident, auf unseren TV-Schirmen verkündet, daß er von solchen Karteien nichts gewußt habe, daß er aber sein Departement ausmisten werde, ja, aber sofort. Zwecks Wiedergewinnung des Vertrauens! Und im Januar 1990 wird in der Taubenstraße [Adresse der politischen Polizei in Bern; U.B.] also weiter registriert. Heißt das nun, daß auch dieser Bundesrat öffentlich lügt, wie seine Amtsvorgängerin, die ihren freisinnigen Freispruch dafür bekommen hat [Elisabeth Kopp war Mitglied der Freisinnigen Partei der Schweiz; U.B.], oder bedeutet es, daß die Verwaltung regiert?«

Und er, der in jungen Jahren vor Heimatliebe geradezu glühte, schloß seinen Kommentar mit den bitteren Bemerkungen: »Ich bekenne, daß ich dieser Regierung kein Vertrauen mehr schenke ... Was muß außerhalb des Bundeshauses [dem Regierungssitz; U.B.] geschehen, damit die Schweiz, wie sie der Bürgerblock mit seiner Dominanz in der Bundesversammlung und also auch im Bundesrat zustande gebracht hat, im neuen Europa nicht dasteht als Dorftrottel.«[19]

Soweit der letzte Kommentar des todkranken Frisch zu seinem Land.

Bespitzelt hat ihn die Schweiz fleißig, geehrt selten. Zwar erhielt er zahlreiche Literaturpreise, doch keine Schweizer Universität hat ihm ein Ehrendoktorat verliehen. Als Adolf Muschg Anfang der siebziger Jahre ein Ehrendoktorat an der Eidgenössischen Technischen Hochschule Zürich vorschlug, kam es zum Streit – und zur Ablehnung. Zürich hat ihn auch nicht zum Ehrenbürger ernannt, ganz im Unterschied zu Berzona, das ihm die Ehre 1976 widerfahren ließ. Zürichs städtische Liegenschaftsverwaltung verweigerte ihm gar eine Mietwohnung, weil er seine Steuern nicht in der Stadt, sondern im Tessin bezahle.[20] Allein das Schauspielhaus Zürich berief ihn auf Betreiben seines österreichischen Direktors Achim Benning zum Ehrenmitglied. Die rot-grüne Regierung lehnte es noch 1990/91, als Frischs Tod absehbar war, ab, nach dem Vorschlag von Gottfried Honegger den Platz vor dem Schauspielhaus, ja überhaupt einen Platz in der Stadt, nach Max Frisch zu benennen. Erst Jahre später wurde ein Platz in einem Außenquartier auf den Namen des größten Zürcher Schriftstellers seit Gottfried Keller getauft. Der schwedische Schriftsteller Lars Gustafsson bemerkte dazu 1999: »Wir lebten [1973] beide in Berlin, weil wir uns dort geschätzter fühlten als daheim ... Während amerikanische und deutsche Institutionen Max Frisch zu dieser Zeit mit Ehrenbezeugungen, Ehrendoktorwürden und Preisen überschütteten ... ließ die offizielle Schweiz kaum mit soviel wie dem Fall einer Stecknadel erkennen, daß der Mann existierte. Max war darüber wirklich sehr verbittert. Ich glaube, diese Bitterkeit ging nie vorüber ... Das Paradox an diesem schweizerischen Schweigen war, daß Max ein idealtypischer Repräsentant seines Landes war.«[21]

Das Unbehagen im Kleinstaat

Als Frisch in die Schweiz zurückkam, war er ein weltberühmter Mann. Keine nationale oder internationale Aktion zugunsten humanitärer und demokratischer Ziele, die nicht versuchte, neben Böll und Grass und Sartre auch Frischs Unterschrift zu ergattern. Frisch spottete nicht grundlos, er sei vom Schriftsteller zum Unterschriftsteller avanciert. Das politische Engagement des Schriftstellers, bislang ein Nebenthema in Frischs Schaffen, rückte ins Zentrum.

Frisch entdeckte ein neues Talent: die Rhetorik. Seine in der Literatur entwickelte Art, Probleme von allen Seiten vorsichtig anzutasten, sprachlich einzukreisen und in unerwartete Verbindungen mit anderen Gegenständen und Themen zu bringen, erwies sich als wirkungsvolles Mittel einer feinen, zuweilen auch massiven, politischen Ironie. Er selbst blieb skeptisch: »Gehört man zu den Schriftstellern, die das leichte Glück haben, daß sie auch in den Fällen von Gelingen keinerlei Berufung empfinden, sondern den Beruf des Schriftstellers ausüben, weil ihnen Schreiben noch eher gelingt als Leben und weil für diesen Versuch, das Leben schreibend zu bestehen, der Feierabend nicht ausreicht – gehört man zu dieser Art von Schriftstellern, wie der Redende, so ist man weniger beglückt als verdutzt, wenn man die Folgen sieht: – man soll, zum Beispiel, Reden halten, man soll sich zeigen. Das wird verlangt. Und noch mehr: plötzlich soll man etwas zu sagen haben, bloß weil man Schriftsteller ist. So rächt sich die Öffentlichkeit dafür, daß man sie angesprochen hat.«[22]

Es konnte nicht ausbleiben, daß Frisch mit anderen öffentlichen Denkern und Schreibern in Konflikt geriet. Zum Beispiel mit Karl Schmid, einem ranghohen Offizier

ZUSPA

der Schweizer Armee, Professor für deutsche Literatur und Sprache und Rektor der ETH Zürich. 1963 veröffentlichte Schmid ein Buch mit dem Titel *Das Unbehagen im Kleinstaat*.[23] Am Beispiel von Conrad Ferdinand Meyer, Henri-Frédéric Amiel, Jakob Schaffner, Max Frisch und Carl Jakob Burckhardt analysierte er die Befindlichkeit der Schweizer Intellektuellen und Künstler im eigenen Land. Schmids These hat Frisch polemisch zugespitzt: »Die Schweiz als solche ist gesund, ein Ungenügen an diesem Land kann infolgedessen nur Projektion eines privaten Versagens sein, also Ressentiment.«[24] Und er setzt die Gegenthese: »Es handelt sich selbstverständlich nicht um ein Unbehagen im Kleinstaat, sondern um ein Unbehagen in der Sterilität einer verlogenen Gesellschaft.«[25]

Charakteristisch für diese »Sterilität« sei die Tatsache, daß es in der Schweiz zwar eine Reihe hervorragender Künstler gebe, doch kein unverwechselbares und eigenständiges Schweizer Kulturprofil. »Die Schweiz ist zweifelsohne eine Marke, aber keine Kultur-Figur im Bewußtsein unserer Zeit. Woher kommt das? Man kennt Uhren und Turbinen und DDT und Käse usw., hingegen kennt man kaum einen geschichtlichen Beitrag an diesem Jahrhundert, nicht einmal einen schrecklichen Beitrag.«[26]

Die Schweiz sei, so Frisch, im internationalen Bewußtsein bestenfalls »ein Finanz-Hort, ein Ski-Gebiet ersten Ranges, ein ideales Mon Repos, Terreno da vendere, ein Platz für internationale Konferenzen, Postfach für obskure Geschäfte, ein Asyl-Land auch, der klassische Sitz des Internationalen Roten Kreuzes, die weltweit liefernde Waffenfabrik Oerlikon und Friedhof berühmter Ausländer – dagegen ist jede Kunstförderung ohnmächtig.«[27]

»Unsere Landesschuld«

Ein Umstand fiel dem Heimkehrer gleich ins Auge: Die Geschichte der Schweiz in den kritischen Jahren 1933 bis 1945 war für Schweizer Schriftsteller kaum zum Thema geworden. In Deutschland standen die Texte zur Vergangenheitsbewältigung von Grass, Johnson, Walser, Enzensberger, Kluge und anderen literarisch hoch im Kurs. Woher der Unterschied? Gewiß wäre es falsch, so Frisch, von »unbewältigter Vergangenheit« der Schweiz zu sprechen. Der Begriff »unbewältigte Vergangenheit« erinnere an Deutschland. Überträgt man ihn auf die Schweiz, wirke das »peinlich, Gewissensqual aus zweiter Hand ... Vor allem verhindert dieser Slogan, daß uns die Dinge, die er etikettiert, wirklich zu schaffen machen ... Die Verweigerung des Asyls (›Das Boot ist voll‹) und der Massenmord, das läßt sich in der Tat nicht unter den gleichen Slogan bringen ... Wir sind, indem wir uns terminologisch der deutschen Selbsterforschung anschliessen, vergleichsweise immer die Unschuldigen, und was in der Schweiz geschehen oder unterlassen worden ist, scheint nicht der Rede wert.«[28]

Dennoch fällt die historische Blindheit der Schweizer Literatur auf. »Hat die Schweiz der letzten Jahrzehnte eine Literatur, in der sie sich erkennen muß, und wenn nicht, warum nicht? Warum befassen wir uns nicht mit unserer Schuld, unserer Landesschuld?« Warum »ist unser Land für Schriftsteller kein Gegenstand mehr?«[29] Die Frage des Heimkehrers, die auch eine Frage an sich selbst war, blieb vorderhand unbeantwortet. Zwar wußte, wer wissen wollte, in den sechziger Jahren Bescheid, was mit den Flüchtlingen an den Schweizer Grenzen geschehen und welche fragwürdigen Verstrickungen die Schweizer Wirtschaft und

Politik mit den Achsenmächten eingegangen war. Doch im Schatten der großen Schuld Deutschlands wurden solche Probleme unter den Teppich gekehrt.

Die wenigen Publikationen, die sich kritisch mit der Vergangenheit der Schweiz vor und im Zweiten Weltkrieg beschäftigten, blieben weitgehend unbeachtet.[30] Die ideologische und waffentechnische Aufrüstung zwischen Ost und West schuf ein frostiges, wenn nicht gar klirrend kaltes Klima, der Vietnamkrieg spaltete Generationen und Gemüter. Für differenzierte Geschichtsabwägungen existierte weder Raum noch Bedarf. Statt mit Argumenten wurde mit ideologischen Diffamierungen gekämpft.

Hinzu kamen dringliche innenpolitische Probleme: Die wirtschaftliche Hochkonjunktur näherte sich einem gefährlichen Überhitzungspunkt. In dem Land mit fünf Millionen Einwohnern waren über eine Million ausländischer Arbeitskräfte beschäftigt. Das Problem der sogenannten Überfremdung wurde zum Politikum.

»Man hat Arbeitskräfte gerufen, und es kommen Menschen.«

Der Begriff »Überfremdung« war bereits in den dreißiger Jahren, zum Teil mit antisemitischer Färbung, im Gebrauch gewesen. Noch an der »Landi 39« wurde als eine besondere Gefahr für das Land ein Schweizer gezeigt, der eine ausländische Frau geheiratet hatte. In der Hochkonjunktur diente der Begriff vor allem zur Diffamierung der Fremdarbeiter. Anfang bis Mitte der sechziger Jahre waren aufgrund des Wirtschaftsbooms und der mangelnden Kapazität im eigenen Land immer mehr Arbeitskräfte aus Italien, Spanien und Portugal in die Schweiz angeheuert worden. Während 1955 noch 271 000 Ausländer in der

Schweiz lebten, waren es 1964 bereits 721 000 und 1970 ganze 1 080 000 oder 18 Prozent der Gesamtbevölkerung. Jede dritte Arbeitskraft in der Schweiz kam von auswärts. Viele dieser »Gastarbeiter«, wie sie offiziell genannt wurden, obschon sie alles andere als das Dasein von Gästen führten, kamen als sogenannte »Saisonniers«. Dies bedeutete, daß sie von sich aus nicht Wohnort und Arbeitsplatz wechseln durften, daß sie nach neun Monaten für mindestens drei Monate das Land verlassen mußten und daß ihnen der Familiennachzug nicht erlaubt war. Weder besaßen sie politische Rechte im Land, noch war ihnen eine politische Tätigkeit erlaubt. Oft in Baracken oder Abbruchliegenschaften zu überhöhten Mieten untergebracht, verrichteten sie zu Niedriglöhnen vorwiegend körperlich schwere und schmutzige Arbeiten, für die keine Schweizer Arbeitskräfte zu finden waren. Durch strenge staatliche Regulierung wurde ein Lohndumping verhindert.

Die einheimische Wirtschaft prosperierte, sie ersparte sich dank der billigen Arbeitskräfte Modernisierungen der Produktionsmittel. Zudem fürchtete man in Unternehmerkreisen, daß sich Investitionen in einer künftigen Rezession nicht amortisieren könnten. Als dann 1975 der Einbruch tatsächlich kam, wurde mit 150 000 entlassenen Ausländern auch die erste Welle der Arbeitslosigkeit ins Ausland exportiert. Die Schweiz blieb jahrelang eine Oase der Vollbeschäftigung inmitten eines von Arbeitslosigkeit geplagten Europas.

Trotz des offensichtlichen Zusammenhangs zwischen einheimischer Prosperität und wachsender Zahl der Fremdarbeiter nahm die Xenophobie in der Schweiz bedrohliche Züge an. Vor allem kleingewerbliche und bäuerliche Kreise befürchteten eine schleichende »Unterwanderung« der Schweiz durch »artfremde« Menschen. James Schwarzenbach, Mitglied des reichen und einflußreichen Schwarzenbach-Wille-Clans[31], hatte sich schon Anfang der dreißiger Jahre als Frontist hervorgetan. Jetzt wurde er zum Führer der ausländerfeindlichen Kräfte. Er lancierte die »Nationale Aktion gegen die Überfremdung von Volk und Heimat«[32], deren Initiativen zwar an der Urne mehr oder minder knapp verworfen wurden. Ihre Aktionen vergifteten jedoch über Jahre hinweg das politische Klima im Land. So wurde etwa im Basler Stadtparlament – US-Präsident Kennedy hatte soeben die Rassensegregation in den USA verboten – allen Ernstes der Vorschlag gemacht, italienische Arbeiter (»Tschinggen« genannt) sollten nur noch die Anhängerwagen der städtischen Straßenbahnen benützen dürfen, damit die Schweizer Mädchen und Frauen im Triebwagen »unbelästigt« reisen könnten.[33]

Solche xenophobischen Exzesse waren Ausdruck einer ernsten Strukturkrise. Zwanzig Jahre Konjunktur hatten die Schweiz zutiefst verändert. Aus der Not- und Schutzgemeinschaft der Kriegsjahre war eine moderne Konsumgesellschaft geworden. Doch auf den Ebenen der Verfassung, der Politik und des geistigen Selbstverständnisses herrschte noch immer der alte Geist.

Vor diesem Hintergrund schrieb Frisch zwei umfangreiche Texte, *Überfremdung 1* und *Überfremdung 2*. Der erste wurde 1965 als Vorwort eines Buchs über italienische Fremdarbeiter in der Schweiz veröffentlicht,[34] der zweite entstand 1966 als Rede zur Jahreskonferenz der Vereinigung der kantonalen Fremdenpolizeichefs.[35]

Überfremdung 1 begann mit dem legendär gewordenen Satz: »Ein kleines Herrenvolk sieht sich in Gefahr: man hat Arbeitskräfte gerufen und es kommen Menschen.«[36] Frisch benutzt die Gelegenheit der beiden Texte zu seiner eigenen Begründung des »Malaise Suisse«: »Das erste, was mir auffällt: die Schweiz erscheint als etwas Großartiges-Gewordenes, das zu verteidigen ist, nicht als etwas Werdendes. Fast hat man den Eindruck, daß Zukunft überhaupt als Bedrohung empfunden wird ... Wir leiden, so scheint mir, an einer Verteidigungs-Mentalität ... Das ist kein Anreiz zu schöpferischer Bewegung, das hat etwas Rentnerhaftes ... Was will die Schweiz von der Zukunft: ihre Vergangenheit? Wenn von Entfremdung die Rede ist, dann immer von einem Bestand, der zu schützen ist, nie von einem Entwurf, der zu verwirklichen wäre.«[37]

Das positive Selbstbild, das die Schweiz (und nur sie) von sich selbst hat, stammt aus dem letzten Jahrhundert sowie aus der Zeit der Geistigen Landesverteidigung. Doch die Entwicklung ist weitergegangen und hat dieses Selbstbild zum realitätsfernen Mythos verkommen lassen.

Die modernen technischen und ökonomischen Entwicklungen erzwangen Standardisierung, Zentralisierung, Großflächigkeit, ökonomische und politische Integration, vor allem: Weltläufigkeit. »Dies alles, ... man kann es beklagen, aber nicht ändern, führt dazu, daß die Schweiz, die wir als die einzig denkbare verteidigen sollen, die föderalistische und neutral-souveräne, und die Schweiz, die in der Tat und Wahrheit besteht, sich immer weniger decken ... und darum sind wir denn auch so empfindlich«,[38] wenn unser Selbstbild, durch wen und was auch immer, in Frage gestellt wird. Fazit: »Die Schweiz ist mit Fremden-Abwehr allein nicht zu halten, wenn wir den Veränderungen, die das Zeitalter gebracht hat und weiter bringt, nicht begegnen durch freiwillige (das heißt: schöpferische) Veränderung unseres Landes selbst.«[39] Das Problem der Überfremdung ist nicht durch Fremdenfeindlichkeit, Abkapselung und Reduktion der Ausländer im Land zu lösen, sondern allein durch eine Öffnung der Schweiz für die unausweichlichen Entwicklungen der Zeit und durch strukturelle wie mentale Neupositionierungen.

Politische Radikalisierung

Frisch schlug in den beiden Überfremdungs-Texten neben bekannten auch überraschend neue, radikale Töne an: Ganz unverhohlen charakterisiert er die Schweizer als »teutonisch, unbedeutend, geizig, humorlos, kleinlich, unsympathisch, neidisch und servil«.[40] Oder er spricht, und dies ist bedeutungsvoller, erstmals in aller Deutlichkeit vom »stillen Bodenkäufer, Bankgeheimnis-Kunden, Steuer-Erholungsbedürftigen, vom Weltmarkt-Eroberer« und von »Trustmächten, die das Land wirtschaftlich unterwandern«.[41] Das sind nicht nur schärfere Töne als bisher, das ist eine neue Terminologie, eine Terminologie, die sich an der »politischen Ökonomie« eines Karl Marx und deren Begrifflichkeit orientiert.

Frisch hatte stets ein empfindliches Sensorium für neue Entwicklungen. Über Marianne Frisch-Oellers, die Frisch zu Beginn ihrer Bekanntschaft einen »recht bürgerlich denkenden Mann« fand, »alles andere als radikal oder links«[42], ergaben sich Kontakte zu jungen marxistischen Intellektuellen und zur studentischen Linken. Marx, Marcuse, Adorno und Horkheimer und der Jargon der »Frankfurter Schule« rückten in sein Blickfeld.

Nach 1965 trat ein weiteres typisch schweizerisches Thema in den Vordergrund: die Schweizer Armee. Diese Armee – eine Milizarmee, zu der jeder Bürger ab dem zwanzigsten bis zum fünfundvierzigsten Lebensjahr alle ein bis zwei Jahre eingezogen wird – genießt in der Schweiz einen besonderen Status: Sie ist, so Frisch,[43] nicht nur ein

»nationaler Mythos«, der eine jahrhundertelange Kriegstradition verklärt, sondern sie ist vor allem eine eigentliche »Schule der Nation«, die den Zusammenhalt des Staates zur Nation Schweiz garantiert.

In seinen Texten *Überfremdung 1* und *Überfremdung 2* sowie im *Symposium für eine Person* hatte Frisch noch für den Erhalt dieser nationalen Einrichtung plädiert. Doch das Plädoyer fiel bereits äußerst ironisch aus: »Da wir uns nicht als Nation erleben durch ein Projekt, durch ein Engagement auf eine Zukunft, bleibt fast nur die Armee als nationale Manifestation; daher verstehe ich, daß sie ein populäres Tabu ist und sein muß.«[44] Von einer tatsächlichen Verteidigung der Armee kann bei soviel Ironie keine Rede mehr sein, und den zur Jahreskonferenz versammelten kantonalen Fremdenpolizeichefs, von Berufs wegen geübt im Lesen zwischen den Zeilen, dürfte die rhetorische List Frischs nicht entgangen sein. Von nun an blieb die Armee ein obstinates Thema. In *Dienstbüchlein* und in *Schweiz ohne Armee?* wird er seine frühen Gedanken wieder aufnehmen und bis zur offenen Ablehnung der Armee radikalisieren.

Der »Zürcher Literaturstreit«

Frisch mischte sich als Staatsbürger nicht nur in die aktuellen politischen Auseinandersetzungen ein, er konnte auch kräftig auf den Tisch hauen, wenn ihm im eigenen Arbeitsfeld eine Laus über die Leber kroch. Emil Staiger, weitberühmter Ordinarius für Literatur an der Universität Zürich, Freund und Förderer Frischs aus Studententagen, 1933/34 Mitglied der faschistischen Nationalen Front, galt in den sechziger Jahren im deutschen Sprachraum als *die* Kapazität in sublimer, streng werkimmanenter Interpretationskunst. Sein konservativ-elitäres und apolitisches Literaturverständnis (»der Mann, der auch Hitlers *Mein Kampf* für ein großes Buch hielt«[45]) prägte in Zürich eine ganze Generation von Intellektuellen. Staigers Elf-Uhr-Vorlesungen waren ein »Hochamt« (Niklaus Meienberg), »Staiger-Schüler« galt als magisches Prädikat, das manche Türen zu wichtigen Feuilletonredaktionen öffnete. Staigers literarische Urteile kamen Seligsprechungen und Exkommunikationen gleich.[46]

Auch im Ausland genoß Staiger Ruhm und Ehre. Seinem Einfluß verdankten einige deutsche Kollegen die Weißwaschung ihrer braunen Vergangenheit. »An der unbescholtenen Arbeit des neutralen Kollegen aus Zürich hat sich, wie Staiger-Schüler Adolf Muschg schreibt, die korrumpierte deutsche Germanistik wieder aufgerichtet ... Er stieg zum Starinterpreten auf, seine fulminanten Exegesen wurden der begehrteste helvetische Literaturimport in Westdeutschland neben Frisch und Dürrenmatt.«[47]

1966, zu einer Zeit, da es an den Schulen und Universitäten Zürichs zu gären begann, empfing Emil Staiger den Literaturpreis der Stadt Zürich. Die Preisverleihung war schon im Vorfeld umstritten: Wozu einem Wissenschaftler einen hochdotierten Preis verleihen, der doch für Künstler geschaffen worden war?

Am 17. Dezember 1966 hielt Staiger auf der Bühne des Schauspielhauses vor vollen Rängen die Dankesrede. Ihr Titel: *Literatur und Öffentlichkeit*. Staiger war dem Schauspielhaus nicht fremd. Seit 1938 waren viele seiner Übersetzungen antiker Stücke auf dieser Bühne aufgeführt worden. Er kannte sehr wohl die antifaschistische und auch die dem modernen Drama verpflichtete Tradition dieser Bühne. Er wußte, daß Thomas Mann und andere hier wegweisende Reden gehalten hatten. Es war eine wohl kalkulierte Provokation, daß Staiger gerade von dieser

Bühne herab zu einem großen Rundumschlag gegen die »heutige Literatur« ausholte: »Es wird in keiner Weise verlangt, daß sich der Dichter immer nur mit dem Guten, Wahren und Schönen befasse. Er mag, wie Shakespeare, welterschütternde Frevel auf der Bühne zeigen oder sich, wie Dostojewski, in die grausigsten Finsternisse einer Mörderseele vertiefen ... Erst wo er selber mit dem Verbrecherischen, Gemeinen sympathisiert, wo ihn die bare Neugier auf den Weg in die düsteren Bereiche lockt und wo er nichts als uns zu überraschen und zu verblüffen hofft, da erst verfehlt er seinen Beruf und macht sich des Mißbrauchs der gefährlichen Gabe des Worts schuldig. Ein Schauspiel, dem wir heute im erschreckenden Maße ausgesetzt sind! Man gehe die Gegenstände neueren Romane und Bühnenstücke durch. Sie wimmeln von Psychopathen, von gemeingefährlichen Existenzen, von Scheußlichkeiten großen Stils und ausgeklügelten Perfidien. Sie spielen in lichtscheuen Räumen und beweisen in allem, was niederträchtig ist, eine blühende Einbildungskraft ... Doch ich vergesse, was diese heute über die ganze westliche Welt verbreitete Legion von Dichtern, deren Lebensberuf es ist, im Scheußlichen und Gemeinen zu wühlen, zu ihrer Rechtfertigung vorbringt. Die sagen, sie seien wahr, sie zögen die unbarmherzige böse Wahrheit der schönen tröstlichen Täuschung vor ... Wenn solche Dichter behaupten, die Kloake sei ein Bild der wahren Welt, Zuhälter, Dirnen und Säufer Repräsentanten der wahren ungeschminkten Menschheit, so frage ich: in welchen Kreisen verkehren sie?«[48]

Staigers Philippika spaltet das Publikum: begeisterter Beifall aus der konservativen Ecke, zorniges Kopfschütteln aus dem fortschrittlichen Lager. Staiger nannte keine Namen, doch jedermann wußte, wer hier in erster Linie gemeint war: Jean Genet, Peter Weiss, John Arden, Edward Albee. Aber auch Frisch und Dürrenmatt. Kröger/Exinger: »Staiger nennt niemanden, nimmt aber auch niemanden aus ... Diese Rede zettelte keinen reinen ›Literaturstreit‹ an. Sie markiert den Zürcher Beginn der politischen Auseinandersetzungen, des Kulturkampfes zwischen ›Rechts‹ und ›Links‹, der in Zürichs Straßen in den sogenannten Globus-Krawallen, später in den sogenannten Opernhaus-Krawallen sogar blutig ausgetragen werden wird – bis ›Züri brännt‹.«[49]

Diese Einschätzung ist pointiert, aber zutreffend. Staigers akademisch verbrämtes Halali gegen jeden kritischen Realismus entsprang demselben Haß wie die heimlichen Brutalitäten der Zürcher Polizei in den Globus-Kellern gegenüber den jugendlichen Demonstrantinnen und Demonstranten. Es war ein Haß aus Angst vor den sich anbahnenden Umwälzungen in der Gesellschaft.

Endlich darf man es wieder sagen

Staigers Angriff galt auch Max Frisch, dem Schillerpreis-Träger des Vorjahres. Dessen Frankfurter Eröffnungsrede von 1958 hatte den Titel *Öffentlichkeit als Partner* getragen. Staigers Titel *Literatur und Öffentlichkeit* war eine verdeckte Erwiderung. Frisch reagierte prompt. Seine Antwort in der *Weltwoche* hiess: *Endlich darf man es wieder sagen.*[50] Eine zweite Replik erschien zwei Wochen später in der NZZ.[51] Frischs Texte waren wütend, verletzend, aber auch mutig und engagiert. Mit ihnen brach er die Brücken zu Staiger und seinen Adepten endgültig ab.

Frisch nannte Staigers Pauschalverurteilung ein »Standgericht: Verurteilung ohne namentliche Aufrufung, selbstverständlich ohne Untersuchung des jeweiligen Falles.

Salve! So, wir erinnern uns, verfuhr man schon immer, wenn die Rede war von entarteter Kunst.«[52]

Frisch hielt Staiger eine lange Liste lebender Autoren und Autorinnen vor, die Staiger zu Unrecht angeschwärzt hatte; etwa: Wolfgang Koeppen, Heinrich Böll, Arno Schmidt, Alfred Andersch, Günter Eich, Alexander Kluge, Hans Magnus Enzensberger, Günter Grass, Martin Walser, Uwe Johnson, Heimito von Doderer, Paul Celan, Ingeborg Bachmann, Ilse Aichinger, Nelly Sachs, Jean-Paul Sartre, Samuel Beckett, Jerome David Salinger, Otto F. Walter, Peter Bichsel, Kurt Marti, Peter Huchel und Friedrich Dürrenmatt.

Staigers Rede erinnere ihn, so Frisch weiter, aber nicht nur an die Nazi-Zeit, sondern ebenso an Fadejews infame Ausfälle gegen Sartre am Breslauer *Congrès Mondial des Intellectuels pour la Paix*. Auf Staigers polemische Frage: »in welchen Kreisen verkehren sie?« antwortete Frisch: »Vielleicht in den gleichen wie wir, Emil Staiger, aber sie durchschauen sie etwas anders.«[53]

Besonders empörte sich Frisch über den Beifall des konservativen Schauspielhaus-Publikums. »Deine Rede ... wirkte befreiend: Endlich kann man wieder von Entarteter Literatur sprechen.«[54] – »Ich unterstelle Dir nichts, Emil Staiger, ich meine nur dies: wer auf eine Bühne tritt und insbesondere auf diese Bühne, steht in der Zeit und hat sich dieser Zeit bewußt zu sein, damit sein Vornehm-Gemeintes nicht (wider seinen Willen) Wasser auf die Knochenmühle sehr gewisser Leute sein kann; die Naivität des apolitischen Gelehrten ist an diesem Platz nicht statthaft.«[55]

Die Auseinandersetzung Frisch–Staiger schlug hohe Wellen. Frisch griff mehrfach in die Debatte ein.[56] Über Monate weg meldete sich zu Wort, wer im Land Rang und Namen hatte. Otto F. Walter zog ein erstauntes Resümee: »Diese Staigers – ich glaube, ich war tatsächlich naiv genug, anzunehmen, das sei ausgestanden.«[57] Der Streit sprang auch nach Deutschland über. Peter Handke spottete über die »Rede der Grandma Moses gegen die Verderblichkeit der modernen Kultur«.[58] Hans Habe hielt dagegen, Staiger habe es gewagt, »die junge deutsche Literatur nicht so schön zu finden, wie sie sich selbst findet«. Dehalb werde jetzt zur »Parforcejagd« gegen ihn geblasen.[59]

Werner Weber, der damalige Feuilletonchef der *Neuen Zürcher Zeitung,* später Professor für Literaturkritik an der Universität Zürich und 1989, als Verwaltungsratspräsident der Neuen Schauspielhaus AG, ein entschiedener Befürworter der umstrittenen Aufführung von *Jonas und sein Veteran,* erinnerte sich dreißig Jahre später: »Emil Staiger hatte, bis zu Max Frischs Artikel in der *Weltwoche,* keine Ahnung, welchen Sturm seine Rede auslösen würde. Noch im Schauspielhaus hatte ich ihn gewarnt: ›Du wirst noch einige Tage Ruhe haben, dann geht's los.‹ Er hat mir nicht geglaubt. Er konnte überhaupt nicht begreifen, daß in jener Zeit seine Rede eine solche Empörung auslösen könnte. Der ganze geysirhafte Ausbruch kam daher, daß sich schon seit Jahren in einer jüngeren Generation eine Opposition vorbereitet hatte, welche nun die Potenz Staiger mit einem Mal in die Luft sprengte. Staiger konnte nicht ahnen, was sich da vorbereitet hatte, er kannte ja die Literatur gar nicht mehr, gegen die er in seiner Rede zu Felde zog. Er lebte ganz in seiner Welt der deutschen Klassik. Ich stand zwischen Staiger und Frisch. Ich war mit Staigers Thesen zwar nicht einverstanden, doch mich störte auch die sehr persönliche, intim gefärbte Art, mit der Frisch gegen Staiger, gegen seinen einst nah vertrauten Freund auftrat.«[60]

Der Zürcher Literaturstreit war nicht aus heiterem Himmel gefallen. Staiger hatte seine umstrittenen Ansichten bereits 1964 publiziert.[61] Die Opposition hatte sie bewußt ignoriert: zum einen, weil die Thesen des akademischen Altstars nicht mehr interessierten und Widerspruch ihnen eine größere Öffentlichkeit verschafft hätte, zum andern aus Furcht, weil Staiger und die »Freitagsrunde« das literarische Leben der Stadt maßgeblich bestimmten.[62] Erst mit dem Paukenschlag Frischs brach der lange schwelende Unmut der jungen Generation gegen das kulturelle Establishment Zürichs auf; der »Literaturstreit« wurde zum Auftakt für die Studentenunruhen von 1967/68.

Friedrich Dürrenmatt hatte in der Debatte geschwiegen. Erst ein Jahr später bezog er Stellung. Er tat es auf seine Weise. Dem Maler Varlin war im Dezember 1967 der Zürcher Kunstpreis verliehen worden. Auf seinen Wunsch sprach Freund Dürrenmatt die Dankesworte. Nach kurzen Präliminarien kam er voll Ironie zur Sache. Staiger habe einen bedenklichen Streit unter den Schriftstellern entfacht: Jeder nähme für sich die Ehre in Anspruch, mit seiner Literatur der wahre Grund für dessen Philippika gewesen zu sein, jeder reklamiere die schlimmsten Beschimpfungen für sich, und so weiter. Dann redete er Klartext: Man malt, man schreibt nicht mit »sittlicher Gesinnung«. »Sobald ich schreibe, entfernt sich meine sittliche Gesinnung taktvoll und spielt keine Rolle mehr.« Beim Schreiben interessiere ihn nur das Menschliche, er verstehe sich »als hartnäckiger Darsteller der guten und schlimmen Möglichkeiten des Menschen«. »Warum verlangen totale Staaten und totale Gedankensysteme von der Kunst stets Vorbildliches, Positives? ... War die heile Welt der deutschen Klassiker Wirklichkeit, oder war sie Flucht aus der Wirklichkeit? ... Ist vielleicht eine Literaturwissenschaft, die von einer heilen Welt des Geistes spricht, gar nicht mehr Wissenschaft, sondern eine Art Literaturtheologie?«[63]

1968

Der Zürcher Literaturstreit mit seiner unglaublichen Gehässigkeit, Unversöhnlichkeit und seinen Ressentiments gab einen Vorgeschmack auf die soziale und intellektuelle Eruption des Jahres 1968. Das »Malaise Suisse« hatte sich zur geistigen Petrifikation verhärtet: Ideologisches Block- und Gefolgschaftsdenken waren im rechten wie im linken Lager an die Stelle intellektueller Redlichkeit und Subtilität getreten. Zwischen der etablierten und der jungen Generation tat sich ein unüberbrückbarer Graben auf.

Für das Establishment war die 68er Kulturrevolte ein aus Moskau ferngesteuerter Putschversuch. Doch so einfach war die Sache nicht. Die Sowjetunion und ihre Verbündeten waren für die meisten neuen Linken kein Vorbild mehr. Im Gegenteil: der Parteibürokratismus dieser Staaten galt als »Revisionismus«, als eigentlicher Verrat am sozialistischen Gedanken. Hoffnung auf positive Veränderung war von da nicht zu erwarten.

Große Erwartungen hingegen weckte der »Prager Frühling«. Bislang galten Sozialismus (Ost) und Demokratie (West) als unvereinbare Gegensätze. Alexander Dubček versuchte die Verschmelzung der beiden Paradigmen. Seine Reformbewegung schien einen Weg in eine humane Zukunft zu eröffnen, zumindest einen Ausweg aus der gefährlich gespannten Ost-West-Konfrontation. Mit der Okkupation der CSSR durch die Warschauer-Pakt-Staaten im August 1968 brach diese Hoffnung jäh zusammen. Der

Schock saß tief. Die Ewiggestrigen im Land triumphierten – im Westen wie im Osten.

Zwar gab es noch die »Chinesische Kulturrevolution«, die Mao Zedong im Winter 1965/66 ausgelöst hatte, doch glitt sie bald in bürgerkriegsähnliche Zustände ab und hatte 1968 bereits viel von ihrem Charisma verloren. Auch das Ansehen der kubanischen Revolution war beschädigt. Seit der Kuba-Krise vom Herbst 1962 hing die Insel auf Gedeih und Verderb von der Sowjetunion ab. Der große Hoffnungsträger der revolutionären Erneuerung, Ernesto »Che« Guevara, war 1967 in Bolivien gefallen.

Das einzige intakte Vorbild für die erhoffte »wahrhaft demokratische, sozialistische Gesellschaft« (Karl Marx) war Vietnam. Seit dem »Tonking-Zwischenfall« 1964 hatten sich die USA massiv in den französischen Kolonialkrieg eingeschaltet. Sie eskalierten die Kämpfe kontinuierlich mit der Begründung, einen kommunistischen »Domino-Effekt«, d.h. eine »kommunistische Unterwanderung« der Länder Südostasiens, abwehren zu müssen. Sie setzten modernste Waffensysteme ein und schreckten nicht vor Ethnozid und ökologischer Vernichtung (Napalm-Bomben) zurück.

Auf seiten der kommunistischen Befreiungsarmee engagierten sich die sozialistischen Militärmächte, und der Krieg drohte zum Stellvertreterkrieg am Rande des atomaren Abgrunds auszuarten. 1968 begann sich mit der Tet-Offensive des kommunistischen Vietcong das Blatt zu wenden. Die USA wurden zunehmend in die Defensive gedrängt. Vietnam war *das* Vorbild und *die* Hoffnung der neuen Linken, die Hoffnung auf die Besiegbarkeit und Überwindbarkeit des verachteten »Kapitalismus« und »Imperialismus« westlicher Provenienz.

Die Anti-Vietnamkrieg-Bewegung hatte in den USA

schon Mitte des Jahrzehnts begonnen. Sie verband von Anfang an pazifistische Postulate – *flower power* – mit einem Hang zur Esoterik. Selbstfindung, Abkoppelung von der »Leistungsgesellschaft«, freie Sexualität und Bewußtseinserweiterung waren die gemeinsamen Gedanken einer ansonsten extrem individualistischen Bewegung.

Von den USA sprang die Hippie-Bewegung nach Europa über. Anders als in Amerika radikalisierte und ideologisierte sich die Bewegung vor allem in Deutschland rasch. Das Thema Vietnam verband sich hier mit dem Protest gegen die unaufgearbeitete NS-Vergangenheit der eigenen Väter und Großväter. Aus dem Blumenprotest wurde eine militante Bewegung zum Umsturz des Kapitalismus, aus der Sehnsucht nach Selbstfindung eine Hingabe an eine der zahlreichen neuen linken Orthodoxien. 1967, anläßlich einer Demonstration gegen den Staatsbesuch des persischen Schahs, erschoß ein nervös gewordener Polizist den Studenten Benno Ohnesorg. Die Gewaltspirale begann zu drehen. Im Mai 1968 explodierte die Situation in Paris zur offenen Kulturrevolution. Die Studenten stürmten die Straßen, streikende Automobilwerker schlossen sich an, die Pflastersteinstraßen des Quartier Latin lieferten die Wurfgeschosse. Die Gewerkschaften riefen den Generalstreik aus. Rote Fahnen beherrschten das Bild der Demonstrationszüge. Das aufgeschreckte und überrumpelte Establishment mobilisierte Polizei und Paramilitär. Zwei intellektuell und rhetorisch begabte Studenten, Daniel Cohn-Bendit in Paris und Rudi Dutschke in Westberlin, die Sprecher der Bewegung, wurden zu gefährlichen Staatsfeinden hochstilisiert. Ein junger, von der Situation intellektuell überforderter Arbeiter schoß Dutschke nieder und verletzte ihn lebensgefährlich.

Zürcher Unruhen

Auch die Schweiz steckte tief in der Orientierungskrise, die Stimmung unter den Jugendlichen war explosiv. Im April 1967, der Literaturstreit war noch im Gedächtnis, hatte ein Konzert der Rolling Stones im Zürcher Hallenstadion in einer wüsten Schlägerei zwischen Polizei und Konzertbesuchern geendet. Nach großen Demonstrationen gegen die »Klassenjustiz« in der Folge eines Polizeikorruptionsskandals[64] kam es zehn Monate später zu den blutigen Globus-Krawallen. Auf der Bahnhofbrücke in Zürich stand das Umbauprovisorium des Warenhauses Globus leer. Am 29. Juni 1968 versammelten sich an die tausend Jugendliche vor dem Gebäude und forderten seine Freigabe als alternatives Jugend- und Kulturzentrum. Die Polizei verlangte die Räumung der Brücke. Schon wenige Minuten später – viele der Beteiligten waren noch auf der Brücke – setzte sie Wasserwerfer und Schlagstöcke ein. »Es kam zu heftigen, stundenlangen Straßenschlachten mit Dutzenden von Verletzten und 169 Verhaftungen. Viele der Demonstranten wurden von der Polizei auch noch im Inneren des Globus und auf der Hauptwache verdroschen.«[65] Max Frisch notierte im *Tagebuch:* »Ein Polizist findet, ein Verwundeter müsse ins Spital gebracht werden; sein Kamerad in Uniform: Der Sauhund soll verrecken.«[66]

Den Jugendlichen war diese »Prügelorgie« (Boulevardzeitung *Blick)* der wahrhaft schlagende Beweis für den »repressiven« Charakter des »Systems«. Für sie war der Bruch mit der etablierten Ordnung vollzogen, ihr Glaube an »Reformen«, an »Entwicklung«, an »evolutionäre Veränderung« war dahin. Das durch seine eigenen Kinder herausgeforderte Ordnungssystem hatte mit einer Brutalität reagiert, die später schwer nachvollziehbar war. Frisch hat im *Tagebuch 1966–1971* Zeitungszitate gesammelt, die erschreckendes Zeugnis ablegen von der bürgerkriegartigen Stimmung im Sommer 1968:

»VATERLAND Luzern: Unseres Erachtens ist von der Zürcher Polizei vollständig zu Recht scharf eingegriffen worden, und jene Randalierer, die Prügel erhielten, mögen nun heulen und mit den Zähnen knirschen ... Man sehe sich vor! ... NEUE ZÜRCHER ZEITUNG: Die Herrschaft des Pöbels auf Zürichs Straßen ... eine winzige Minderheit und eine überwältigende Mehrheit ... Wehret den Anfängen! ... Die Jugendlichen und ihre Hintermänner ... Ein Landwirt aus Herrliberg anerbot sich, bei Bedarf sämtliche Landwirte der Umgebung im Kampf gegen die Demonstranten zu mobilisieren ... Ein Männerchor aus dem Kreis 4 [Stadtkreis in Zürich; U.B.] teilte mit, daß der ganze Verein zu Hilfe eile, wenn dies gewünscht werde. Ein Anrufer versicherte, daß er und seine Metzgerkollegen sich als Freiwillige zur Verfügung stellen würden.«[67]

Zürcher Manifest

Zur Klärung der Situation und zur Verteidigung der Jugendlichen entstand nach den Globus-Krawallen das *Zürcher Manifest*. Mitverfasser und Mitunterzeichner war Max Frisch[68]: »Die Zürcher Ereignisse dürfen nicht isoliert beurteilt werden. Sie sind eine Folge der unzulänglichen Gesellschaftsstrukturen ... Eine Ursache der Krise ist die Unbeweglichkeit unserer Institutionen. Diese Unbeweglichkeit wendet sich gegen den Menschen. Sie verhindert die Anpassung an die sich wandelnden Bedürfnisse der Menschen und die Entfaltung schöpferischer Minderheiten ... Wesentliche Umwälzungen sind immer von Minderheiten ausgegangen ... Einen kulturellen Konflikt lösen weder Prügel und Verbote noch Besänftigung durch gönnerhafte Angebote. ›Wohltätigkeit ist das Ersäufen des Rechts im Mistloch der Gnade.‹ Unterdrückung der Konflikte treibt die Jugend auf die Barrikaden.«[69]

Frisch schrieb nicht nur, er handelte auch: Als die Studenten einen Saal für die Diskussion des Globus-Krawalls nur gegen eine Kaution von 10000 Franken erhielten – Sachbeschädigung wurde befürchtet –, sprang auch Frisch mit einem Scheck ein. »Teach-in, sie hocken auf dem Boden, Diskussion bis Mitternacht, dazwischen Gitarren, dann putzen sie den Saal, gehen nachhause. Die städtischen Detektive auch. Kein Stuhlbein ist zu bezahlen.«[70]

So sehr sich Frisch mit den rebellischen Jugendlichen solidarisierte, er stand ihnen keineswegs unkritisch gegenüber. Auch machte er sich keine Illusionen über seine Rolle als »Arrivierter« in der Studentenbewegung. Im *Tagebuch 1966–1971* beschrieb er ironisch den Besuch zweier linker Studenten: »Gespräch mit zwei SDS-Leuten [Sozialistischer Deutscher Studentenbund; U.B.] in Canero ... Zum Glück habe ich in letzter Zeit einiges zu dieser Sache gelesen. Spät genug, aber grad noch zur Zeit – sonst hätten sich die beiden nicht entfalten können. Ihre kanalisierte Intelligenz. Jemand am Tisch hält sich ... nicht an die Terminologie, er scheidet aus. Das richtige Bewußtsein hat jetzt sein Vokabular. Die revolutionäre Masse, die Arbeiterschaft, wird viel zu lernen haben, um zu begreifen, daß ihre Erlösung gemeint ist ... Zum Establishment sehr offen: Zur Zeit können sie uns noch nützen, später natürlich nicht mehr ... Aufklärer mit Bereitschaft zur Gewalt, dabei die Zauberformel: Gewalt gegen Sachen, nicht gegen Personen. Und wenn die Sachen bewacht werden von Personen? Es wird Tote geben.«[71] Marianne Frisch erinnerte sich an einige unangenehme Besuche deutscher Aktivisten, »die glaubten, im Tessin den arrivierten Herrn Frisch um Hilfe ansuchen zu können, etwa um RAF-Mitglieder zu verstecken.«[72]

Trotz aller Vorbehalte engagierte sich Frisch in diesen Jahren immer wieder für die Neue Linke. Bereits 1967 hatte er auf eine ironisch verschlüsselte Weise seine Position formuliert. Für den neuerstellten Brunnen auf dem Zürcher Rosenhof bat man ihn um eine Gestaltungidee. Frisch ließ auf eine kantige Stele folgenden Text einmeißeln:

»HIER RUHT   1967 NIEMAND
Kein großer   zeitGENOSSE
ZÜRCHER   patriot
Denker und   REFORMATOR
STAATSMANN   DER SCHWEIZ
Oder REBELL   im XX. jahrhundert
Weitsichtiger   BEGRÜNDER
PLANER   der ZUKUNFT
Der freiheit   die trotzdem kommt.
usw.   1967
...
... hier gedenke
unserer taten heute
dies denkmal ist frei

          hier ruht kein kalter krieger
          dieser stein, der stumm ist,
          wurde errichtet zur zeit des
          krieges in VIETNAM
                  1967«[73]

Der Text bricht mit der Denkmalstradition, im besonderen mit der Tradition des Kriegerdenkmals. Je nach Lesart sind zahlreiche Assoziationsketten möglich, die den progressiven Gedanken der Jugendbewegung nachgebildet sind. Auch eine nicht unbescheidene Selbstaussage ist herauszulesen: ZÜRCHER/GENOSSE, STAATSMANN/REBELL, PLANER/BEGRÜNDER der ZUKUNFT. Wie auch immer: Aus einem herkömmlichen Denkmal machte Frisch mit einem leicht verschlüsselten Text ein vieldeutiges »denk mal!«.

Biografie: Ein Spiel

Neben seinen politischen Aktivitäten hatte Frisch – endlich – auch sein neues Theaterstück fertiggestellt. Der Titel: *Biografie: Ein Spiel*.[74]

Von Frischs Unbehagen an der Parabel war bereits die Rede. Parabeln erzeugen auf der Bühne, auch gegen den Willen des Autors, stets Sinn, Bedeutung und Lehre – ein Effekt, der, so Frisch, jeder modernen Lebenserfahrung widerspricht. Eine Rückkehr zum realistischen Abbildtheater, das Frisch einst mit der Parabeldramaturgie überwunden hatte, war ebenfalls nicht mehr möglich. Es galt daher nichts weniger als eine neue Dramaturgie zu erfinden. Er griff dabei auf die Erfahrungen mit der Variantentechnik in *Mein Name sei Gantenbein* zurück.

»Dramaturgie der Permutation«

Diese antiillusionistische Erzähltechnik übertrug er auf sein neues Theaterstück. Eine Biographie war für Frisch nicht eine Folge notwendiger Ereignisse, sondern immer auch eine Kette von Zufällen. Zufall, nicht »Sinn« bestimmt seiner Überzeugung nach das Leben. Biographie war für Frisch nicht Kausalfolge notwendiger (und daher einen Sinn nahelegender) Ereignisse, sondern immer nur eine

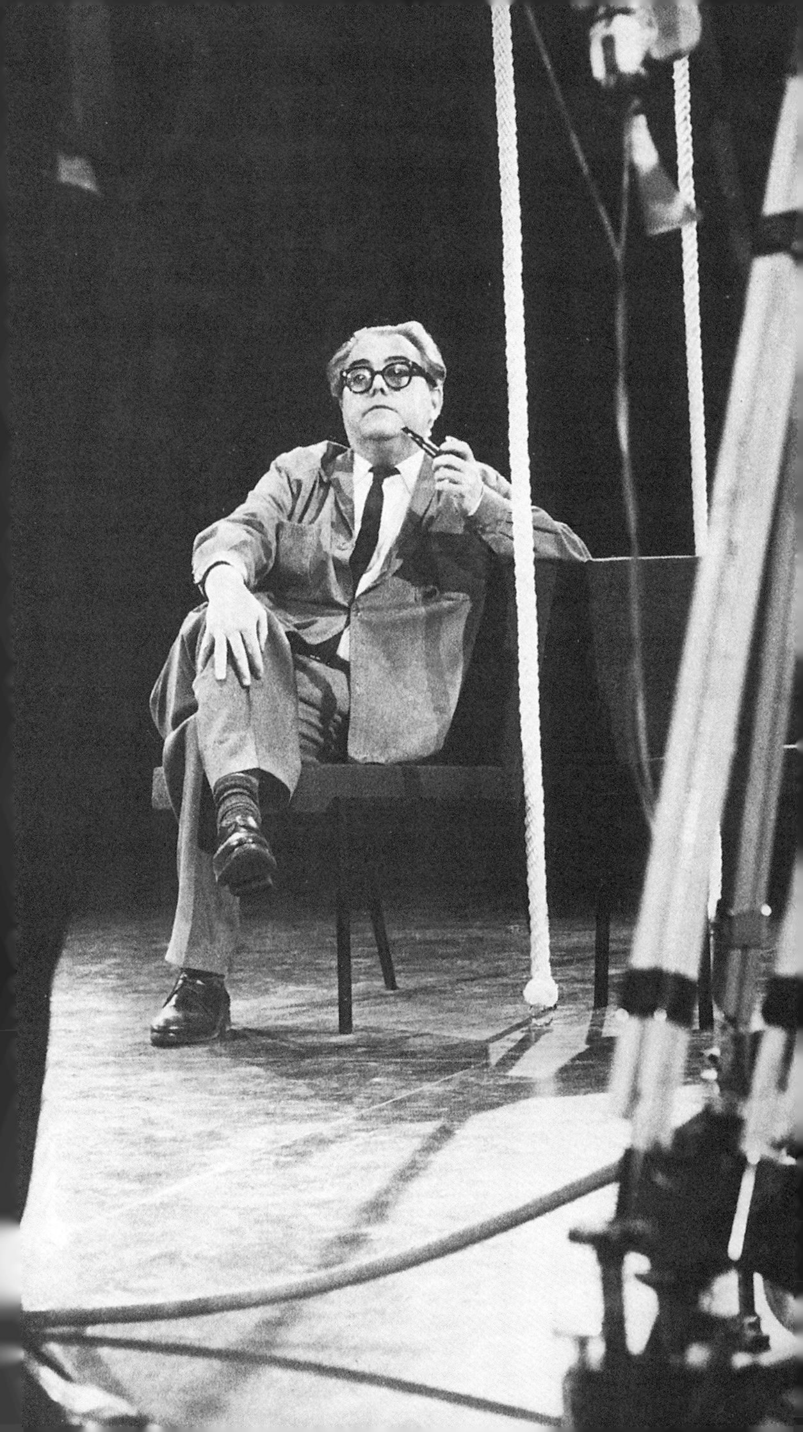

von vielen Möglichkeiten eines Menschen, die sich mehr oder minder zufällig als »Leben« realisiert hatte.

Doch während das Leben in der Zeit irreversibel verläuft und keine Revisionen als Varianten zuläßt (»was geschehen ist, ist geschehen«), gestattet das Theater, »was die Wirklichkeit nicht gestattet: zu wiederholen, zu ändern, zu probieren«.[75] Diesen Gedanken verband Frisch mit seiner Faszination für Theaterproben. Auf Theaterproben schien ihm Leben probeweise, als ein Ausprobieren von Wirklichkeit, stattzufinden.[76] Im Briefwechsel mit Walter Höllerer beschrieb er seine Konzeption als »Variantentheater«, als »Möglichkeitspiel«. Die »Auffächerung« des Stücks in verschiedene mögliche Handlungsverläufe sei dramaturgisch durch die Probenform des Theaters gerechtfertigt. Auf den Proben würden Varianten ausprobiert, und die Vorstellung sei bloß die »definitive Version«.[77] Diese Überlegungen bestimmten die Struktur des neuen Stücks.

Worum geht es? Wieder einmal steht ein erfolgreicher Mann im besten Alter im Zentrum. Er ist Wissenschaftler, Professor und Verhaltensforscher. Er hat das Recht, so die Spielanlage des Stücks, sein Leben zu wiederholen, zu verändern und die Weichen anders zu stellen, wo und wie er mag. Daher trägt er den Namen Kür-Mann. Wird er sein Leben im zweiten Durchgang – mit den Erfahrungen aus dem ersten Leben – besser gestalten? Wird er die alten Fehler vermeiden? Hat er etwas gelernt? Biographie als Spiel. Soweit die spannende Grundkonstellation.

Kürmann beginnt das Variantenspiel mit seiner gescheiterten zweiten Ehe. Antoinette, die Ehefrau, ist, wie könnte es anders sein, klug, schön, selbständig und untreu. Vor allem aber stärker als Kürmann. Trotz aller Anstrengung gelingen diesem keine entscheidenden Veränderungen. Was er auch immer modifiziert, die Ehe bleibt unglücklich. Also setzt er das Experiment früher an. Er beginnt in der Jugend und bei Helen, seiner mulattischen Studentengeliebten. Doch auch hier gelingen keine wirksamen Varianten.

Der Eintritt in die kommunistische Partei soll die große Veränderung bringen, die Kürmann vom distanzierten, doch ohnmächtigen Beobachter zum politischen Akteur und Tatmenschen macht. Der Schritt kostet ihn zwar die Professur, ändert sonst aber wenig an seinem Leben. »Fazit: das Gedankenspiel, nach einem Probelauf wäre man reif für das richtige Leben, ist wohl Illusion.«[78]

Ein Registrator – keine »metaphysische Instanz«, wie Frisch betont, eher eine Mischung zwischen Regisseur und Faktenverwalter[79] – zieht das Resümee: »Dieselbe Geschichte mit Antoinette. Nur ohne Ohrfeige. Das haben sie geändert. Ferner sind sie in die Partei eingetreten, ohne dadurch ein anderer zu werden. Was sonst? Sie halten einigermaßen Diät. Das ist alles, was sie geändert haben, und dazu diese ganze Veranstaltung!«[80]

Frisch war mit der These angetreten, die Biographie eines Menschen sei nicht Fügung, sondern nur eine Möglichkeit von vielen. Das Stück bewies das Gegenteil: Wie auch immer sich Kürmann entschied, an seinem Leben änderte sich nichts Entscheidendes. Oder doch? Als der Registrator zum Schluß auch Antoinette bittet, ihr Leben neu zu bestimmen, zögert sie keine Sekunde: Sie verzichtet auf ihre Beziehung zu Kürmann und damit auf das Eheunglück. Gender-Differenz? Ironie des Autors? Theatralische Schlußpointe?

Frischs Variantenspiel ist bei Licht besehen keine reale Versuchsanordnung auf ein anderes Leben hin, sondern ein »Bewußtseinsdialog Kürmanns post eventum, vergleichbar den Gedankenoperationen eines Schachspielers, der nach einer verlorenen Partie die ›entscheidenden Züge‹« rekonstruiert und mögliche Alternativen überprüft«.[81] Letztlich geht es nicht um das Experiment: Ist ein anderes Leben realisierbar?, sondern um die alte Frage Frischs: Gibt es ein ›eigentliches‹, ein wahrhaftes, ein sinnvolles Leben neben dem ›uneigentlichen‹, rollenhaften, welches wir leben?

Daß Kürmann zum Schluß sterben muß und keine Variante zum Tod zugelassen ist, macht dann allerdings Sinn: Der Tod beendet nicht nur alle Varianten, von ihm aus stellt sich überhaupt erst die Frage nach dem Sinn des Lebens.[82]

Für Frischs Variantendramaturgie galt es, eine Spielweise und einen Inszenierungsstil zu entwickeln, die dieser neuartigen Dramaturgie adäquat waren. Frisch war anspruchsvoll, da von der Wichtigkeit der neuen Dramaturgie überzeugt. Benno Besson, der Brechtschüler, Bühnenzauberer und Regiestar des DDR-Theaters, schien der geeignete Mann für diese Aufgabe. Seine Inszenierungen hatten immer wieder durch neue Formlösungen fasziniert. Hinzu kam, daß Besson ein Wunschkandidat des Zürcher Verwaltungsrats für die Lindtberg-Nachfolge war. Doch Termingründe, so die offizielle Sprachregelung, ließen die Zusammenarbeit scheitern. Besson, dem Frischs Theaterthemen alles andere als am Herzen lagen, hatte mit dem Lockruf aus Zürich in Berlin gepokert: Bald darauf wurde er Chef der Ost-Berliner Volksbühne.

Also mußte ein neuer, prominenter Regisseur gesucht werden. Man fand ihn in Rudolf Noelte. Noelte war nicht nur berühmt für seine subtilen psychologischen Auslotungen, sondern ebenso berüchtigt für seine Eigenwilligkeit. Vor allem aber war er kein Erfinder neuer Spielweisen, sondern ein Meister des traditionellen realistischen Abbildtheaters. Im ethisch-ästhetischen Formrigorismus traf er sich allerdings mit Frisch. Noelte bestand auf einer exquisiten und sehr kostspieligen Gastbesetzung und begann im Herbst 1967 am Schauspielhaus Zürich mit den Proben. Die international mit großer Spannung erwartete Uraufführung sollte am 7. Oktober sein.

Doch statt zum erhofften Triumph kam es zum Eklat: Noelte und Frisch zerstritten sich im Verlauf der Arbeit immer heftiger. Am 28. September kam es zum Bruch, die Uraufführung mußte abgesagt, die teuren Gäste ausbezahlt werden. Das Zerwürfnis endete in einem langwierigen gerichtlichen Nachspiel, das Noelte in dritter Instanz vor dem Bundesgerichtshof in Karlsruhe verlor. Daraufhin übernahm der Alleskönner Leopold Lindtberg die Regie und brachte das Stück am 1., 2. und 3. Februar 1968 auf die Bühne.[83] Die Hauptrollen waren auch jetzt mit Stars besetzt: Ullrich Haupt spielte den Kürmann, Ellen Schwiers die Antoinette und Peter Frankenfeld den Registrator.[84]

Biografie: Ein Spiel kam nicht an die Erfolge von *Biedermann* oder *Andorra* heran, doch die meisten Kritiken der Uraufführung fielen positiv aus. »Die Zürcher Premiere war ein Erfolg«, meldete kurz und bündig die *Weltwoche*,[85] und auch der *Tages-Anzeiger*,[86] *Die Welt*[87] und die *Neue Zürcher Zeitung*[88] waren des Lobes voll. Die *Süddeutsche Zeitung* jubelte gar: »*Biografie* ist brillanter, wahrhaft moderner Boulevard.«[89] Die *Frankfurter Allgemeine Zeitung* hingegen war von dem Werk enttäuscht.[90]

Die deutsche Erstaufführung fand zeitgleich in Düsseldorf, Frankfurt und München statt. Sie wurde wesentlich skeptischer rezensiert: »Was sich bot, langweilte nicht gerade, aber es betraf auch nicht«,[91] lautete der Grundtenor. Die Rede war von perfektem Unterhaltungstheater mit intellektuellem Niveau,[92] von einer seltsamen Mischung von Boulevard mit »Jedermann«: »nicht spektakulär, ... aber es gab auch keine Buhrufe«.[93]

Auffällig ist, daß Frischs neue »Dramaturgie der Permutation«, auf die er so stolz gewesen war, unisono abgelehnt wurde.[94] Dieser Mißerfolg hat Frisch getroffen. Im *Tagebuch 1966–1971* vermerkte er am 8. Februar 1968 lakonisch: »Stück aufgeführt, BIOGRAFIE: EIN SPIEL, mit vierfachem Sieg der Bühne (Zürich, München, Frankfurt, Düsseldorf) über den Autor; er bestreitet die Fatalität, die Bühne bestätigt sie – spielend.«[95] Frisch verlor seine »Lust am Theater«[96] und schrieb die nächsten zehn Jahre keinen Bühnentext mehr.

Nachdem sein Neuigkeitswert verbraucht war, versank *Biografie: Ein Spiel* weitgehend von den Spielplänen.

Sozialismus als Demokratie?

Auf der politischen Bühne blieb Frisch allerdings präsent. Wenige Wochen nach der Uraufführung von *Biografie* eskalierte der Vietnam-Krieg auf beklemmende Weise. Die US-Truppen marschierten in die entmilitarisierte Zone zwischen Nord- und Südvietnam ein und weiteten den Krieg mit Massenbombardements und Dioxinbomben in den Norden des Landes aus. Frisch protestierte zusammen mit anderen Schriftstellern in der *Weltwoche*.[97] Ein blinder Antikommunismus, so Frisch, verhindere jede Kritik an Aggression und Menschenrechtsverletzung. Und Friedrich Dürrenmatt bemerkte: »Unser übertriebener Antikommunismus ist zu einem Ritual geworden, zu einem Stammestanz der Schweizer.«[98]

Vier Monate später, am 21. August 1968, zerstörte die Okkupation der CSSR durch die Warschauer-Pakt-Staaten den Prager Frühling und mit ihm die Hoffnung auf einen demokratischen Sozialismus. Frisch reagierte prompt. Bereits am 30. August veröffentlichte er in der *Weltwoche* den Text *Zurück zum Kalten Krieg?*[99] »Wir stehen ... wieder einmal am Ende einer Hoffnung«, gestand er ein und präzisierte umgehend: »Die sowjetischen Truppen verteidigen nicht, wie vorgegeben wird, den Sozialismus gegen Konterrevolution; sie verteidigen lediglich das heutige sowjetische Establishment, das Furcht hat vor einer Evolution des Sozialismus ... Der tschechoslowakische Versuch ist nicht gescheitert, sondern unterdrückt.« Folgt daraus das Ende der Entspannungspolitik? Frisch verneinte. Die wechselseitige atomare Bedrohung »fordert die Fortsetzung des Versuchs, einen beiderseits reaktionären Ost-West-Konflikt abzubauen ... Wir haben keine Alternative.«[100]

Diese Gedanken nahm Frisch eine gute Woche später in einer Rede wieder auf. Werner Düggelin und Friedrich Dürrenmatt, die beiden Direktoren der Basler Theater, hatten am 8. September 1968 eine Protestmatinee veranstaltet, an welcher außer Dürrenmatt und Frisch auch Peter Bichsel, Günter Grass und Kurt Marti sprachen.[101] Frisch ließ sich von der antikommunistischen Pogromstimmung im Land nicht zu populistischer Schwarzweißmalerei verführen; seine *Rede nach der Besetzung der Tschechoslowakei* war ein Musterbeispiel dafür, daß der moralisch einzig richtige Platz des Intellektuellen zuweilen der Platz zwischen den Stühlen ist. Sie war zugleich ein Bekenntnis zu seiner Idee von Sozialismus: »Wer heute von Sozialismus spricht als einer erstrebenswerten Gesellschaft – und das werden wir weiterhin tun –, ist sich bewußt, daß er als ein Verblendeter erscheint. Haben wir auch von Prag noch nichts gelernt? Die Abschaffung der Freiheit für wenige, die auf Kosten des arbeitenden Volkes geht, ist zwar im Osten vollzogen durch eine Revolution vor fünfzig Jahren; solange aber daraus nicht Freiheit für das arbeitende Volk resultiert, sprechen wir nicht von Sozialismus.« Daß das tschechische Volk, »das endlich das große Versprechen der Revolution einzulösen versucht, seiner Souveränität beraubt wird, ist, so meinen wir, kein Beweis, daß Sozialismus nicht möglich ist; die sowjetischen Panzer beweisen lediglich, daß Sozialismus – heute – im Machtbereich des Kremltums nicht möglich ist.« Und weiter: »Unsere Kritik an der Sowjetunion, eine Kritik ohne Schadenfreude, kann einen Sinn nicht haben: daß sie die Kritik am Westen, unsere Selbstkritik annulliert.« Und abschließend: »Die Ereignisse in diesem Sommer sind ein gefährlicher Rückschlag, den wir zur Kenntnis zu nehmen haben. Aber die Hoffnung kann ich deswegen nicht auswechseln; ich habe nämlich nur eine: daß das Versprechen, das dort Sozialismus heißt, und das Versprechen, das hier Demokratie heißt, zu verwirklichen sind durch ihre Vereinigung.«[102]

Frischs Festhalten an der Idee eines demokratischen Sozialismus und seine Kritik an einer Demokratie, deren Idee ebenfalls erst zu verwirklichen sei, hat ihm den Haß jener bürgerlichen Kreise eingetragen, für die Prag der endgültige Beweis der Gefährlichkeit jeder sozialistischen Idee und der Richtigkeit der eigenen, kapitalistischen Gesellschaftsform war. Frischs Denken zwischen den Stühlen war ihnen zutiefst suspekt. Oder einfach zu kompliziert, wie man aus folgender absurd sinnwidrigen Meldung des Polizeispitzels schließen darf: »Frisch sprach sich für die kommunistische CSSR aus.«[103]

Frisch avancierte im Jahr 1968 endgültig zum roten Tuch. Peter Bichsel, der für einige Zeit die Reden des sozialdemokratischen Bundesrates Willy Ritschard schrieb, erzählte, »daß ihm Willy Ritschard ein aus Generalstabskreisen stammendes umfangreiches Dossier mit dem Titel ›Max Frisch: Staatsfeind Nr. 1‹ gezeigt habe«.[104]

Der Schauspielhauskonflikt

Bereits im nächsten Jahr sprang Frisch wieder »in die Arena«, diesmal ging es um »seine« Bühne, das Schauspielhaus.

Zur Vorgeschichte: 1961 und 1964 waren mit Oskar Wälterlin und Kurt Hirschfeld die beiden Symbolfiguren der legendären Schauspielhauszeit gestorben. Der Regisseur Leopold Lindtberg, auch er seit 1933/34 eine Stütze des Betriebs, übernahm die Direktion. Doch sein traditionalistisches Theaterverständnis entsprach nicht mehr den Forderungen der Zeit. Eine junge Journalistengeneration kannte keine Ehrfurcht mehr vor dem altehrwürdigen Betrieb: »Legt endlich Feuer an dieses Haus!« forderte der *Tages-Anzeiger* 1967.[105]

Eine Erneuerung des Schauspielhauses an Haupt und Gliedern drängte sich auf. Der Verwaltungsrat verhandelte hinter Lindtbergs Rücken mit Benno Besson. Die Verhandlungen waren auch politisch delikat: Besson galt nach Brechts Tod als größtes Regietalent der DDR, doch seine Linkslastigkeit war ebenso unübersehbar. Zum Ausgleich sollte Peter Löffler wieder ans Haus kommen. Löffler, Sohn aus alteingesessener Zürcher Familie, war seit 1948 im Schauspielhaus groß geworden: als Schüler, Dramaturg, Regieassistent, Regisseur und Vizedirektor. Seit 1965 amtete er in Berlin als Präsidialsekretär der Akademie der Künste und Leiter der Berliner Festwochen. Als sich die Verhandlungen mit Besson zerschlugen,[106] wurde Löffler zum Alleindirektor bestellt. »Mit Löffler scheint im Schauspielhaus nun endlich der notwendige Generationenwechsel möglich, und zwar sogar – wie man glaubt – unter Fortsetzung der ›Tradition‹ des Hauses.«[107] Der neue Direktor trat sein Amt im Januar 1969 an. Mit ihm kamen Klaus Völker als Dramaturg und der Regisseur Peter Stein mitsamt dem Kern seiner späteren Berliner Schaubühnen-Truppe.

Schon im Vorfeld hatte es Streit gegeben: Der Stadtpräsident monierte den allzu modernen Spielplan und erhielt von Löffler eine harsche Abfuhr.[108] Dieser erklärte programmatisch: »Neue Maßstäbe zu setzen heißt u.a. auch Ärgernis erregen, nicht mutwillig, aber unfehlbar.«[109] Der Ärger ließ nicht auf sich warten. Die langhaarige, hochkarätige und linksengagierte Truppe unter ihrem genialen Regisseur polarisierte vom ersten Tag an das alte Ensemble. Erwin Parker, Schauspieler und Interimsdirektor vor Löffler, notierte in sein Tagebuch: »Peter Löffler ist da und stabilisiert sich. Er tut es mit Takt. Aber der Kronprinz [Peter Stein; U.B.] sitzt schon auf dem Thron. Und seine Minister füllen schon Räume und Vorräume … Langmähnige Jünglinge des Sturm und Drang. Man hört laut berlinern … Lauter Eindringlinge, die bald die Herrschenden sein werden.«[110]

Mit den ersten Produktionen der neuen Mannschaft sprang der Ärger auf die Stadt über: Die Inszenierungen Peter Steins führten zu wütenden Protesten der Honoratioren, zu Begeisterungsstürmen bei der Jugend. Peter Stein drohte zu einem geistigen Zentrum für die revoltierenden Studenten und kritischen Intellektuellen in der Stadt zu werden. Klaus Völkers »marxistische« Programmhefte lösten heftige Kontroversen aus, die rechte Presse blies zum Angriff. Werner Wollenberger sah »Zürichs Ordnung« in Gefahr, warnte vor »Revolution« und »umstürzlerischem Spielplan«.[111] Und *Die Tat* zeterte: »Politische Indoktrination kann nicht geduldet werden.«[112] Peter Löffler versuchte ohne viel Überzeugung hausintern und extern zu vermitteln. Der Verwaltungsrat der Neuen Schauspiel AG, in dem kein einziger Theaterfachmann saß, ging nach kurzer Zeit in die Knie. Statt zu seinem Direktor und dem neuen künstlerischen Kurs zu stehen, sprach er der Leitung, unter Bruch aller Verträge, schon nach drei Monaten die Kündigung aus. Die schlechte Finanzlage diente als Vorwand. Noch fünfundzwanzig Jahre später rechtfertigten die Verwaltungsräte Bieri und Meng ihren damaligen Entscheid mit dem Finanzargument.[113]

Peter Stein zog mit den Seinen von Zürich nach Berlin und gründete die weltberühmt gewordene Schaubühne am Halleschen Ufer. Das Schauspielhaus stieg unter Löfflers Nachfolgern mehr oder weniger zur Provinzbühne ab.

Die Entlassung Löfflers und Steins löste heftige Proteste gegen den Verwaltungsrat des Theaters und gegen die Stadtregierung aus. Das Schauspielhaus wurde zum Symbol des Kampfs der politischen Linken gegen die bürgerliche Stadtregierung. An einer Protestkundgebung im Zürcher Volkshaus sprach als Hauptredner Max Frisch. Die Rede, worin er sich mit den Gekündigten keineswegs kritiklos solidarisierte, zeigt, wie nüchtern Frisch bei aller Radikalität im Denken die politische Situation abwog. Die Revolutionsromantik der Studenten war ihm entschieden fremd. »Was Peter Löffler gewollt hat, Provokation durch Kunst, hat sich rasch in etwas verwandelt, was zum Verwechseln ähnlich aussieht, aber etwas sehr anderes ist: Skandal.«[114]

Was, so seine Frage, hat Löffler tatsächlich gewollt? Immerhin kannte er aus jahrelanger Erfahrung Theater, Stadt und herrschende Mentalität sehr genau. »Bekenntnis-Theater als Selbstbefriedigung? Einverstandene inszenieren für Einverstandene? Oder ist es mehr: Versuch eines künstlerischen Ausbruchs aus dem verzweifelten Komfort? Oder Dilettantismus, der sich hinter dem Affront verstecken muß? Oder ist es einfach: Revolte des Sohnes gegen die Väter-Welt, und was dabei politisch sich artikuliert, wie politisch ist es? Oder ist es all dies zusammen? Die Parole ist gegeben: *Ein Experiment ist abgewürgt*. Es ist schade, aber nicht unerklärlich; ein Experiment, das die gesellschaftliche Realität ignoriert, verändert sie nicht; es bleibt Romantizismus. Das Schauspielhaus Zürich, wie jedes subventionierte Kunst-Institut irgendwo in der Welt, gehört nur scheinbar der Öffentlichkeit; wenn es darauf ankommt, steht es unter dem Diktat der jeweiligen politischen Macht-Inhaber. Wenn die Kunst-Produzenten anderes wollen als die Macht-Inhaber, so muß man sich trennen; beide sollen ihr Theater versuchen.«[115]

Zugleich forderte Frisch die Absetzung des amtierenden Verwaltungsrats, indem er sich für die Umwandlung der Neuen Schauspielhaus Aktiengesellschaft in eine demokratische Betriebsform, nämlich in eine Genossenschaft, aussprach.

Mit seiner *Rede zum Zürcher Debakel* setzte sich Frisch zwischen alle Stühle und verärgerte sowohl die Linke wie die Rechte. Marianne Frisch-Oellers erinnerte das Entstehen der Rede: In einem ersten Entwurf habe sich Frisch viel eindeutiger mit Löffler und Stein solidarisiert. Als er jedoch von seinen alten Schauspielerfreunden erfuhr, wie autoritär die neue Führung mit ihnen umspringe, habe er seine Kritik auch in diese Richtung verschärft. »Deshalb ist die Rede so halbbatzig herausgekommen.«[116]

Der in arge Bedrängnis geratene Verwaltungsrat der Schauspiel AG erhielt eine überraschende Unterstützung: Friedrich Dürrenmatt trat als künstlerischer Berater in seine Reihen ein.[117] Er brachte nicht nur sein internationales

Prestige ein, er stellte auch die Weichen. Auf seine Vermittlung hin berief der Verwaltungsrat im Schnellverfahren Harry Buckwitz zum neuen Direktor. Buckwitz war ein gestandener, traditioneller Theaterleiter, der allerdings Mut und Standfestigkeit bewiesen hatte, als er 1961 den Brecht-Boykott durchbrach. Die Zürcher Presse reagierte positiv auf diese Wahl. Peinlich wurde es erst, als Hans Habe Harry Buckwitz der Nazi-Kollaboration beschuldigte. Ein Mitmacher von einst, als Direktor des berühmten antifaschistischen Theaters? Unmöglich! Der Verwaltungsrat sprach Buckwitz nach Prüfung des Sachverhalts das Vertrauen aus, und Dürrenmatt verteidigte den Beschuldigten lautstark und ohne Rücksicht auf justiziable Injurien gegen Hans Habe. Nur Claus Bremer, der soeben engagierte Chefdramaturg, und seine Mitarbeiterin Susanne Fassbind erhoben öffentlich Protest gegen den belasteten Direktor und wurden fristlos gefeuert. Der »Fall Buckwitz« weitete sich aus – sehr zum Schaden des ohnehin angeschlagenen Ansehens von Schauspielhaus und Verwaltungsrat.

Der Hofnarr und der »Staatsfeind Nr. 1«

Frisch hatte sich bereits 1969 über Dürrenmatts Abgang als Kodirektor am Stadttheater Basel geärgert. Der Dramatiker war im Oktober mit großem Aplomb aus der Theaterleitung ausgeschieden und hatte seinen Direktionskollegen Werner Düggelin öffentlich blamiert. Frisch schrieb: »Mein lieber Fritz, ... Du machst es nicht gut ... Du weißt, wie ich Werner Düggelin einschätze. Dein Zorn ist mir verständlich, so wie mir deine Bruderschaft mit demselben unverständlich war ... Du brauchst Leute, die dir blindlings ergeben sind, die dich zur Galionsfigur machen, um dich zu benutzen. Jetzt machst du Werner Düggelin öffentlich zur Sau, und zwar als Person wie als Artist, Rufmord erster Klasse. Auch dein Zorn gibt dir dazu kein Recht ...«[118]

Dürrenmatts Eintritt in den Verwaltungsrat der Neuen Schauspiel AG hat Frisch »als »absoluten Rückenschuß empfunden«.[119] Er bedeutete das Scheitern des Versuchs, die Aktiengesellschaft in eine demokratisch kontrollierte Genossenschaft umzuwandeln. Frisch verbarg seinen Zorn hinter syntaktischen Finessen. Im *Tagebuch 1966–1971* vermerkte er: »Unsere öffentlichen Bemühungen, vorerst diesen Verwaltungsrat zu entmachten, der über öffentliche Gelder verfügt nach dem Kunstbedürfnis der Bankiers, sind jetzt gescheitert: Friedrich Dürrenmatt hat sich zur Verfügung gestellt (wie ich heute aus der Tagespresse erfahre) als Künstlerischer Berater und Mitglied dieses Verwaltungsrats.«[120] Der Doppelpunkt vor Friedrich Dürrenmatt indiziert diskret, aber deutlich Frischs Meinung: Dürrenmatt hat den Verwaltungsrat vor der drohenden Entmachtung gerettet, sich auf die Seite der kulturellen Reaktion geschlagen und ist damit Frischs Bemühungen heimlich (»wie ich aus der Tagespresse erfahre«) in den Rücken gefallen.

Das kleine syntaktische Scharnier signalisierte einen tiefen Bruch. Frisch sympathisierte, wenn auch keineswegs unkritisch, mit der rebellierenden linken Jugend. Dürrenmatt konnte mit dieser Bewegung nichts anfangen. Die politische Linke war ihm fremd, wenn nicht feindlich. Vor allem verstand er sich selbst als geistige Großmacht, nicht als Mitstreiter einer Seite.

Peter Rüedi hat in einem schönen Essay zum Briefwechsel zwischen Frisch und Dürrenmatt die politischen Positionen der beiden wie folgt beschrieben: Das Vorurteil vom politischen Frisch und vom unpolitischen Dürrenmatt sei weit verbreitet: »Dürrenmatt dachte nicht weniger politisch als Frisch, aber anders ... Beide waren Antikommunisten, aber Dürrenmatt war es, weil er als Kantianer und Kierkegaardianer Anti-Hegelianer war ... Frisch, weil er den realexistierenden Sozialismus als Verrat am ›sozialistischen Humanismus‹ verstand ... Beide waren sie aber auch Anti-Antikommunisten, entsetzt etwa ob der Verfolgung, welche in einer eigentlich hysterischen Pogromstimmung der marxistische Kunsthistoriker Konrad Farner und seine Familie nach dem Ungarnaufstand 1956 zu erdulden hatten (beide teilten sich übrigens über Jahre in die Unterstützung Farners). Beide waren sie Anfang der sechziger Jahre gegen den grotesken Plan einer starken Fraktion des Generalstabs, eine Atombewaffnung der Schweizer Armee durchzusetzen. Beide waren sie überhaupt Armee-Skeptiker ... Beide befaßten sich mit der Vergangenheit der Schweiz, noch bevor Alfred A. Häslers Untersuchung zur Schweizer Flüchtlingspolitik 1933–1945 erschien ... Beide wendeten sich gegen den Slogan von der ›unbewältigten schweizerischen Vergangenheit‹‹, weil er falsche verzerrte Vergleiche mit Deutschland suggerierte.

Die entscheidenden Unterschiede lagen, so Rüedi, auf einer anderen Ebene: »Dürrenmatt machte sich mit Provokationen wie der Weitergabe des Berner Literaturpreises 1969[121] (und dem Umstand, daß er zum anschließenden offiziellen Bankett in Begleitung einer Handvoll Rocker auftauchte) bei den Stützen der Gesellschaft gewiß nicht beliebt. Aber er wurde als Hofnarr geduldet. Frisch grenzte man als Staatsfeind aus.«[122]

Der Grund dafür ist ebenso einfach wie entscheidend: Die politischen Machthaber sahen Frisch damals als Teil einer politischen Bewegung, deren Ziel der Sturz der kapitalistischen Ordnung und die Errichtung eines ›demokratischen Sozialismus‹ war. In Dürrenmatt sahen sie den Einzelkämpfer, der zwar da und dort anecke, doch die herrschende Ordnung nie grundsätzlich in Frage stellte. Das war (und ist noch heute) die Grenze, die alles entscheidet; auch die Reichweite der Toleranz. Frisch sah die Umwandlung des Verwaltungsrats der Neuen Schauspiel AG in eine demokratische Betriebsform als Schritt zur Demokratisierung und Sozialisierung der Kultur, Dürrenmatt seinen Eintritt in den Rat als Schritt zu seiner eigenen Verwirklichung als Dramatiker und Regisseur. Dazwischen lagen Welten.

Geist und Macht

Frisch hat politische Grenzziehung zwischen grundsätzlicher Opposition und prinzipieller Affirmation des kapitalistischen Systems in jenen Jahren gerne und häufig betont. In einem Vorwort zur sozialdemokratischen Wahlplattform 1971 zeichnete er zum Beispiel das Bild einer Schweiz, »in der 3 Prozent der Landsleute soviel besitzen wie die anderen 97 Prozent«. »Die Inhaber der heutigen Schweiz« hätten zwar keine Lösung für die anstehenden Probleme, doch wüßten sie sehr genau, daß »jeder Versuch einer wirklichen Lösung unserer nationalen Probleme sie ihre bisherigen Vorrechte kostet. Und es fällt schwer, Vorrechte aufzugeben aus Vernunft.«[123]

Da er in der Sozialdemokratischen Partei der Schweiz die einzige relevante Kraft zur Veränderung sah, unterstützte er die Partei zwar ideell und materiell. Er wurde jedoch nie Parteimitglied und übernahm auch kein politisches Mandat. Sein Verhältnis zur Politik blieb distanziert, kontemplativ, intellektuell. Reisen ins Ausland machten ihm die Relativität seines Engagements immer wieder bewußt. In Japan notierte er z.B. 1969, daß »das meiste, was mich zuhause zu beschäftigen pflegt, belanglos ist«.[124] Zugleich war ihm die Fragwürdigkeit seiner Haltung durchaus bewußt. Zum Jahresende bilanzierte er: »Was hat die Linke in diesen Jahren versäumt? Was sie erreicht hat: Eine Isolation der Intelligenz – das Bewußtsein ihrer Ohnmacht, solange sie mit dem Arbeiter nur umgeht wie mit einem Begriff.«[125]

Eine Reise in die USA, die er im Mai 1970 mit seiner Frau Marianne und dem Verleger Siegfried Unseld unternahm, demonstrierte ihm eindrücklich die problematische Spannung zwischen Geist und Macht. Henry A. Kissinger, einer der Hauptverantwortlichen für den Einmarsch der US-Armee in Kambodscha, empfing die drei zum Lunch im Weißen Haus. Der ehemalige Harvard-Professor und brillante Theoretiker hatte das Lager gewechselt und war vom kritischen Intellektuellen zum politischen Akteur geworden. Sein lapidarer Kommentar zur Kritik der ehemaligen Kollegen und Studenten: »Intellectuals are cynicals and cynicals have never built a cathedral« belächelte Frisch ebenso wie das kultivierte, zugleich familiäre Ambiente der Macht: »Die Macht gibt sich als dezentes Wesen, das niemand erschrecken möchte; kolossal ist nur die Realität, aber nicht die Villa, wo dieses Wesen wohnt und empfängt ... Hier geht die Historie auf Spannteppich.«[126] Die Diskrepanz zwischen Brutalität und Tragweite der Macht und ihrem Erscheinungsbild könnte nicht größer sein: »Ich habe noch keinen Mann getroffen, dessen möglicher Irrtum ein entsprechendes Ausmaß annehmen könnte ... Ich verstehe immer mehr, daß Henry A. Kissinger, so oft es nur geht, seine Hände in die Hosentaschen steckt; seine Verantwortung steht in keinem Verhältnis mehr zur Person, die einen Anzug trägt wie wir. Je mörderischer der Irrtum sein kann, umso weniger kann einer dafür ... keine Politik ohne das Risiko einer Tragödie. Tragödie für wen?«[127]

Daß Frisch trotz allem politischen Engagement nie ein politisches Amt übernahm, hatte auch mit der Scheu vor den oft unabsehbaren Konsequenzen politischer Entscheidungen zu tun. Von Kissinger hatte er gelernt: »Wer Entscheidungen fällt, oder zu Entscheidungen rät, die Millionen von Menschen betreffen, kann sich nachträgliche Zweifel, ob die Entscheidung richtig ist, nicht leisten ...«[128] Die Rolle des Zweiflers, des Fragers lag Frisch näher.

Wilhelm Tell für die Schule

Das Frühjahr 1971 verbrachte er, zusammen mit Marianne, wiederum in New York. Hier hatte er eine Wohnung gemietet. An der Columbia University hielt er Vorlesungen zu *Problems of Style and Expression:* »Das Seminar an der Columbia macht Mühe, wie jede Herausforderung ...«[129] Parallel zur Arbeit an der Universität schrieb Frisch an einer »kurzen Erzählung, die mit New York gar nichts zu tun hat ...«. Vermutlich handelte es sich dabei um *Wilhelm Tell für die Schule*.[130]

Die Schweiz beschäftigte Frisch nicht nur als Staatsbürger, sondern reizte ihn auch als Schriftsteller. Die Auseinandersetzung mit dem Tell-Mythos war ursprünglich als Teil des *Tagebuch 1966–1971* geplant, wuchs sich aber im Sommer 1970 zu einer eigenen Publikation aus. Sie erschien im Sommer 1971 mit Illustrationen, die – eine durchaus beabsichtigte Provokation – der marxistische Kunsthistoriker Konrad Farner ausgewählt hatte, den die

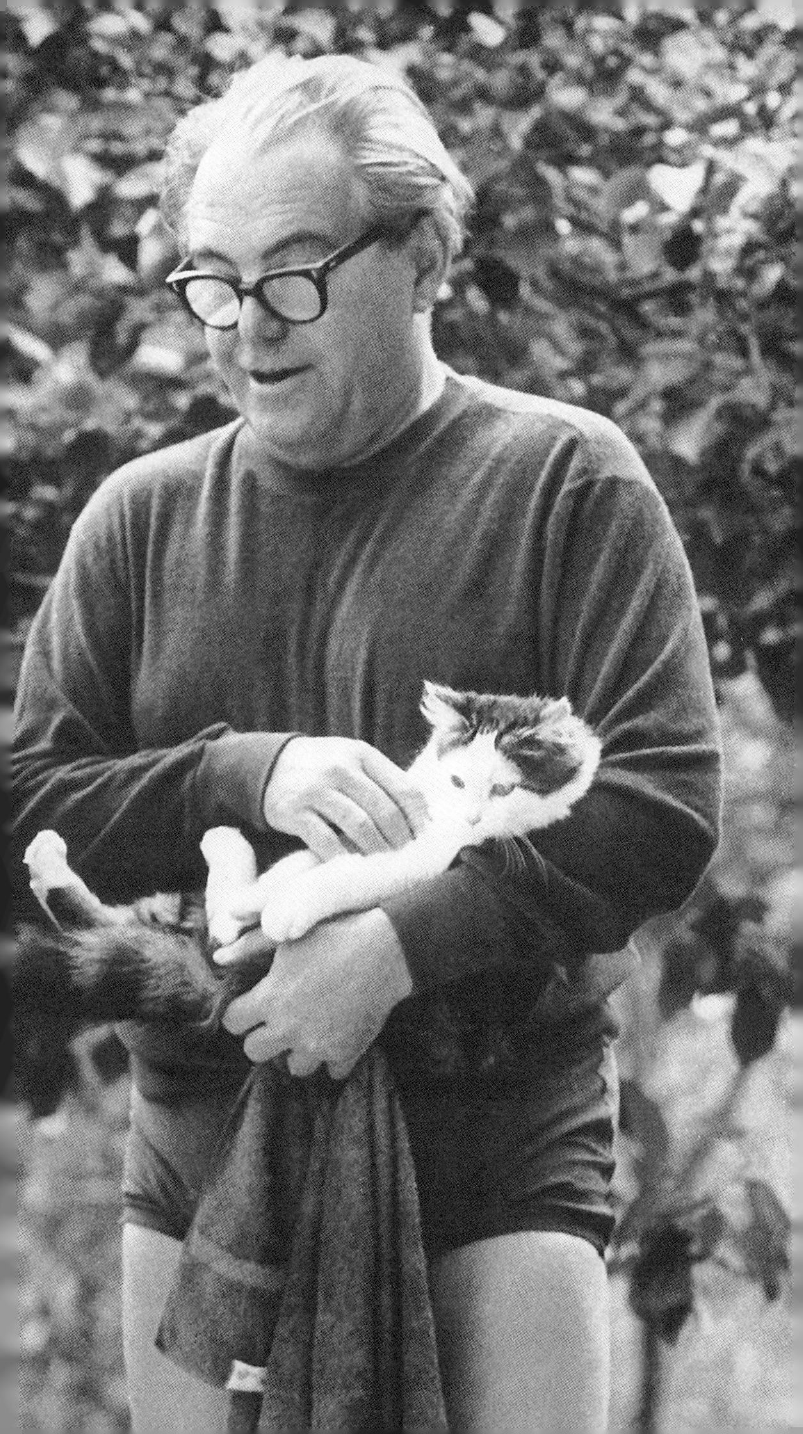

bürgerliche Presse seit dem Ungarnaufstand 1956 als linken Chefideologen systematisch verteufelte.[131]

»Das auslösende Moment für meinen Tell war das Attentat der palästinensischen Befreiungsfront El Fatah auf dem Flughafen Zürich-Kloten.[132] Die Aussage der Verhafteten, die sich auf Wilhelm Tell beriefen, hat mich irritiert.«[133] Welche eingebildeten oder realen Parallelen bestanden zwischen Flugzeugentführern, die mit Geiseln inhaftierte Genossen freizupressen suchten, und dem Wilhelm Tell des Mythos? Welche Lesart lag einer solchen Auffassung zugrunde? War Tell in den Augen des Establishments nicht auch ein Terrorist gewesen?

Der Tell-Stoff hatte Frisch immer wieder beschäftigt. Sowohl in der *Rede zum Nationalfeiertag* (1957) wie in der *Schillerpreis-Rede* (1965) hatte er sich mit einer Neuinterpretation des Tell-Mythos beschäftigt. Von Brecht stammte 1947/48 die Anregung, ein neues Tell-Stück zu schreiben. »Zu zeigen wäre, daß der Bauernaufstand der Vierwaldstätte zwar erfolgreich war, aber reaktionär gegenüber der Habsburg-Utopie, eine Verschwörung von Querköpfen.«[134] Brecht bezog sich dabei auf die ebenso brillante wie polemische Analyse, die Friedrich Engels 1847 unter dem Titel *Der Schweizer Bürgerkrieg* publiziert hatte.[135] Darin war u.a. zu lesen: »Der Kampf der Urschweizer gegen Österreich, der glorreiche Eid auf dem Grütli, der heldenmütige Schuß Tells, der ewig denkwürdige Sieg von Morgarten, alles das war der Kampf störrischer Hirten gegen den Andrang der geschichtlichen Entwicklung, der Kampf der hartnäckigen, stabilen Lokalinteressen gegen die Interessen der ganzen Nation, der Kampf der Roheit gegen die Bildung, der Barbarei gegen die Zivilisation ...«[136]

Frisch zog weitere Sekundärliteratur sowie die einschlägigen Quellen hinzu[137] und erzählte die Tellensage neu, und zwar aus der Perspektive des habsburgischen Vogts Tillendorf (bei Schiller: Geßler). Dieser war als Beauftragter von König Rudolfs Erben gegen eigenen Wunsch und Willen in die Innerschweiz geschickt worden, um mit den dortigen Honoratioren die Lehensrechte und -pflichten nach dem Tod des Königs neu zu verhandeln.[138] Im Lande angekommen, von Föhn, Bergen, Gelbsucht, Melancholie[139] und einem ältlichen Fräulein Bruneck belästigt, versucht er vergeblich, vernünftige vertragliche Gespräche zu führen: Alle seine Vorschläge prallen an der Sturheit, Unverschämtheit und Gerissenheit der Innerschweizer Lokalgrößen ab. Weltmännische Liberalität und resignativ-ironische Melancholie einerseits, Xenophobie, Humorlosigkeit und sektiererischer Traditionalismus anderseits finden keine gemeinsame Sprache. Unverrichteter Dinge will Tillendorf abziehen. Beim reichsüblichen Hutzeremoniell kommt es zu dem bekannten Zwischenfall mit dem Schützen Tell. Widerwillig muß der Vogt Härte markieren. Sein ironisch gemeinter Vorschlag zur Güte mit dem Apfelschuß wird von Tell ernst genommen. Als typischer Schweizer versteht er keine Ironie. Die Ereignisse eskalieren und enden mit dem bekannten Meuchelmord in der Hohlen Gasse. Tillendorf stirbt mit Tells Pfeil in der Leber einen qualvollen, sinnlosen Tod.

Die Tellslegende ist alt. Zur Versöhnung der im Sonderbundskrieg unterlegenen katholischen Innerschweiz und als ideologischer Kitt für das neue, heterogen zusammengewürfelte Staatsgebilde Schweiz wurde sie in der zweiten Hälfte des 19. Jahrhunderts wiederbelebt und als Schweizer Nationalmythos etabliert. Der für das kleine Alpenland nicht ungefährlichen deutschen Reichseinigung von 1871 setzte der Bund der Eidgenossen bewußt einen Freiheitshelden in der idealistischen Version Schillers als nationale

Identifikationsfigur entgegen. 1891 fand zur 600-Jahr-Feier der Gründung der Eidgenossenschaft ein wahrer Tellboom statt. Noch während des Zweiten Weltkriegs bildete die Tellslegende das Rückgrat der Geistigen Landesverteidigung. Das Schweizer Volk identifizierte sich mit Tell und den Seinen als seinen genealogischen und mentalen Ahnen, in den Schulen wurde der Mythos kritiklos als Nationalepos perpetuiert.

Wie sollte und konnte man gegen eine solche Allmacht anschreiben? Frisch griff, in ironischer Absicht, auf ein bewährtes Mittel zurück – eben jenes, welches er im *Gantenbein* radikal verworfen hatte –, auf den allwissenden Erzähler und die faktenstiftende Macht des erzählerischen Imperfekts.

»Der Einfall war einfach der, mich in den Mann zu versetzen, der in die Urschweiz hineinfahren muß ...«[140] Frisch erzählt die Geschichte, die historisch nicht belegt ist, als streng historischen Tatsachenbericht. Alltägliche Details, Lokalkolorit, Stimmungsschilderungen usw. suggerieren ein Höchstmaß von Authentizität und demaskieren dadurch den Mythos mit einer Glaubwürdigkeit, die eine historisch kritische Darstellung nicht erreichen kann. »Wenn die Historiker behaupten können: Das ist so, dann kann ich im Imperfekt auch behaupten: So und so war es. Wer hat recht?«[141]

Ein umfangreicher Fußnotenapparat analysiert nicht nur klug und kritisch die Quellen und ihre gängigen Interpretationen. Er parodiert zugleich die »ernste« wissenschaftliche Literatur, aber auch die eigene pseudofaktische Darstellung. Nicht nur der Erzähltext, sondern die ganze Textkonstruktion, vom erzählenden Imperfekt, von der fiktiven Authentizität bis zum (pseudo)wissenschaftlichen Fußnotenapparat ist somit auf Parodie und Ironie angelegt.

Der mangelnde Sinn für Ironie, der Tillendorf in der Urschweiz zum Verhängnis geworden war, machte auch Frischs neuem Büchlein zu schaffen. Weil es ums patriotische Gefühl ging, marschierte das literarische Feuilleton in diesem Fall strikt auf der politischen Linie der jeweiligen Zeitung.[142] Hanno Helbling, ab 1973 Nachfolger Werner Webers als Feuilletonchef der NZZ, griff empört zum Zweihänder: »Parodistische Absicht? Allenfalls wäre sie an einer Spur von Heiterkeit zu erkennen. Aber wie sehr man auch horcht, man hört nicht das Lächeln eines Ironikers, nicht das Grinsen eines Satirikers, nur das Kichern eines Banausen.«[143] Die *Zürichsee-Zeitung* ahnte gar Schlimmes für die Zukunft: »Frischs Tell ... wird vielen unreifen Gemütern das Stichwort liefern, um auf geistreich scheinende, aber auch wenig fruchtbare Weise über die Schweiz zu witzeln.«[144] Der *Landbote* aus Winterthur glaubte: »Tell und die alten Eidgenossen sollen nach allen Regeln der Kunst fertig gemacht werden«, und Karl Fehr wittert »progressistischen Marxismus«.[145]

Die gleichen Ängste plagten die *Schweizer Lehrerzeitung:* »Ist es ein Vorläufer dessen, was wir inskünftig zu erwarten haben? Die Infragestellung sämtlicher traditioneller Werte auf der Ebene des Volksschülers, damit er ›kritisch‹, ›weltoffen‹, ›gemeinschaftsbezogen‹ und progressiv werde? Und läßt sich auf solcher Grundlage eine bessere Gesellschaft aufbauen? Es geht nicht um Entmythologisierung, es geht um Wahrheit und echte Bindungen, an Personen, an Ideen und an Werte.«[146] Der Zürcher Regierungsrat hielt es daher für »nicht tunlich«, das Buch an Schüler abzugeben, da »bei Jugendlichen dieses Alters die Voraussetzungen, um Ironie zu würdigen und zu verstehen, nicht vorhanden« seien. Die Polizeikommandanten verschiedener Kantone solidarisierten sich mit den Zürcher Kollegen:

»Wir sind überzeugt, daß wir die Durchdringung der Lehrmittel mit zersetzendem Stoff auf alle wirksame Art bekämpfen müssen.«[147]

Im linken und liberalen Lager hingegen wurde das kleine Buch mit Schmunzeln begrüßt. Jörg Steiner, Adolf Muschg, Dieter Bachmann, Hans Rudolf Lindner u.a. fanden es »herrlich frech«, »witzig«, »unterhaltsam« und einen »Lesespaß«. Im Laufe der Jahre mauserte es sich zum Bestseller. Allein die deutsche Ausgabe wurde in den 25 Jahren seit dem Erscheinen über 800 000mal verkauft; Indiz dafür, daß das Buch seinen Weg in die Schulen trotz *Schweizer Lehrerzeitung* und Zürcher Regierungsrat gefunden hat.

In der Rückschau fällt es schwer, die Gehässigkeit zu verstehen, mit der *Wilhelm Tell für die Schule* in rechtsbürgerlichen Kreisen rezipiert worden ist. Die Erklärung liegt in der politischen Situation der damaligen Zeit. Ende der sechziger Jahre ging in der BRD die jahrzehntelange CDU/CSU-Herrschaft zu Ende, und die Sozialdemokraten übernahmen unter Willy Brandt die Macht. Auch in der Schweiz kam es zu einem Linksrutsch. Links von der SPS formierten sich die rebellierenden Jugendlichen in eigenen marxistisch orientierten politischen Parteien – allen voran die Progressiven Organisationen der Schweiz (POCH). Diese erzielten in einzelnen Kantonen (vor allem in Basel und Zürich) sowie auf nationaler Ebene überraschende Wahlerfolge, was zum Teil hysterische Abwehrreaktionen auslöste. »Progressiv« oder »progressistisch« wurde sinnidentisch mit »marxistisch« oder »kommunistisch« zum Schlagwort, womit jede kritische Abweichung vom helvetischen Nationalkonsens verteufelt wurde.

Zur selben Zeit spitzte sich die Jura-Krise bedenklich zu: Der Loslösungsprozeß des Juras aus dem Berner Kantonsverband von 1970 bis 1974 war verbunden mit tiefgreifender politischer Verunsicherung. Der alte Bund der Eidgenossen schien nicht nur von linken, sondern auch von autonomistischen Bewegungen bedroht. Eine Wiederbelebung der Geistigen Landesverteidigung mit antikommunistischer Stoßrichtung schien dringlich. Die Gründung des Forum Helveticum, ein Zusammenschluß nichtmarxistischer Parteien, Wirtschaftsverbände und Gewerkschaften sollte eine nationale Neubesinnung aus traditionellem Geist bewirken.

Dem gleichen Zweck diente das sogenannte ›Zivilverteidigungsbüchlein‹, das die Bundesregierung 1969 an alle Schweizer Haushalte verteilte. In Ergänzung zum ›Soldatenbüchlein‹, das jeder Rekrut beim Einrücken in die Armee erhält und das seine wichtigsten Aufgaben, Rechte und Pflichten beschreibt, umriß die neue Publikation die Aufgaben, Rechte und Pflichten der zivilen Bevölkerung im Katastrophen- resp. Kriegsfall. Zudem beschrieb es ausgiebig die Strategien der in- und ausländischen Landesfeinde bei der Subversion des Vaterlandes. Dabei zielte es in Bild und Text unverhohlen auf die linke Politik und arbeitete mit offener Diffamierung: »In Ländern mit hohem Lebensstandard ist es nicht leicht, die Massen zu gewinnen; deshalb müssen die Unzufriedenen herausgesucht werden. Intellektuelle eignen sich gut als Lockvögel und Aushängeschilder ...«[148] Frisch hat seitenweise solche diskriminierenden Sätze in sein *Tagebuch 1966–1971* exzerpiert.

Die bundesrätliche Publikation löste eine heftige Kontroverse aus, an der sich auch Frisch beteiligte. Maurice Zermatten, Präsident des Schweizerischen Schriftsteller-Verbands, hatte die französische Ausgabe bearbeitet. Frisch und andere kritische Kolleginnen und Kollegen traten daraufhin aus dem Verband aus und schlossen sich zur »Gruppe Olten« zusammen. Die Spaltung dauert bis heute an.

Tagebuch 1966–1971

Die Jahre zwischen 1965 und 1971 verbrachten Marianne und Max Frisch, wenn sie nicht auf Reisen waren, entweder in Berzona, in Küsnacht bei Zürich oder in New York. 1972 kam eine Wohnung in Berlin-Friedenau dazu, um deren Einrichtung sich Uwe Johnson liebevoll kümmerte.[149]

Die Auseinandersetzung mit der Schweiz war ein zäher Kampf gegen Engstirnigkeit, Kleinkariertheit und Halbherzigkeit. Die zahlreichen Reisen und New-York-Aufenthalte brachten die notwendigen Horizontdurchbrechungen. Die weite Welt, der große Atem, die weltbürgerliche Lebensweise – kein anderes Buch brachte diese Seiten besser zur Sprache als das *Tagebuch 1966–1971*.

Die Vorgeschichte des neuen Tagebuchs war prominent: 1949 hatte Peter Suhrkamp seinen Verlag mit zwei Büchern gestartet: eines davon war Frischs *Tagebuch 1946–1949*.[150] Es wurde Frischs erster internationaler Erfolg, und manche Frisch-Kenner halten es noch heute für eines seiner besten Bücher. Warum ein zweites Tagebuch, und warum gerade über die Zeitspanne 1966–1971?

Frisch hat sich nicht dazu geäußert, es muß also spekuliert werden. Frisch hat, außer den zwei veröffentlichten und einem gesperrten Tagebuch *(Berlin Journal)*, eine Fülle weiterer, nicht zur Veröffentlichung bestimmter Tagebuchaufzeichnungen geschrieben. Uwe Johnson erwähnt in seinem Entwurf für eine Werkausgabe Frischs ein »Tagebuch 1950–1965« sowie ein »Tagebuch 1972–posthum«.[151]

Marianne Frisch-Oellers hält diese Johnsonschen Tagebücher für pures Wunschdenken des Freunds und Lektors.[152]

Offensichtlich hat Frisch die Zeitspanne 1966–1971 analog zu den Jahren 1946–1949 als persönliche und geschichtliche Wendezeit empfunden, die er zu dokumentieren und literarisch zu verarbeiten suchte. Der Umzug von Rom nach Berzona, die Loslösung von Ingeborg Bachmann und die neue Verbindung mit Marianne Oellers, der Tod der verehrten Mutter, der spektakuläre Bruch mit dem langjährigen Freund Emil Staiger, der zugleich einen endgültigen Bruch mit den Zürcher Honoratioren bedeutete, die Uraufführung (und der Durchfall) des Stücks *Biografie,* mit dem Frisch eine Dramaturgie schaffen wollte, die Brecht historisch überwinden sollte, der Putsch in Griechenland, die Studentenunruhen, der Vietnamkrieg, die Ermordung Martin Luther Kings, der Drei-Tage-Krieg in Israel, die Besetzung der CSSR, die Entlassung Peter Löfflers und Peter Steins am Schauspielhaus Zürich, der Sieg der Sozialdemokraten unter Willy Brandt in der BRD, schließlich die um Jahrzehnte verspätete Einführung des Frauenstimmrechts in der Schweiz 1971: eine Fülle welthistorischer, lokal und privat bedeutsamer Ereignisse macht die Jahre 1966 bis 1971 buchenswert – ganz abgesehen von den zahlreichen poetischen Einfällen und Skizzen, die auch dieses zweite Tagebuch zu einer literarischen Fundgrube und zu einem Steinbruch für kommende Arbeitsjahre machten.[153]

Begonnen hatte Frisch die Arbeit am zweiten Tagebuch nach der Rückkehr in die Schweiz 1965. Die Arbeit wurde dann zugunsten von BIOGRAFIE zurückgestellt und erst 1968 wieder aufgenommen. Uwe Johnson lektorierte das zweite Tagebuch im Auftrag des Suhrkamp-Verlags und schlug umfangreiche Streichungen vor.

Auch das zweite Tagebuch enthält keine privaten oder intimen Informationen (sofern ihnen nicht exemplarischer Wert zugestanden wird). Frisch betrachtete das neue »Tagebuch als Übung im eigenen Befinden bei vollem Bewußtsein, was daran irrelevant ist«.[154] – »Was an einem öffentlichen Tagebuch fragwürdig bleibt: die Aussparung von Namen und Personalien aus Gründen der Diskretion ... Dadurch entsteht der Eindruck, der Tagebuchschreiber sehe nur sich selber als Person, seine Zeitgenossen als anonyme Menge. Wenn jemand in der Öffentlichkeit schon bekannt ist, erübrigt sich zwar die Scheu, nur entsteht dann der Eindruck, der Tagebuchschreiber lebe ausschließlich mit berühmten Zeitgenossen oder halte nur sie für buchenswert. Warum also nicht die Namen und Personalien aller Leute, die den Tagebuchschreiber beschäftigen? Es braucht ja keine üble Nachrede zu sein, aber auch das Gegenteil wäre indiskret. Woher nehme ich das Recht, die andern auszuplaudern? Der Preis für diese Diskretion: die Hypertrophie der Egozentrik, oder um dieser zu entkommen: eine Hypertrophie des Politischen?«[155]

Tagebuchformen

Formal nimmt Frisch das Muster des ersten Tagebuchs wieder auf: Erzählerische Skizzen zur späteren Ausarbeitung stehen neben Anmerkungen zu Tagesthemen, deren Notizencharakter (analog zum *Homo faber*) durch die Verwendung von Schreibmaschinenschrift signalisiert wird. Eine weitere Rubrik bilden politische Kommentare und Glossen, die im ersten Tagebuch weitgehend fehlen. In ihnen entwickelt Frisch eine Meisterschaft der knappen, oft polemischen Analyse aktueller Ereignisse. Sozusagen als

Gegenstück zu diesen kämpferischen »Texten in Aktion« stehen die Selbstverhöre, in denen sich Frisch zu komplexen Themen wie Terror-Gewalt und Staats-Gewalt dialogisch befragt und dabei die gängigen Argumente auf ihre Widersprüche abklopft. Die platonischen Sokrates-Dialoge dürften bei diesen subtilen Hinterfragungen Pate gestanden haben. Auch diese Art Texte gab es im ersten Tagebuch noch nicht. Neu sind auch die Exzerpte resp. integralen Fremdtexte, die Frisch ins zweite Tagebuch aufnahm, Texte zu diversen aktuellen Themen. Bekannt hingegen sind die Reiseberichte, kurzen Skizzen, Impressionen und Reflexionen anläßlich privater oder offizieller Besuche in der Sowjetunion, in Polen, der CSSR, in Japan und in New York. Des weiteren finden sich Aphorismen und kleine Essays zu literatur- und sprachtheoretischen Fragen, zu zwischenmenschlichen Problemen, zu Theatereindrücken sowie eine Sammlung von Leserbriefinjurien, deren dumpf-fanatischer Haß im Mäntelchen gutschweizerischer Biederkeit einem den kalten Schweiß auf die Stirn treiben kann.

Berühmt wurde das zweite Tagebuch vor allem wegen drei Rubriken: den Personenporträts, dem »Handbuch für die Vereinigung Freitod« und den »Fragebogen«.

Einer Reihe prominenter Zeitgenossen und Weggefährten hat Frisch subtile Porträts gewidmet, etwa Henry Kissinger, Günter Grass, vor allem aber Bertolt Brecht. Die Aufzeichnungen zu Brecht im ersten Tagebuch mögen spontaner, farbiger, unmittelbarer sein. Nun, aus der zeitlichen Distanz, haben sie an Genauigkeit, Reflexionskraft und Verständnis gewonnen. Sie reichen von der ersten Begegnung bis kurz vor Brechts Tod.

Frischs Idee der »Vereinigung Freitod« und ihres »Handbuchs« wurde bei einem Kuraufenthalt in Vulpera geboren. Frisch sah dort mit eigenen Augen, wie sehr unsere Gesellschaft überaltert und wie traurig die Vergreisung der Menschen ist. Er gründete daher in guteidgenössischer Manier einen imaginären Verein, dessen Ziel die freiwillige Selbsttötung seiner Mitglieder ist. Die heimlichen Statuten des Vereins sind ein »Handbuch für das Altern«. Was Frisch in der Folge an bitteren und skurrilen Einsichten über das Altern entwickelte, gehört zum Besten, was je zu diesem Thema geschrieben worden ist. Die Treffsicherheit der Beobachtungen und Selbstbeobachtungen ist phänomenal; Frisch war beim Abschluß des zweiten Tagebuchs gerade sechzig Jahre alt. Bei aller Schärfe des Blicks denunzierte er die alten Menschen nicht, sondern schmunzelte traurig-vergnügt über die unvermeidliche Vergreisung.

Die »Fragebogen« schließlich stellen ganz im Stil des beliebten Gesellschaftsspiels der Belle Époque scheinbar harmlose Fragen zu verschiedenen Themen wie Ehe, Altruismus, Frauen, Hoffnung, Humor, Geld, Freundschaft, Kinder, Heimat, Eigentum, Tod. Indem der Leser diese Fragen für sich zu beantworten versucht, verstrickt er sich immer tiefer in die Widersprüche der angeschnittenen Probleme und lernt auf spielerische Art, wie genaues Denken ohne Vorurteile funktioniert. Das vorsichtige Antasten und Umkreisen eines Themas und das Aufspüren seiner Widersprüche, diese besonderen Qualitäten von Frischs Denken, werden in den Fragebogen gewissermaßen als Pädagogikum und als Lust am Denken vorgeführt.

Vier verschiedene Schriftarten strukturieren das Textkorpus und signalisieren ein sublimes von Bezügen zwischen den verschiedenen Textarten.[156] Während das erste Tagebuch durch Phantasie, Spontaneität, Fülle und Buntheit der Geschichten besticht, so das zweite durch seine schriftstellerische Artistik und seine kalkulierte Komposition eines Zeitkaleidoskops: »Die Zeit wird dokumentiert, ihre Brechung in einem individuellen Bewußtsein ...«[157] Es ist ein reifes, ein reiches, ein weltgewandtes Bewußtsein, das sein Denk- und Schreibwerk souverän beherrscht – und dennoch schleicht sich angesichts dieser brillanten Bilanz auch Enttäuschung ein: eine Enttäuschung des Déja-vu, eine Enttäuschung über die Grenzen der Vitalität, der Phantasie, der Kühnheit und der Originalität dieses Autors. Das *Tagebuch 1966–1971,* das wie ein Schlußstein das Œuvre abschließt, hat einen leicht musealen Geruch: Es kollektioniert auf raffiniert-gepflegte Weise die Ansichten und Emotionen eines klugen, kalkuliert lebenden, stilsicheren, selbstbeherrschten Intellektuellen, es ist das Werk eines Autors, der seine Sätze auf die Goldwaage legt und sich mit einer Aura des modernen Klassikers umgibt. Volker Hage schreibt zu Recht: »Das *Tagebuch 1966–1971* zeigt Frisch auf einer neuen Höhe der Einblicknahme. Die Chefetagen und Salons der Mächtigen stehen ihm offen – zu Besuch. Ein Aphorismus belegt die Ironie, mit welcher er seine Rolle sieht: »Belletristik: Wenn es möglich ist, daß Leute, deren gesellschaftlicher Gegner man ist, sich unumwunden als Verehrer vorstellen.«[158]

Das Erscheinen des *Tagebuch 1966–1971* wurde von den meisten Kritikern begrüßt. »Das *Tagebuch* ist ein Pflichtstück für Frisch-Leser, für Zeitgenossen«, schließt die *Süddeutsche Zeitung* ihre Rezension.[159] »Ein höchst aufregendes, zugleich kunstvoll komponiertes und dem Zufall folgendes Tagebuch«, befand das *Deutsche Allgemeine Sonntagsblatt.*[160] Aber es gab auch schroffe Ablehnung: »Das *Tagebuch* ist ein großer Kramladen, ein Warenhaus, worin neben billigen Artikeln auch solche von Klasse zu finden sind.[161] Und: Frisch »führte den Abstieg der Literatur ins

Feuilleton für ältere Herrschaften vor«, meldete die *Frankfurter Allgemeine Zeitung*.[162]

Auffallend ist, daß keine Rezension Frischs Angebote zur politischen Diskussion aufnahm. Frischs ketzerische Gedanken zum Vietnamkrieg, zu Israel, zur US-Hegemonie, zum sowjetischen Imperialismus, zur Schweizer Politik ... sie alle schienen in den Wind gesprochen. Die Nichtannahme einer Auseinandersetzung war nun die Form der Auseinandersetzung. Die Zeit des politischen Auf- und Umbruchs ging zu Ende. Der Weg in die Innerlichkeit löste den Weg in die sozialistische Zukunft ab: Meditation statt Revolution, Drogen statt Utopien. Resigniert notierte Frisch im Februar 1971 zur 68er Bewegung: »Was ein revolutionärer Impuls gewesen ist, verkommt in Verinnerlichung, Verwahrlosung des Willens, Verwahrlosung des kritischen Bewußtseins. Wäre nicht die wachsende Kriminalität durch Drogensucht, die Macht-Inhaber brauchten sich nicht zu sorgen: ihre revolutionären Kinder zerstören sich selbst.«[163]

Mit dem zweiten *Tagebuch* hatte Frisch sich noch einmal ins politische Tagesgeschehen gestürzt. Den Winter 1972 verbrachte er im Tessin[164] und arbeitete an einer Erzählung mit einer völlig anderen, unpolitischen Perspektive: »Jetzt müßte es nur noch gelingen, nämlich: ein Tal zu erzählen.«[165] Der Text, an dem er rund sieben Jahre und mit vielen gescheiterten Anläufen gearbeitet hat, erschien 1979 unter dem Titel: *Der Mensch erscheint im Holozän* und gilt für gewöhnlich als Beginn des Alterswerks.

Im Dezember 1972 starb Frischs Halbschwester Emma Elisabeth Frisch, im Frühjahr zogen Max und Marianne nach Berlin um. Den Sommer verbrachten sie wiederum in Berzona und in der Bretagne. Trotz der vielen gemeinsamen Reisen und Projekte geriet die Beziehung in eine

Krise. Im Sommer 1973 wurde vorerst eine Trennung erwogen. Erst sechs Jahre später liessen sie sich scheiden. 1973 starb auch Ingeborg Bachmann. Ihr Tod war schrecklich: Sie war mit der brennenden Zigarette eingeschlafen und verbrannt. Frisch hat ihr in der Erzählung *Montauk* ein Denkmal gesetzt. Sein Fazit: »Ihre Herkunft kleinbürgerlich wie die meine; nur ist sie frei davon. Ohne Ideologie; kraft ihres Temperaments.«[166] Ebenfalls im Sommer 1973 begannen Max Frisch und Hans Mayer die Arbeit an der Herausgabe der *Gesammelten Werke* zum fünfundsechzigsten Geburtstag Frischs.[167] Mayer berichtete von langen Diskussionen, vor allem um die frühen Texte. Frisch hätte sie am liebsten weggelassen, der Herausgeber drängte auf Lückenlosigkeit: Schließlich habe man sich geeinigt und – mit Ausnahme des »mißglückten Romans« (Frisch) *Antwort aus der Stille* – nur Texte weggelassen, deren Gedanken in anderen Schriften schon einmal oder besser formuliert gewesen seien.[168]

Dienstbüchlein

Die im Vorjahr begonnene Erzählung *Der Mensch erscheint im Holozän* war wieder einmal in eine Sackgasse geraten, und Frisch hatte einen neuen Text in Angriff genommen: »Mein Herr Geiser liegt trocken in einem Fach, vergessen, nachdem ich ihm dann noch aus einer veränderten Erzählposition zugesetzt habe; er mag nicht mehr, und ich verstehe das. Und ich habe vorläufig Unterschlupf bei der simpelsten aller Erzählpositionen: ich schreibe grad auf, was beim Militär 1939–1945 war. Wie eigentlich? Ich kam drauf, weil ich von Landesverräter-Exekutionen etwas las.[169] Der Ton solcher Dokumente. Dieser heimatliche Ton. Und nun ging's wie mit einer alten Schublade, wenn man etwas nachsehen will, und da fällt die ganze Schublade heraus; ich habe mir mehr verschwiegen, als ich vermutet hätte. Der Effekt militärischer Rituale: die Unterwerfung, die man nachher verdrängt, durch systematische Entmündigung en detail. Also eine Art von schriftlicher Räumungsarbeit.«[170]

Zu räumen und zu revidieren war hier nicht weniger als Frischs Schweizbild der ersten fünfunddreißig Lebensjahre. Mit *Wilhelm Tell* hatte er die eine heilige Kuh des Schweizer Nationalismus geschlachtet, jetzt befaßte er sich mit der zweiten, der Schweizer Armee.[171]

Das *Dienstbüchlein,* »der Diminutiv ist offiziell«[172], trägt seinen Titel nach dem gleichnamigen graugebundenen Buch, das jeder Schweizer Rekrut erhält und das seine Diensttage, seine persönlichen und sanitarischen Daten, sein Ausrüstungsverzeichnis, seine militärische Einteilung, seine Auslandsurlaube, seine Auszeichnungen und Beförderungen etc. amtlich festhält.

Frischs *Dienstbüchlein* erinnert zum einen an die eigene Aktivdienstzeit von 1939 bis 1945, zum andern revidiert es seinen früheren Text *Blätter aus dem Brotsack*.[173] Schließlich bietet es eine bitterböse Analyse der Funktionsstrukturen und Verdummungsmechanismen von Armeen und Befehlshierarchien. Vor allem aber ist das *Dienstbüchlein* wohl die prägnanteste literarische Arbeit zur Eigenart schweizerischen Denkens und Handelns in der Kriegszeit.

Die Rolle der Schweiz im Zweiten Weltkrieg wurde zwar immer wieder, doch nie in breiten Kreisen diskutiert. Der Bericht Ludwig über die Schweizer Flüchtlingspolitik stand im Schatten der Ungarnereignisse von 1956/57, Edgar Bonjours *Geschichte der Schweizerischen Neutralität im zweiten Weltkrieg* fand ihre Leser vor allem im intellektuellen Publikum, Walter Matthias Diggelmanns, Alfred Häslers, Richard Dindos und Niklaus Meienbergs Arbeiten lösten vor allem Abwehrreaktionen aus. Erst die »Raubgold«-Kampagne des jüdischen Weltkongresses und der USA gegen Schweizer Banken und Versicherungen schuf in den letzten Jahren ein allgemeines Bewußtsein der Schweizer Komplizenschaft am nationalsozialistischen Unrecht. Frischs *Dienstbüchlein* gewann unter diesen Auspizien neue Aktualität.

Wie war damals – und wie ist immer wieder – soviel historische Blindheit und Verdrängung möglich? Frischs Antwort setzt bei der Analyse militärischer Strukturen an. Sie prägten entscheidend das damalige Denken. Grundlage jeder Armee ist, was fälschlicherweise Disziplin genannt wird: »Das Militär, wie ich es erfahren habe, verwechselt Disziplin mit Gehorsam ... Ein Maulesel, der seine Lasten trägt ... tut es aus der Erfahrung, daß er sonst geschlagen wird. Disziplin hat ihren Ansatz in einer Freiwilligkeit ... Disziplin heißt: man verlangt etwas von sich selbst. Das tut der Maulesel nicht. Das tut der Kanonier nicht, der von Tagwache bis Lichterlöschen entmündigt wird.«[174]

Dieser Entmündigung dient ein ausgeklügeltes System von Anordnungen und Verhaltensnormen. Etwa das »Ritual der permanenten Devotion« beim militärischen Gruß.[175] Oder die demütigende Bekleidung, das erzwungene Hordenverhalten, die strenge Kastentrennung zwischen Offizieren und Mannschaft, welche die Herrschaftsverhältnisse aus dem zivilen Leben perpetuiert und bis in die Alltagssprache hineinreicht. »Wir selbst nannten uns nicht Kameraden. Eine Bezeichnung, die unsere Offiziere gebrauchten: Sie führen jetzt Ihre Kameraden/Sie sind verantwortlich für Ihre Kameraden ...«[176] Oder der Gebrauch des »Wir«. Während der Offizier zu seinesgleichen von »meinen Leuten«, »meinem Zug« spricht, sagt der

Soldat »Wir«. »Unter besonderen Umständen sagte auch der Offizier: Wir. Dann wußten wir, daß er die Hosen voll hat.«[177] Gehorsam und Entmündigung dienten aber auch der persönlichen Entlastung: »Indem ich einfach gehorchte, ging mich alles nichts mehr an.«[178] – »Der Widerspruch, daß die Armee zur Verteidigung der Demokratie in ihrer ganzen Struktur antidemokratisch ist, erscheint nur als Widerspruch, solange man die Beteuerung glaubt, sie verteidige Demokratie [und nicht die herrschenden Besitzverhältnisse; U.B.], und das glaubte ich allerdings in diesen Jahren.«[179]

Zur Entmündigung des einzelnen Soldaten gehörte weiter die Entpolitisierung der Armee. Mit rückblickender Verwunderung stellte Frisch fest, daß Hitler, der Nationalsozialismus, die Kriegsgreuel zwar zum Teil bekannt, aber dennoch nie ein Thema in der Armee waren; weder in den Schulungen noch in den Mannschaftsgesprächen noch in den Lageberichten. »Ein politisches Feindbild wurde in unserer Armee, soweit ich es erlebt habe, nicht aufgebaut.«[180] Feind war, wer in die Schweiz eindringen wollte. »Dienst war Dienst, der Wehrmann ein Schweizer, der sein Vaterland verteidigt, unbekümmert um die friedlichen Besitzverhältnisse im Land. Wenn vom Feind die Rede war, genügte das militärische Feindbild, sozusagen ein neutrales Feindbild.«[181] Die »Devise war nicht Kampf gegen Faschismus, sondern Kampf für die Schweiz«.[182]

Auch die Sympathie mancher Kader aus Wirtschaft, Militär und Politik zu Hitlerdeutschland stand damals nicht zur Diskussion. »Im Dienst war es nicht zu erfahren, welche unserer hohen Offiziere damals fanden, daß gegen Adolf Hitler, sofern er unsere Neutralität nicht antastete, nicht viel zu sagen wäre, im Gegenteil: – Schluß mit den roten Gewerkschaften, gewisse Eindämmung der Juden, wobei Ungerechtigkeiten bedauerlich sind, anderseits ein gesunder Aufschwung, eine gesunde und tüchtige Jugend ...«[183]

Entmündigung und Entpolitisierung fand auch durch die Informationspolitik statt. Von den deutschen Judengreueln habe man zwar, so Frisch, das eine oder andere gerüchteweise gehört, ernsthaft geglaubt habe sie niemand. »Fast alle in der Mannschaft hielten es für Greuelmärchen, solange es nicht in unseren Zeitungen stand.«[184] Doch Presse und Film wurden staatlich zensiert, die Politik legte sich selbst den Maulkorb an, um Hitler »nicht zu provozieren«. Mangels besseren Wissens habe man auch die Verteidigungschancen der Schweizer Armee und die Reduitpolitik General Guisans[185] völlig unrealistisch überschätzt.

Die systematische Entmündigung des Denkens durch die militärische Situation bildete die Basis für die erfolgreiche Geschichtsverdrängung. Frisch beschrieb im *Dienstbüchlein* die wichtigsten Verdrängungen, welche die Schweiz nach dem Krieg im Ausland – keineswegs aber im Inland! – immer wieder in den Ruch einer oft feigen, stets profitablen Kollaboration mit dem Hitlerregime gebracht haben. Die Rede ist von Geld- und Waffengeschäften, von einer halbherzigen Flüchtlingspolitik, von strategischen Kollaborationen, die weit über das Erzwungene hinaus gingen ... Fakten, um derentwillen sich Frisch, wie es in der Schillerpreis-Rede hieß, seiner Heimat »in Zorn und Scham verbunden« fühlt.[186]

Frischs Fazit: »Ich bereue nicht, daß ich beim Militär gewesen bin, aber ich würde es bereuen, wenn ich beim Militär nicht bei der Mannschaft gewesen wäre; Leute meiner Schulbildung (Gymnasium, Universität, Eidgenössische Technische Hochschule) werden sonst kaum genötigt, unsere Gesellschaft einmal nicht von oben nach unten zu sehen.«[187] Aber »warum erinnere ich mich ungern? Ich sehe: Ich war ziemlich feige: ich wollte nicht sehen, was Tag für Tag zu sehen war.«[188] Und Frisch schloß das *Dienstbüchlein* mit dem Satz: »Ich wagte nicht zu denken, was denkbar war. Gehorsam aus Stumpfsinn, aber auch Gehorsam aus Glauben an eine Eidgenossenschaft. Ich wollte als Kanonier, wenn's losgeht, nicht draufgehen ohne Glauben. Ich wollte nicht wissen, sondern glauben. So war das, glaube ich.«[189]

Fünfzehn Jahre später beendete Frisch mit diesem Satz auch seinen letzten zu Lebzeiten publizierten Text *Schweiz ohne Armee?* In ihm revidierte er wiederum sein *Dienstbüchlein,* das seinerseits eine Revision der *Blätter aus dem Brotsack* war. Diese Revision in Lebenspermanenz zeigt deutlicher als jeder einzelne Text, wie zäh und unermüdlich Frisch seinem Land, seiner Herkunft in Liebe, aber zunehmend auch in »Zorn und Scham« verbunden war.

»Der rechte Schweizer«

Man täte dem *Dienstbüchlein* unrecht, verschwiege man über seinen politischen Passagen die literarische Qualität des Texts. Ein besonderer Leckerbissen ist Frischs Versuch, den »rechten Schweizer« zu beschreiben. Seit Gottfried Kellers Seldwyler-Geschichten dürfte die Mentalität der Deutschschweizer nicht so ironisch getroffen worden sein:

»Der rechte Schweizer kann ganz verschieden aussehen. Er muß nicht Turner sein, Schützenkönig, Schwinger usw., doch etwas Gesundes gehört zu ihm, etwas Männerhaftes. Er kann auch ein dicker Wirt sein; das Gesunde in der Denkart. Meistens erscheint er als gesetzter Mann, meistens als Vorgesetzter, der auch von einem Lehrling verlangen kann, ein rechter Schweizer zu sein. Was das ist, braucht man einem rechten Schweizer nicht zu erklären. Er selber erkennt sich als ein solcher … Es hat nichts mit dem Dienstgrad zu tun, so ist es nicht. Ein rechter Schweizer ist einer auch in Zivil, zum Beispiel am Stammtisch. Es hat nichts mit dem Einkommen zu tun. Der rechte Schweizer kann Bankier sein, das muß er aber nicht sein; auch als Hauswirt kann man ein rechter Schweizer sein, als Lehrer. Wer nicht wissen sollte, was ein rechter Schweizer ist, lernt es spätestens beim Militär. Die rechten Schweizer sind die Mehrheit … Der rechte Schweizer läßt sich nicht auf Utopien ein, weswegen er sich für realistisch hält … ein gewisser bäuerlicher Zug (nicht bäurisch!) gehört zum rechten Schweizer, ob er Rechtsanwalt oder Zahnarzt oder Beamter ist, mindestens in seiner Redeweise von Mann zu Mann. Ungern erscheint er urban, der rechte Schweizer … Manchmal hat man das Gefühl, der rechte Schweizer verstelle sich, um als solcher erkannt zu werden. Ausländer mögen ihn als grobschlächtig empfinden, das stört einen rechten Schweizer überhaupt nicht, im Gegenteil; er ist kein Höfling, macht keine Verbeugungen etc. … Der rechte Schweizer hat kein Minderwertigkeitsgefühl, er wüßte nicht wieso. Das Gesunde der Denkart: eine gewisse Bedächtigkeit, alles schnellere Denken wirkt sofort unglaubwürdig. Er steht auf dem Boden der Tatsachen, hemdsärmlig und ohne Leichtigkeit. Da der rechte Schweizer eben sagt, was er denkt, schimpft er viel und meistens im Einverständnis mit anderen; daher fühlt er sich frei … Obschon es auch rechte Schweizerinnen gibt, fühlt der rechte Schweizer sich wohler unter Männern … Es gibt einfach Dinge, die ein rechter Schweizer nicht tut, so wie Gedanken, die er nicht denkt, Marxismus zum Beispiel.«[190]

Das *Dienstbüchlein,* scheinbar ein Werk des Erinnerns und der »Vergangenheitsbewältigung«, entpuppt sich in solchen Texten als Gegenwartskritik: »Was man damals wie heute einen rechten Schweizer nannte« lautet der Einleitungssatz zur zitierten Passage. Es ging Frisch nicht um ein objektives Geschichtsbild, sondern um die Revision der eigenen, allerdings exemplarischen Geschichte im Lichte zeitgemäßer Erkenntnis. Um eine Standortbestimmung mithin.

Das *Dienstbüchlein* erschien im Frühjahr 1974 als Fortsetzungsgeschichte in der *Nationalzeitung Basel,* anschließend als Suhrkamp Taschenbuch. Daß der Text in der Schweizer Presse ungnädig aufgenommen würde, stand zu erwarten. Der Freund und Mitstreiter Niklaus Meienberg charakterisierte ihn zwar im *Tages-Anzeiger* als »ziemlich subversiv«[191], und die *Thurgauer Zeitung* fand ihn »sicher tendenziös ... Leider stimmt aber vieles, was er bemängelt.«[192] Hingegen verstand das Satireblatt *Nebelspalter* keinen Spaß an Frischs Armeesatire: »Das neue Büchlein« sei nicht subversiv, sondern »höchstens ... opportunistisch. Es liegt ja im Zuge der Zeit, daß man an nichts einen guten Faden läßt.«[193] Der Militärexperte Ernst Leisi formulierte seine Ablehnung in der *Neuen Zürcher Zeitung* vornehm reflektiert: »Wie kommt Frisch zu seinem doch recht negativen Geschichtsbild? ... Wahrscheinlich aus Idealismus. Er mißt, wie viele Idealisten, an dem utopischen Ideal einer absolut vollkommenen Gesellschaft. Damit verglichen wird dann alles Existierende schlecht, und zwar so schlecht, daß eine völlige Verhältnisblindheit eintritt.«[194]

Unverblümt fielen die Leserbrief-Reaktionen aus: »Dieser Schriftsteller gehört boykottiert«, befand ein Major W. in F. »Überlassen wir Boykotts ruhig den Sowjets und anderen Diktaturen«, replizierte treuherzig ein Herr Herzig: »Wer liest schon dieses ›Dienstbüchlein‹ des Opportunisten Frisch.«[195]

Die bundesdeutsche Presse stand dem *Dienstbüchlein* verständnislos gegenüber. Ihr fehlte das Wissen um die spezifisch schweizerische Relevanz und Mentalität des Textes. Ihre literaturkritischen Kategorien griffen daher ins Leere. »Das Büchlein ist törichter als man es befürchtet hat«, ereiferte sich der *Rheinische Merkur,* »Frischs eidgenössische Querelen … geben nämlich gar nichts her, menschlich nichts und im kritischen Wissen auch nichts.«[196]

Die *Schweiz als Heimat*

Am 12. Januar 1974 erhielt Frisch auf der Bühne des Schauspielhauses den Großen Schiller-Preis der Schweizerischen Schillerstiftung überreicht. Der Juryentscheid war intern und in der Öffentlichkeit nicht unumstritten. Frischs Demontage des Schillerschen Tellmythos war noch in bester Erinnerung. Insider kannten auch schon den Tenor des soeben fertiggestellten *Dienstbüchleins*.

Frisch, ansonsten die Höflichkeit in Person, bedankte sich auffällig knapp und nicht ohne Sarkasmus: »Ich danke der Schweizerischen Schillerstiftung für die hohe Ehre aus der Heimat, nicht ohne zu wissen um die ernste Verlegenheit des einen oder anderen Aufsichtsrates; um so ernster danke ich.«[197]

Wer eine Dankesrede zum Thema »Tell und Freiheit« erwartet hatte, sah sich getäuscht. Frisch sprach über »Heimat«. Dieser Begriff wurde (und wird) für gewöhnlich von konservativen und traditionalistischen Kreisen in Anspruch genommen. Die Linken hingegen galten (und gelten) als »Nestbeschmutzer« und »vaterlandslose Gesellen«. Heimat oder gar Heimatliebe steht ihnen, so das Vorurteil, nicht zu. Frischs Rede ist der Versuch, diesen politisch, historisch und mythisch hoch aufgeladenen Begriff nicht nur kritisch zu durchleuchten, sondern die Linke als seine legitimen Erben und Vertreter in der heutigen Zeit darzustellen.

Mit diesem ketzerischen Quid pro quo setzte Frisch eine Debatte in Gang, die bis heute nicht verstummt ist. Seit Frischs großer Schillerpreis-Rede heißt die Frage nicht mehr: Wer vertritt die Heimat, und wer ist ihr Feind?, sondern: Wer vertritt welche Interessen, wenn er behauptet, die Interessen der Heimat zu vertreten.

Heimat, so Frisch, habe viel mit Mundart zu tun: »Sie hält in uns das Bewußtsein wach, daß Sprache, wenn wir schreiben, immer ein Kunstmaterial ist.« Auch Landschaft und Quartier seien wichtig: »Landschaft als Szenerie gelebter Jahre«; ebenso Freunde, Lieblingsspeisen. Unwichtig hingegen wären Ideologien. »Außer Zweifel steht das Bedürfnis nach Heimat ... Trotzdem zögere ich zu sagen: MEINE HEIMAT IST DIE SCHWEIZ.«[198]

Und weiter erläuterte Frisch: Besonders eng liiert seien Heimat und Identität. Überall dort, wo die Entwicklung einer persönlichen Identität versäumt oder durch gesellschaftlichen Zwang verhindert worden sei, wuchere Chauvinismus: »Chauvinismus als das Gegenteil von Selbstbewußtsein. Der primitive Ausdruck solcher Angst, man könnte im eigenen Nest der Fremde sein, ist Xenophobie, die so gern mit Patriotismus verwechselt wird.«[199]

Heimat sei im übrigen kein ausschließlich positiv besetzter Begriff: »Zu meiner Heimat gehört auch die Schande, zum Beispiel die schweizerische Flüchtlingspolitik im Zweiten Weltkrieg ... Heimat ist nicht durch Behaglichkeit definiert. Wer Heimat sagt, nimmt mehr auf sich.

Wenn ich z.B. lese, daß unsere Botschaft in Santiago de Chile ... in entscheidenden Stunden und Tagen keine Betten hat für Anhänger einer rechtmäßigen Regierung, die keine Betten suchen, sondern Schutz vor barbarischer Rechtlosigkeit und Exekution (mit Sturmgewehren schweizerischer Herkunft) oder Folter, so verstehe ich mich als Schweizer ganz und gar dieser meiner Heimat verbunden – einmal wieder – in Zorn und Scham.«[200]

Mit diesem Satz, der »den einen oder anderen Verwaltungsrat« der Schillerstiftung in seiner »ernsten Verlegenheit« um die Preiswürdigkeit des Schriftstellers bestätigt haben dürfte, nahm Frisch bereits seine nächste politische Intervention vorweg.

Eineinhalb Monate nach der Schillerpreis-Rede protestierte Frisch mit einem offenen Brief gegen die Verschärfung der schweizerischen Asylpolitik gegenüber den chilenischen Flüchtlingen. General Pinochet hatte im Einverständnis mit den USA und den bürgerlichen Regierungen Europas die demokratisch gewählte Regierung des Sozialisten Allende gestürzt. Mit scharfen Repressionen, Folter, Inhaftierungen und Mord versuchte er den politischen Widerstand im Land zu brechen. Durch die Einführung des Visumzwangs verunmöglichte der Bundesrat vielen Verfolgten des Pinochet-Regimes die Flucht in die Schweiz. Die Regierung bekämpfte damit auch die Freiplatz-Aktion für Chile-Flüchtlinge, die verschiedene gesellschaftliche Organisationen ins Leben gerufen hatten.

Frisch wies auf den Widerspruch in der Behandlung von Flüchtlingen durch die angeblich neutrale Schweiz hin: »Die Asyl-Suchenden aus kommunistischen Ländern sind als Zeugen unmenschlicher Zustände willkommener, als die Asyl-Suchenden aus Chile: Zeugen unmenschlicher Zustände unter einer faschistischen Junta.«[201]

Frischs *Offener Brief an den Bundesrat* wurde zwar in der *Süddeutschen Zeitung* und in der *Frankfurter Rundschau* publiziert, Schweizer Zeitungen begnügten sich mit knappen Agenturauszügen. Die Zeit der großen politischen Debatten war vorbei. Der Bundesrat ignorierte den Brief. Frisch war deswegen nicht bloß persönlich gekränkt, er sah darin auch ein Signal für die Veränderung des Zeitgeists. Und er zog die Konsequenz. Abgesehen von einigen großen politischen Reden aus prominentem Anlaß hat Frisch sich in den Jahren nach dem *Dienstbüchlein* und der Schillerpreis-Rede weitgehend auf die Position des kritisch distanziert beobachtenden Intellektuellen zurückgezogen. Nach der jahrelangen intensiven Beschäftigung mit Politik, insbesondere mit der Schweiz, rückten literaturspezifische Probleme ins Zentrum der Aufmerksamkeit. Frisch beschäftigte sich mit neuen Themen, neuen radikalen Schreibweisen, mit Reduktions- und Kompressionstechniken, mit einem Rückzug auf die *littérature pure*.

Selbst Frischs Verlag, eine traditionelle Hochburg linker Autoren, machte in diesen Jahren einen Rechtsruck. Siegfried Unseld hatte den Suhrkamp Verlag Schweiz gegründet. Als die Zürcher Verlagsleitung eine Dokumentation der Geschichte der Schweizer Arbeiterbewegung herausgeben wollte, kam es zum Krach. Balthasar Reinhart von der Winterthurer Kaufmannsfamilie Reinhart, der die Hälfte des Suhrkamp Verlages gehörte, drohte mit Konsequenzen, Siegfried Unseld, der »zu dieser Zeit das Manuskript noch nicht kennt, gibt dem Wunsch von Balthasar Reinhart bedingungslos nach«.[202] Alle Schweizer Verlagsmitarbeiter traten zurück, Max Frisch und Adolf Muschg protestierten in der Öffentlichkeit, Frisch drohte mit der Kündigung seines Generalvertrags. Umsonst: Siegfried Unseld bewies, wer der Herr im Haus ist, und löste den Suhrkamp Verlag

Zürich kurzerhand auf – Trendwende auf der ganzen Linie.

Frisch blieb bei Suhrkamp.[203]

»Vom langsamen Wachsen eines Zorns«.
Ein Fazit

Frischs politisches Bild der Schweiz hat sich in drei großen Etappen entwickelt. In den dreißiger und bis in die vierziger Jahre hinein verstand sich Frisch als Schweizerdichter und Patriot im traditionellen Sinn: »Wir sind Schweizer, leidenschaftlicher denn je«, hatte er dem Karikaturisten Rabinovitch vorgehalten und vom Schauspielhaus Zürich rigoros die Reduzierung der Emigrantenliteratur zugunsten des einheimischen Schaffens verlangt.[204] Sein Schweizbild war, ganz im Sinn der Geistigen Landesverteidigung, defensiv und rückwärtsgewandt.

Mit zunehmender Dauer des Kriegs bekam das Bild Risse. Erste Zweifel an der Glaubwürdigkeit der politischen und militärischen Führung schlichen sich ein. Frisch lernte im Militärdienst die Unterschiede zwischen der sozialen Optik von »unten« und von »oben« kennen. Sein rückblickender Kommentar: »Ich wundere mich heute, wie viel man hat erfahren können, ohne es zu sehen.«[205]

Nach Kriegsende waren es vor allem die Emigranten am Schauspielhaus und Bert Brecht, die Frischs politischen Blick schärften. Brechts dialektische Meisterschaft im Marxismus war ihm zwar suspekt. Doch die politischen Kategorien, die er nun kennenlernte, schulten seinen Blick für die Antagonismen der bürgerlich-kapitalistischen Gesellschaft, eben jener Gesellschaft, in die er durch Heirat und Architektenberuf soeben selbst hineinwuchs. Erste Reisen ins Ausland relativierten sein Schweizbild, und er begann die Mentalität des Landes als spezifische Enge und Borniertheit zu empfinden. Er wünschte seinem Land Visionen, Utopien, große Zukunftsaufgaben – so z.B. in der Architekturpolemik *Achtung: die Schweiz!*.

Nach seiner Rückkehr aus Rom und mit dem Engagement für die Studentenbewegung radikalisierte sich Frischs Schweizkritik. Er übernahm zunehmend Begriffe und Denkansätze der politischen Ökonomie. Die Kritik der Schweizer Eigentumsverhältnisse als der Basis aller politischen Kritik rückt in den Vordergrund. Der Bundesrat und die Armeeführung, einst geistige und politische Garanten der schweizerischen Identität, mutierten von hohen Autoritäten zu Lakaien im Dienst anonymer, doch omnipotenter Wirtschaftsmächte. Frisch versuchte sich in dem Spagat, eine sozialistische Ökonomie und eine bürgerlich-parlamentarische Demokratie zusammenzudenken. Und immer wieder setzte er sich mit seiner Kritik zwischen die Stühle.

Schon 1968/69 war ihm aber auch die zunehmende Militarisierung und Dogmatisierung in der linken Bewegung suspekt geworden. Mitte der siebziger Jahre sah er die Idee eines »demokratischen Sozialismus« an den Realitäten der internationalen und nationalen Entwicklung gescheitert. Frisch fand in der Schweiz immer weniger Gehör.

Zur gleichen Zeit – und nichts kennzeichnet den Mentalitäts- und Entwicklungsunterschied besser – ehrte der sozialdemokratische Bundeskanzler Schmidt den weltberühmten Dichter, indem er ihn als Gast zum Staatsbesuch nach China mitnahm.[206] Einerseits Mißachtung und Verachtung in der offiziellen Schweiz – anderseits Ehrenmitglied der Academy of Arts and Letters sowie des National

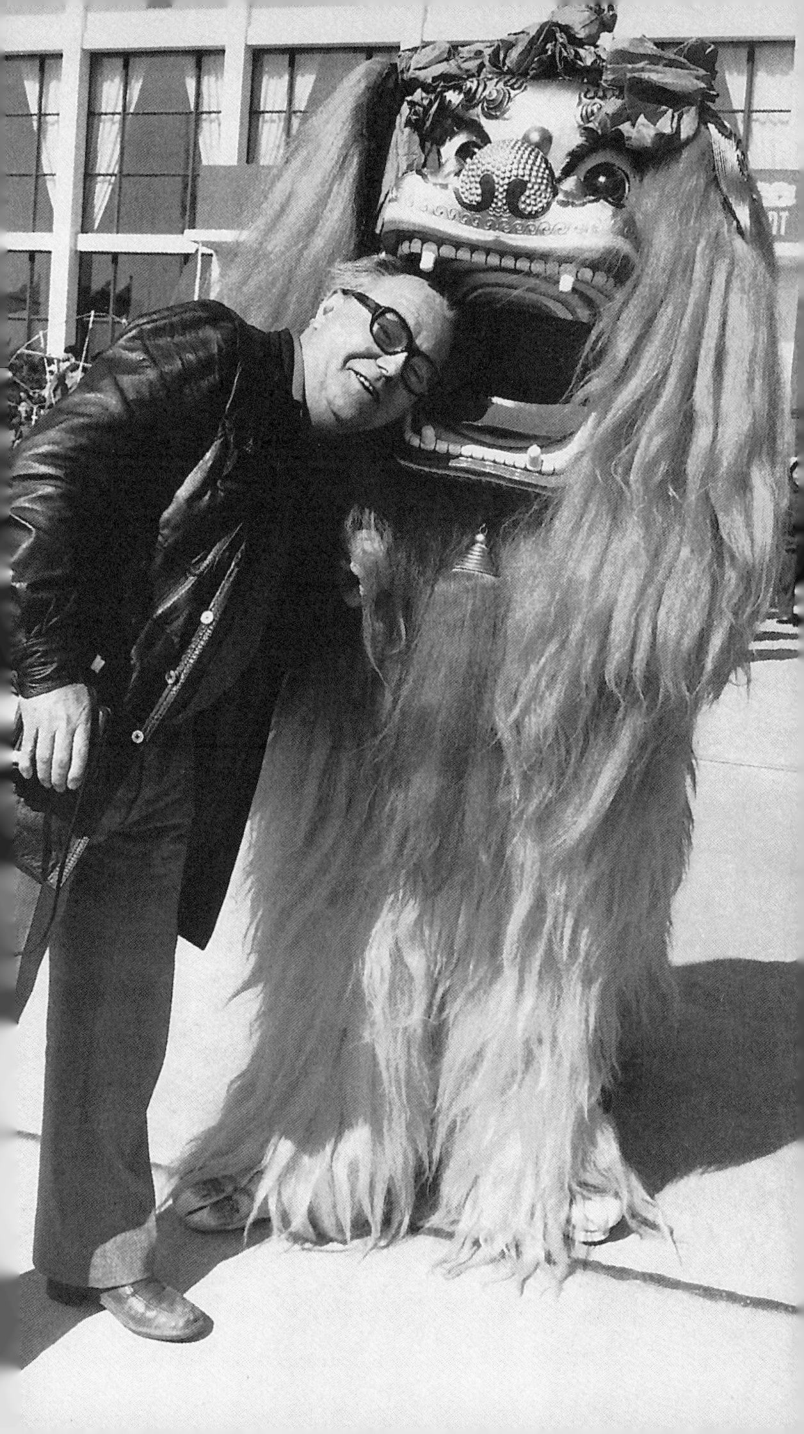

Institute of Arts and Letters in den USA. Es dauerte fünfzehn Jahre, bis Frisch sich wieder mit dem Thema Schweiz befaßte.

Mit der Schillerpreis-Rede hatte er eine wichtige Trennung vollzogen: Von nun an gab es Heimat in zweifacher Form: einmal als Eigentum einer kleinen Oligarchie, zum anderen als Heimat basisdemokratischer, fortschrittlicher, weltoffener Intellektueller und Werktätiger. Heimat hatte aufgehört, nach Kuhstall und Reaktion zu riechen.

»Ich bin nicht ganz allein«

Die letzten 16 Jahre
(1974–1991)

Nach seiner Rückkehr aus Rom war Frisch in wenigen Jahren zur Leitfigur der neuen Schweizer Linken avanciert. Adolf Muschg, Jörg Steiner, Peter Bichsel, Paul Nizon, Otto F. Walter, Franz Hohler, Niklaus Meienberg u.a.m. wurden von ihm beeinflußt. Doch der linke Aufbruch war von kurzer Dauer. Ein Großteil der Jugend resignierte vor der scheinbaren Unveränderbarkeit der Verhältnisse; ein kleiner Prozentsatz, nicht selten radikale Moralisten, versuchten »das System« mit terroristischen Anschlägen gewaltsam zu sprengen.

Der Staat reagierte mit einer massiven Verstärkung des Repressionsapparats. Eine rezessive Entwicklung der westeuropäischen Wirtschaft ab 1975 schürte die gesellschaftliche Verunsicherung. Stabilität, Sicherheit, Ruhe und Ordnung waren wieder gefragt. 1982, mit dem Sturz des sozialdemokratischen Bundeskanzlers Helmut Schmidt und der Inthronisation Helmut Kohls als konservativen Regierungschef begann die sogenannte »geistig-moralische Wende«. Die politische Restauration siegte auf der ganzen Linie.

In mehreren großen Reden zwischen 1976 und 1979 wandte sich Frisch – ohne allzuviel Hoffnung – gegen diese Restauration. Besonders in der Hysterie des »deutschen Herbstes« zeigen sie einen Frisch, der radikal, aber differenziert denkt und die Grundlagen der Demokratie einzumahnen versucht.

»Schutz der Demokratie durch Abbau der Demokratie«

Frischs Rede *Wir hoffen* zum Friedenspreis des Deutschen Buchhandels – ein Preis, den er 1976 nicht für sein literarisches Œuvre, sondern für seinen politischen Mut bekam – zog ein bitteres Resümee der Jahre 1968 bis 1976. »Die Jugend«, so Frisch, »die in den späten sechziger Jahren als Außerparlamentarische Opposition auftrat«, auch um die Resignation zu bekämpfen, die sich gegenüber dem »parlamentarisch-bürokratischen Apparat« breit gemacht hatte, habe inzwischen selbst resigniert. »Daß es gelungen ist, ... einen großen Teil der Jugend in die Resignation zu zwingen, ist kein Triumph für die Demokratie.«

Zur Diffamierung einer Person genüge »heute schon da und dort das Etikett: LINKS, wie es einmal genügt hat, vor langer Zeit zu sagen: ENTARTET ... Kein Femevord: nur eben eine Allergie gegen politisches Bewußtsein, das zu analysieren vermag.«[1]

Was heute stattfinde, sei »Schutz der Demokratie durch Abbau der Demokratie«. In Deutschland durch Gesetz (Radikalenerlaß), in der Schweiz durch stillschweigende Praxis. Möglich sei dieser Prozeß nur durch Aufbau eines Feindbilds, dieser »Projektion der eigenen Widersprüche auf einen Sündenbock«.[2] Die Verfemung einer Minorität führe jedoch zu dem »paradoxen Ergebnis, daß die Majorität sich dabei selbst entmündigt: – indem schließlich jedermann, der an solcher Verfemung nicht teilnimmt, weil sein Gewissen es ihm verbietet, sich selbst der Verfemung aussetzt ...«

Feindbilder dienen der Aufrechterhaltung einer »Herrschaft, die ohne Abschreckung nicht auskommt«.[3] Voraussetzung für den Frieden wäre der Abbau der Feindbilder.

Wer aber könne sich das innenpolitisch leisten? Ein solcher Abbau ginge nicht ohne Umbau der bestehenden Gesellschaften samt ihren Gewaltstrukturen in friedfertige, friedensfähige Ordnungen. »Eine friedensfähige Gesellschaft wäre eine Gesellschaft, die ohne Feindbilder auskommt«, wo Selbstverwirklichung und ein kreatives Leben höher gewertet sind als Profitstreben, wo Freiheit nicht das »Faustrecht für den Starken« als »Macht über andere bedeutet«.[4] – »Ob der Überlebenswille der Gattung ausreichen wird zum Umbau unserer Gesellschaft in eine friedensfähige, weiß ich nicht.«[5]

Nach diesem kritischen Blick auf die soziale Großwetterlage sprach Frisch pro domo: woher die Ressentiments gegen die Linke im eigenen Land? Woher das Trauma der revolutionären Studenten, die in keinem Land zu keiner Zeit die Staatsmacht wirklich gefährdet hätten? »Nicht die Arbeiterschaft ging auf die Straße oder besetzte die Universität; Söhne und Töchter des Bürgertums wollten wissen, worauf die Autorität in unserer Gesellschaft gegründet ist ... Dabei hat sich gezeigt: Was die Eigentümer-Macht, bisher ihrer Autorität gewiß, anzubieten hat außer einer Fülle von Konsumgütern, welche Perspektiven für eine humanere Welt, welche sittlichen Werte, die nicht durch die Praxis annulliert werden, ... ist dürftig.«[6] Fazit: »Das Ressentiment gegen die Linke, das zur Zeit das öffentliche Klima unserer Länder prägt und nicht zögert, jedes linke Projekt gleichzusetzen mit Gulag oder Baader-Meinhof, ist als Ressentiment der Eigentümer-Macht plausibel, aber auch anderen Leuten gefällig, da Ressentiment allemal bequemer ist als die Exerzitien politischen Bewußtseins.«[7]

Das sind starke Worte, doch Worte, gesprochen aus einer schwachen Position. Frisch wußte es. Voll resignativer Ironie schrieb er am 20. Oktober an Uwe Johnson:

»Die Rede ist gehalten, das Echo wirr, zum Teil wie erwartet. ›Sie Arschloch aus der Schweiz, vom Kommunismus gevögelt‹, schreibt einer, Absender: FUCK FRISCH. Willy Brandt reagierte positiv. Ein Korb voller Zuschriften. Theo Sommer, *Die Zeit,* nachsichtig mit der Feststellung, daß da eben ein Laie schwätzt. Zustimmung aus der DDR mit Zitaten: wobei gestrichen wird, was denen nicht paßt; dieselbe Fälscher-Methode in Moskau. Gleichzeitig hat der Bundesrat mich zu einem Ehren-Diner ... empfangen, um nicht hinter Walter Scheel zurückzustehen; ich bin hingegangen nicht ohne Hemmung, ganz ohne Lust, nicht ohne die Hoffnung, daß man, einmal im Gästebuch des Bundesrates eingetragen, bei Gelegenheit auch vorgeladen werden muß mit einer Beschwerde. Wir werden sehen.«[8]

Die Verketzerung kritischer Intellektueller als Terror-Sympathisanten war eine beliebte Diffamierung in den siebziger Jahren. Auch der Schweizer Justizminister Bundesrat Kurt Furgler, Rechtsanwalt und Brigadegeneral, spielte auf dieser Klaviatur beim Versuch, eine Bundessicherheitspolizei und ein Kriminalpolizeiliches Informationssystem politisch durchzusetzen.

Max Frisch griff im November 1976 das Thema in seiner Rede am Parteitag der Sozialdemokratischen Partei auf und warnte davor, Demokratie unter dem Vorwand der Terrorismusbekämpfung abzubauen. Ausgehend von bekannten Repressionen gegen Persönlichkeiten wie Niklaus Meienberg, Richard Dindo und Ernest Mandel wies er auf die Fragwürdigkeit von Meinungsfreiheit in der Schweiz hin. Alle großen Tageszeitungen der Schweiz seien, so Frisch, fest in bürgerlicher Hand. Gewerkschaften und linke Parteien, auch die Sozialdemokratie als größte Partei im Land, verfügten über keine eigenen Medien. »Die tägliche

Indoktrination, die der Abonnent sich kauft, bleibt um so unauffälliger, als eine Gegeninformation ihn gar nicht erreicht … Daß von drei Schweizer Bürgern nur noch einer von drei an die Urne geht, was ein Bankrott der direkten Demokratie ist, hat allerdings verschiedene Gründe; einer davon: Der Abbau der öffentlichen Kontroverse … Der Ausfall einer Gegen-Information in Presse und Schweizer Fernsehen führt zu einer Einschläferung; um nicht zu sagen: zu einer nationalen Verdummung … Das kann sich auch die Regierung nicht wünschen … Wir sind im Begriff, die Essenz unserer Demokratie zu verludern, wenn wir die Zeitungs-Inhaber bestimmen lassen, was wir lesen dürfen, was lieber nicht … Die Schweiz bewegt sich – und sogar rapid – in Richtung auf die Restauration.«[9]

Denselben Tenor schlug er ein Jahr später in seiner Rede vor den Delegierten des SPD-Parteitags in Hamburg an.[10] Frisch begann mit einer gegen die rechten Scharfmacher in der CDU/CSU gerichteten »Erklärung unserer Solidarität mit Heinrich Böll, Günter Grass, Jürgen Habermas, Hartmut von Hentig, Walter Jens, Siegfried Lenz, Luise Rinser, Martin Walser und allen, die als Vorbeter des Terrorismus zu verdächtigen nur einem Unwissenden möglich ist oder dem Polit-Lügner«.[11]

»Die Zukunft, so scheint es im Augenblick, gehört der Angst und nicht der Hoffnung auf Mehr-Demokratie. Diese unsere Hoffnung, die wir nicht aufgeben, gilt zur Zeit als Verharmlosung des Terrorismus, Angst als des Bürgers erste Pflicht.«

Frisch befürwortete durchaus eine harte Haltung gegen den Terrorismus: »Der Terrorismus ist nur abzufangen, wenn die Terroristen einmal wissen, daß der Staat auf ihre Erpressung niemals eingeht, d.h. daß Geiselnahme ein Verbrechen und Mord ohne politische Effizienz bleiben.«[12]

Eine solche Härte, die auch Opfer an Menschenleben in Kauf nimmt, sei aber nur gerechtfertigt, wenn der Staat »in keinem anderen Fall und in gar keinem Fall eingeht auf Erpressung, auch nicht auf stille Erpressung durch den Besitz der Produktionsmittel, und wenn er, ferner, an keinem anderen Menschenhandel irgendwo auf der Welt beteiligt ist«, wenn er sich auf einen »Menschenrechtsstaat« verpflichtet und auf »Mehr-Demokratie«.[13]

Das sind ebenso richtige wie hilflose Worte angesichts einer zunehmenden Konzentration der Produktionsmittel in den Händen transnationaler und jeder demokratischen Kontrolle entzogenen Konzerne.

Die meisten Terroristen seien, so Frisch, junge Menschen, und er frage sich deshalb: »Wie unschuldig ist unsere Gesellschaft an der Wiederkunft des Terrorismus?«[14] Was bietet sie den Jungen Lebenswertes an »außer der Einladung zum fröhlichen Konsum als Voraussetzung für Wirtschaftswachstum?« »Mehr-Demokratie«, so sein Rezept, wäre ein Ziel »über die eigene Konsumperson hinaus«. Es würde bedeuten, »daß Politik mehr sei als die Fortsetzung des Geschäfts mit anderen Mitteln: Politik als Entwurf ... eines Zusammenlebens der Menschen, das Menschwerdung fördert und, im Gegensatz zur Profit-Schlacht aller gegen alle, Lebenswerte stiftet«.[15] – »Solange keine Hoffnung besteht, eine Gesellschaftsordnung zu verändern durch Mitbestimmung des Volkes, werden wir dem Terrorismus ausgesetzt sein, den wir verurteilen.«[16]

Reden ins politische Vakuum

1969 hatte Frisch angriffig-konkret, fordernd und zuversichtlich gesprochen. Seine Sprache klang frisch, direkt, zielgerichtet. Zehn Jahre später war die Rede bitter, rechtfertigend, verteidigend und voll abstrakter Formulierungen. Klug waren beide Redeweisen. Doch damals sprach Frisch für ein junges Publikum, das seine Worte begeistert in Taten umsetzte, jetzt sprach er in ein Vakuum. Seinen Worten waren die historischen Hände und Füße abhanden gekommen. In einem Gespräch mit Fritz J. Raddatz äußerte er sich sprachskeptisch: »Ich bezweifle langsam, daß wir an die politischen Probleme heute überhaupt herankommen mit dem überlieferten Vokabular. Das ist verbraucht. ... Und das gilt nicht allein für das marxistische Vokabular.«[17]

Als Uwe Johnson 1975 zum fünfundzwanzigjährigen Bestehen des Suhrkamp Verlags den Max-Frisch-Reader *Stichworte* publizierte und ein Jahr später Hans Mayer zu Frischs fünfundsechzigstem Geburtstag die sechsbändige Werkausgabe vorlegte[18], da stand Frisch zwar im Zenit seines Ruhms – zugleich aber auch auf dem Denkmalsockel eines modernen Klassikers. Frisch zog sich mehr und mehr zurück.

Die junge Generation, die Anfang der achtziger Jahre revoltierte, interessierte sich nicht mehr für Frischs Analysen. Sie hatte den Glauben an eine vernünftige und friedliche Veränderung der Gesellschaft ebenso verloren wie den Glauben an eine sozialistische Utopie. Autonomie, Anarchie, Gewalt schienen ihnen der einzig gangbare Weg. Frisch betrachtete diese Jugend amüsiert und interessiert und freute sich an ihrer wilden Phantasie. Eine politische Perspektive sah er bei ihr kaum.

Gar keinen Zugang fand Frisch zu jener systemkonformen Spezies Jugendlicher, die sich anschickte, als Yuppies und Double-income-no-kids-Karrieristen oder als *beautiful young people* mit Hurra ins kapitalistische Profitgeschäft einzusteigen. Ihre heilige Dreieinigkeit hieß nicht mehr

Freiheit durch Gleichheit und Brüderlichkeit, sondern *joy* durch *money* und *shareholder value*. Frisch hielt gegen allen Zeitgeist an seinen Überzeugungen fest. In seiner Definition des Intellektuellen schrieb er: »Eine gewisse Intelligenz haben viele ... Offenbar ist es nicht die Intelligenz allein, die einen Intellektuellen ausmacht ... Das Interesse des Intellektuellen ist ... das Interesse an der Wahrheit, das unstillbare Verlangen nach Erkenntnis der Dinge, und zwar auch dann, wenn diese Erkenntnis ... peinlich ist und unserem Privat-Interesse nicht dienlich.«[19] Und weiter: »Was hatte Kopernikus von der peinlichen Erkenntnis, daß die Sonne sich nicht um die Erde dreht? Unannehmlichkeiten; ... Daß das Interesse des Intellektuellen ...der Wahrheit gilt, besagt noch nicht, daß er sie allemal erkenne; schon dieses Interesse aber ist ein Ärgernis – begreiflicherweise; es irritiert den Bürger, der als Wahrheit ausruft, was im Augenblick zu seinem Vorteil ist. Ich betone: im Augenblick!«[20]

Montauk

Nicht nur politisch, auch literarisch hat sich Frisch zunehmend sparsamer betätigt. Abgesehen von kleinen Gelegenheitstexten publizierte er 1975 die Erzählung *Montauk;* 1978 *Triptychon. Drei Szenische Bilder;* 1979 die große Erzählung *Der Mensch erscheint im Holozän,* an der er neun Jahre gearbeitete hatte; 1982 den Prosatext *Blaubart*. Dann verstummte er für viele Jahre ganz.

Als 1973 die Beziehung mit Marianne Frisch in eine Krise geraten war, reiste Frisch im Frühjahr 1974 für zwei Monate allein nach New York. Die Verlegerin Helen Wolff hatte ihn zu einer Vortragsreise eingeladen und ihm zur Betreuung die 1943 geborene Alice Locke-Carey zur

Seite gegeben. Der dreiundsechzigjährige Frisch und die zweiunddreißig Jahre jüngere Frau freundeten sich an und verbrachten im Mai ein gemeinsames Wochenende in Montauk, einem kleinen Küstenort auf der Spitze von Long Island.

Montauk erzählt im wesentlichen diesen Wochenendausflug sowie die wenigen Tage darauf bis zur Rückreise nach Europa. Frisch empfand die neue Beziehung, die sich ohne Anspruch auf Zukunft den Freuden des Tages widmete, als angenehm unbeschwert, leicht, heiter. Lynn, so der Name der jungen Frau in der Erzählung, »wird kein Name für eine Schuld«[21]. Man fährt Auto, stromert durch die Landschaft, ißt, spielt Ping-Pong, plaudert, schläft zusammen. Man hat Zeit, Muße, ist entspannt, und Frisch läßt, im Strandstuhl sitzend, Füße im Sand, die Hände im Nacken verschränkt, seine Gedanken in die Vergangenheit schweifen.

Die zwanglos assoziierten Erinnerungen bilden eine zweite Schicht der Erzählung. Es sind durchwegs autobiographische Erinnerungen, Bilder aus der ärmlichen Kindheit, erste Theatereindrücke, ein umfangreiches Porträt des Jugendfreunds und Förderers Werner, eines Sprosses der reichen Zürcher Verlegerfamilie Coninx, die Geschichte der ersten großen Liebe zu einer Kommilitonin aus bürgerlich-intellektueller, deutsch-jüdischer Familie (Käte Rubensohn), Erfahrungen als Architekturstudent und junger Architekt, die Heirat mit der großbürgerlichen Trudy von Meyenburg, das erste Kind, die Scheidung, die verpaßte Vaterrolle.

Zum ersten Mal äußerte Frisch sich auch ausführlich über seine schwierige Beziehung zu Ingeborg Bachmann, beschrieb ebenso die erste Begegnung in Paris wie die zahlreichen Zerwürfnisse, die sexuelle Freizügigkeit Bachmanns und die quälenden Eifersuchtsanfälle Frischs. Sein Fazit: »Was es nie gewesen ist: Ehe als Häuslichkeit in Kleinmut.«[22]

Auch die Ehefrau Marianne Frisch-Oellers wird ausgiebig erinnert, während Frisch seine Begleiterin Lynn zwar nicht voll Liebe – »verliebt ist er nicht« –, doch mit »Wohlgefallen« mustert. Der Leser erfährt das erste Zusammentreffen mit der jungen Studentin in Rom, den gemeinsamen Umzug in die Schweiz, Kauf und Renovation des Hauses in Berzona, die zahlreichen Reisen, Mariannes Ehebruch, die Trennung, das Leiden an der Trennung. Festgehalten ist auch der Tod der neunzigjährigen Mutter, die ihrem fünfundfünfzigjährigen Sohn »nicht ohne Strenge« gesagt hatte: »Du sollst nicht immer über Frauen schreiben, denn du verstehst sie nicht.«[23]

Frisch: »Manchmal meine ich sie zu verstehen, die Frauen, und im Anfang gefällt ihnen meine Erfindung, mein Entwurf zu ihrem Wesen; zumindest verwundert es sie, wenn ich in ihnen sehe, was meine Vorgänger nicht gesehen haben. Damit gewinne ich sie überhaupt. NIE HABE ICH MIT EINEM MANN SO SPRECHEN KÖNNEN, WIE MIT DIR, das habe ich mehr als einmal gehört, bei Abschieden ... Mein Entwurf hat etwas Zwingendes. Wie jedes Orakel ... Natürlich habe ich nicht für jede Frau den gleichen Entwurf. Es läßt mir keine Ruhe, ich muß wissen, wen ich liebe ... es muß an mir liegen, wenn ähnliche Verhaltensweisen wiederkehren, oft sogar haargenau. Dabei fehlt es, so meine ich, nicht an Fantasie; ich erfinde für jede Partnerin eine andere Not mit mir ... Ob es mich peinigt oder beseligt, was ich um die geliebte Frau herum erfinde, ist gleichgültig; es muß mich nur überzeugen.«[24]

Ob seine Erfindungen auch den Frauen gleichgültig sind, vor allem wenn er sie publiziere, schien Frisch nicht

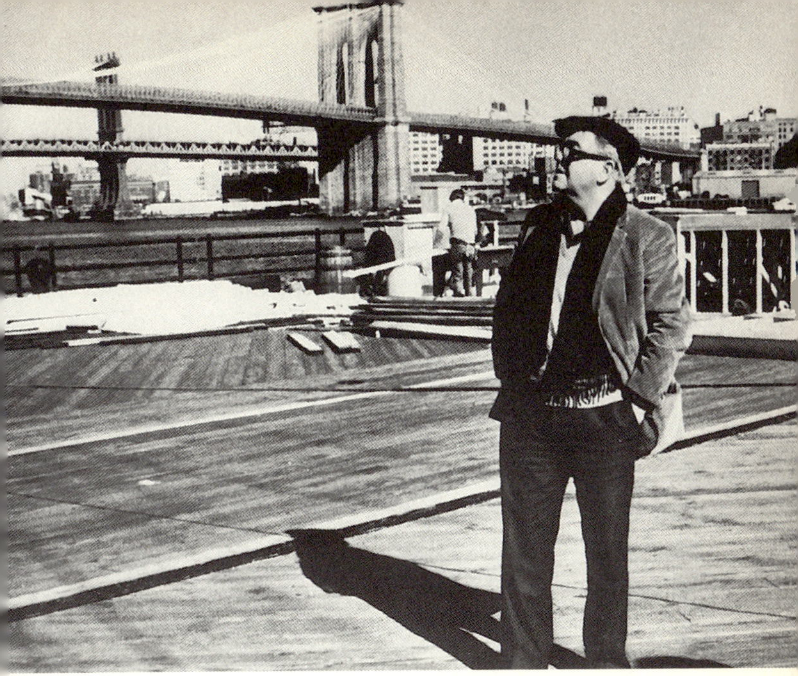

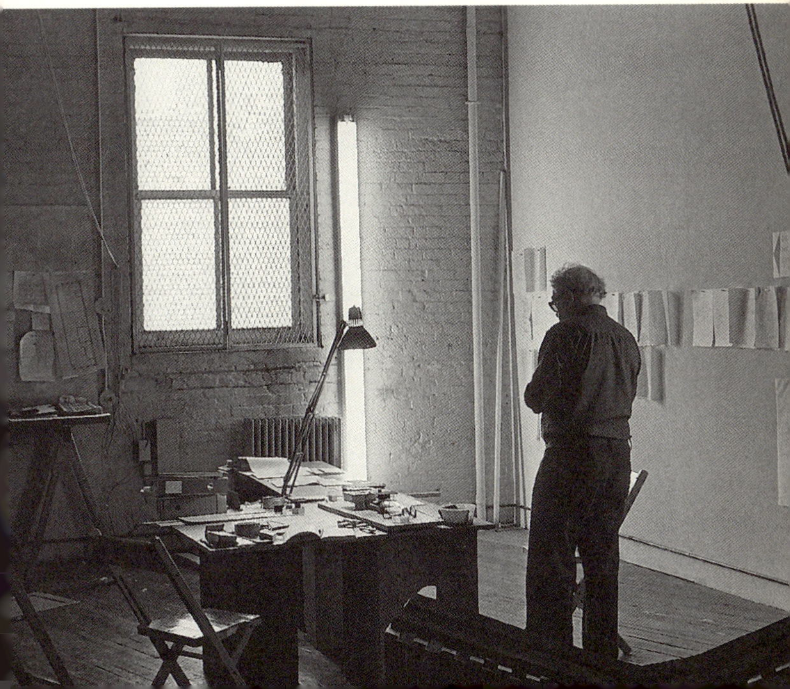

zu kümmern. Dafür hielt er fest: »Vier Abtreibungen bei drei Frauen, die ich geliebt habe. Dreimal ohne Zweifel, daß es richtig war. Nie ohne Schrecken. Die Rolle des Mannes dabei, der den Arzt bezahlt.«[25] – »Mein Laster: MALE CHAUVINISM«, heißt es an anderer Stelle.[26]

Auch Alice/Lynn wird vorgestellt. Sie könnte einem Frisch-Roman entsprungen sein: jung, leichtfüßig, langbeinig, schmalhüftig, rothaarig, klug, spöttisch, hellhäutig. Der erste Kuß, die erste gemeinsame Nacht, das »Versagen seines Körpers« in der letzten Nacht vor der Abreise, ihre Periode, ihre Brille, ihre gescheiterte Ehe ... Alice Locke alias Lynn als veröffentlichte Person ...

Als dritte Schicht der Erzählung finden sich subtile Reflexionen, unter anderem zu Alter, persönlichen Empfindlichkeiten, Ruhm, Erfolg, Geld, vor allem aber zur Literatur: »Da Lynn nichts gelesen hat, was ich veröffentlicht habe, genieße ich es, einmal lauter Gegenteil zu reden: – Politik kümmert mich überhaupt nicht, Verantwortung des Schriftstellers gegenüber der Gesellschaft und das ganze Gerede, die Wahrheit ist, daß ich schreibe, um mich auszudrücken. Ich schreibe für mich. Die Gesellschaft, welche auch immer, ist nicht mein Dienstherr, ich bin nicht ihr Priester, oder auch nur Schulmeister. Öffentlichkeit als Partner? Ich finde glaubwürdigere Partner ... Lynn protestiert gar nicht; es klingt überzeugender (auch für mich) als erwartet.«[27]

Montauk nimmt auf den ersten Blick eine Sonderstellung in Frischs Werk ein. Das Eingangsmotto, es stammt von Montaigne, deklariert die Erzählung als autobiographischen Text: »DIES IST EIN AUFRICHTIGES BUCH, LESER, ES WARNT DICH SCHON BEIM EINTRITT, DASS ICH MIR DARIN KEIN ANDERES ENDE VORGESETZT HABE, ALS EIN HÄUSLICHES UND PRIVATES ... ICH BIN ES, DEN ICH

DARSTELLE. MEINE FEHLER WIRD MAN HIER FINDEN, SO WIE SIE SIND, UND MEIN UNBEFANGENES WESEN, SOWEIT ES NUR DIE ÖFFENTLICHE SCHICKLICHKEIT ERLAUBT ... SO BIN ICH SELBER, LESER, DER EINZIGE INHALT MEINES BUCHES ...«[28]

Daß Frisch sich selbst immer wieder zum Thema seiner Literatur gemacht hat, ist nicht neu. Daß in autobiographischer Manier etwas Wahrhaftiges über sich auszusagen sei – und Wahrhaftigkeit war die Grundmaxime all seines Schreibens –, hatte er stets bestritten. Woher der plötzliche Gesinnungswandel?

Unter dem Titel *Vom Schreiben in Ich-Form* notierte Frisch im *Tagebuch 1966–1971*: »Bemerkenswert das Verfahren von Norman Mailer in HEERE AUS DER NACHT: er beschreibt sich als Demonstrant vor dem Pentagon ... in Er-Form. Norman Mailer schreibt: Norman Mailer lachte, in diesem Augenblick zögerte er, auch Norman Mailer ließ sich jetzt von der Menge drängen usw. ... Das Verfahren gibt dem Schreiber unter anderem die Möglichkeit, auch noch die Selbstgefälligkeit zu objektivieren. Das leistet die direkte Ich-Form nicht, die, wenn sie dasselbe lieferte, einen Zug zum Masochismus hätte ... Im Sinn der Beicht-Literatur (maximale Aufrichtigkeit gegenüber sich selbst) vermag die Er-Form mehr.«[29]

Montauk ist über weite Strecken in Mailers persönlicher Er-Form geschrieben, zuweilen auch in jenem Ich, das sich, wie schon im *Gantenbein,* Gedanken über das erzählte und erzählende Er macht. In *Stiller, Homo faber* und *Gantenbein* hatte Frisch die Fiktionalität im Erzählprozeß systematisch auf die Spitze getrieben und alle Realität in Fiktion aufgelöst. *Montauk* ist Endpunkt und Gegenpol: Realität wird wie Fiktionalität behandelt: was war, ist ebenso Tatsache wie Dichtung. Erzählt wird allerdings

»unter Kunstzwang«. Das Material der Erzählung mag authentisch sein, es wird jedoch nicht als Material wiedergegeben; sondern nach den Regeln der Kunst umgeformt, arrangiert, verdichtet, gewichtet – nicht anders, als dies bei fiktionaler Literatur der Fall wäre. Wer den autobiographischen Hintergrund nicht kennt, liest *Montauk* als fiktionale Literatur.

Peter Bichsel schrieb: »›Aufrichtig‹ meint hier vor allem Rücksichtslosigkeit, der Versuch, so zu schreiben, wie man denkt, die Angst vor der Blamage zu verdrängen, so zu schreiben, wie man sich immer vorstellt, daß man schreiben könnte. Es wird ein großes Buch sein, wenn sein Hintergrund – Personen, Biographien – von keinem Interesse mehr sein wird.«[30]

Uwe Johnson hat den Zusammenhang von Fiktion und Wahrheit auf den Punkt gebracht: Frisch sei es gelungen, »aus dem eigenen Leben mit Mitteln der Literatur ein Kunstwerk herzustellen, ohne der Form noch dem Inhalt Gewalt anzutun«. Und er sah richtig, daß Frisch mit dieser erzähltechnischen Variante einen extremen Versuch unternommen habe: »Ästhetisch hat er sich da in eine Ecke geschrieben, wie wir Angelsachsen sagen ... In dem Maß, wie die Entwicklung der Form die Entwicklung der Erkenntnisfähigkeit widerspiegelt, wird er es in der nächsten Zeit, eine Weile lang, hübsch schwer haben.«[31] Die hübsche Weile sollte fünf Jahre dauern.

Sich selbst »unter Kunstzwang« erzählen ist die eine Seite, »nicht ohne alle Rücksicht auf die Menschen, die er beim Namen nennt«, eine andere. *Montauk* hat bei den »Erzählten« viel böses Blut erzeugt. »Woher nehme ich das Recht, die anderen auszuplaudern?« hatte sich Frisch im *Tagebuch 1966–1971* gefragt.[32] Die in *Montauk* »Ausgeplauderten« gaben die Frage an ihn zurück.

Trudy Frisch-von Meyenburg kam sich »öffentlich ausgezogen« vor[33], Käte Schnyder-Rubensohn fand es »wenig nobel«, sich auf diese Weise behandelt zu sehen, und Marianne Frisch-Oellers, die ihm erklärt hatte: »ICH HABE NICHT MIT DIR GELEBT ALS LITERARISCHES MATERIAL; ICH VERBIETE ES, DASS DU ÜBER MICH SCHREIBST« – Frisch zitierte ihren Ausspruch in *Montauk* und ignorierte ihn zugleich[34] –, reagierte vehement: »Ich stelle mich ja auch bloss«, hat er mir erklärt. Aber ich hielt dagegen: es ist ein Riesenunterschied, ob ich ›ich Esel‹ oder ›Du Esel‹ sage, ob ich mich freiwillig selbst darstelle, oder jemand anders mich ohne mein Einverständnis darstelllt.«[35] Frisch bat Uwe Johnson um Vermittlung, und Johnson verfaßte einen dreiseitigen Brief an Marianne, worin er ihr die spezifischen literarischen Qualitäten von *Montauk* vor Augen führte. Marianne replizierte souverän mit literaturwissenschaftlichen Bedenken.[36] Frischs unwirscher Kommentar: »Marianne kann sich scheiden lassen: Literatur als Ehebruch ...«[37] Und wenig später: »Ich bestehe darauf, daß *Montauk* ... publiziert wird.«[38]

Die öffentlichen Reaktionen auf die Erzählung *Montauk* waren überwiegend positiv. Marcel Reich-Ranicki lobte in höchsten Tönen: »Es ist sein intimstes und zartestes, sein bescheidenstes und gleichwohl kühnstes, sein einfachstes und vielleicht eben deshalb sein originellstes Buch ...«[39] Und Joachim Kaiser dekretierte kurzerhand: »An diesem Buch darf kein Frisch-Freund, kein Zeitgenosse vorbei.«[40] – »Ein peinvolles, aber kein peinliches Buch«[41], »dieses Buch ... zeigt Frisch auf einer neuen Stufe seines Könnens«, so und ähnlich lauteten die Reaktionen.[42] Schulmeisterlich hingegen krittelte der Schriftstellerkollege Dieter Fringeli in den *Basler Nachrichten*: Frisch »erlaubt sich Schludrigkeiten, die man jedem anderen Prosaisten böse ankreiden würde.« Und nach Zitat eines Frisch-Satzes: »Das ist doch – Stilprinzip hin oder her – miserables Deutsch.« Auch inhaltlich paßt ihm der Text nicht. »Seine Notizen in Sachen Liebe und Leben gehen letztlich nur einen einzigen Menschen etwas an: Max Frisch ... Das Buch ist wirklich zu häuslich, ja zu hausbacken.«[43]

Triptychon. Drei szenische Bilder

1968, nach dem wenig erfolgreichen Versuch, mit *Biografie* eine neue Dramaturgie zu schaffen, hatte Frisch sich vom Theater abgewandt. In einem Interview berichtete er: »Nach BIOGRAFIE: EIN SPIEL ... fühlte ich mich in einer Sackgasse, schon dieses Stück war ein Versuch, daraus herauszukommen ... es geht darum, daß ich mich in der Parabel nicht mehr wohlgefühlt habe ... Die Parabel hat doch immanent etwas Didaktisches; sie will etwas zeigen, oder die Form drängt dazu ... die Form zwingt zu einer Message, die mir gar nicht so sehr am Herzen liegt ... Ich wollte etwas darstellen und nicht etwas diktieren oder belehren. Als ich das wußte, wollte ich aus der Parabel heraus, versuchte dann dieses Stück *Biografie: Ein Spiel,* mit etwas großen Worten, eine Dramaturgie der Permutation, der Möglichkeiten. Ich habe dann gesehen, daß ich dort nicht sehr viel weiterkomme, habe dann das Theater gelassen. Es ist das eingetreten, daß ich wirklich keine Lust mehr hatte am Theater ... Dann habe ich also nur noch Prosa gearbeitet – und dann drei Dialoge. Ich habe für mich eine Arbeitshypothese aufgebaut, die ich mir auch geglaubt habe, die ich nicht durchschaut habe, die Hypothese nämlich, daß ich Dialoge schreibe und nicht ein Theaterstück ... Wenn ich nämlich an Theater denke, so werde ich nicht frei von der eigenen Theatererfahrung, die ja doch eine ziemlich lange war und eine große; ich wollte frei davon sein.«[44]

Im Frühjahr 1976 hatte Frisch im Atelier eines Freunds, des Bildhauers Gottfried Honegger, in Gockhausen bei Zürich am neuen Text zu arbeiten begonnen. In einem Brief an Johnson läßt er sich bei der Arbeit sozusagen über die Schulter blicken: »... viel Platz, Werkstatt mit fremdem Gerät, eine lange leere Wand, wo ich meine Blätter anheften kann, und das ist gut, sonst kommt in meinem schlechten Gedächtnis alles durcheinander, hier kann ich, Hände in den Hosentaschen vor der Wand stehen ... und die Scenenskizzen in ihrer Reihenfolge umhängen, um ihren Stellenwert zu ändern, mit Reißnägeln ... Komposition als schlichtes Handwerk.« Und es folgt eine der seltenen ganz persönlichen Mitteilungen an den Freund: »Nicht gut ist die regelmäßige Müdigkeit über Mittag; sie erinnert mich an den alten Suhrkamp, der mir sagte, daß er nur noch vier Stunden am Tag arbeitsfähig sei, und ich fand es schrecklich ... Es ist nicht schrecklich, aber lästig. Schübe von körperlicher Müdigkeit ...«[45] Frisch wurde im Mai dieses Jahres fünfundsechzig, und er spürte sein Alter auch psychisch: »Ich bin froh, daß ich jetzt, nachdem Hans Mayer sein Nachwort des Herausgebers überarbeitet hat, auch mit der WERKAUSGABE nichts mehr zu tun habe; es war doch ein melancholisches Geschäft, nicht funeral, aber lähmend. So viel Ballast, nicht nur literarischer, kommt da zum Vorschein. Umso notwendiger die leere Wand in Gockhausen ...«[46]

Was hier an der leeren Wand in Gottfried Honeggers Atelier begann, sollte etwas Statisches, Starres, Todähnliches, eine Art szenischer Bilder werden mit dem gemeinsamen Thema: Tod. Dabei dachte Frisch durchaus nicht bloß an Verstorbene: »Es geht in diesem Stück um das

Tödliche vor unserem klinischen Tod. Und das fängt eben schon früh an. Schauen Sie sich Gesichter an: Das Tödliche beginnt, wenn jemand nicht mehr umdenken kann.«[47]

Die assoziative Leichtigkeit und die unverstellte »Wahrhaftigkeit«, die schon *Montauk* ausgezeichnet hatten, waren auch Ziel für den neuen Text. Drei Jahre lang hat Frisch daran gearbeitet. Allein vom zentralen Mittelbild liegen zwölf Fassungen vor. Sukzessive hat Frisch den Text gekürzt, komprimiert, thematische Bezüge zu anderen Werken sowie Schlüssel zur Interpretation eliminiert.[48] Dadurch wurde der Text immer schlichter, aber auch hermetischer, geheimnisvoller.

Das erste, kurze Bild zeigt eine Trauergesellschaft nach der Beerdigung im Haus der Witwe. Die wortkarge Verlegenheit der Gäste, ihre Unfähigkeit, mit dem Tod umzugehen, kontrastiert mit der monologischen Geschwätzigkeit der Witwe. Sie überzieht den verstorbenen Gatten mit Vorwürfen des häuslichen Kleinmuts und läßt so die sechsundzwanzigjährige Eheeinöde wieder aufleben: »In deinem Testament steht kein einziges Liebeswort ... Wieso bin ich deine Frau gewesen? ... Was habe ich mir alles gefallen lassen, Matthis, bloß damit wir zusammen bleiben.«[49]

Der zweite, umfangreiche Mittelteil führt ins Totenreich: Ostern am Styx hatte es einmal geheißen und den christlichen Auferstehungsglauben mit dem antiken Totenreich zusammenzudenken versucht. Frischs Totenreich ist ein öder heller Platz an einem kanalisierten schmutzigen Flüßchen (ein Kloakenstyx). Roger, ein junger Mann, formuliert im ersten Bild die Grundidee: »Ich bezweifle nicht, daß es eine Ewigkeit gibt. Aber was verspreche ich mir davon? Es ist die Ewigkeit des Gewesenen.«[50] Und Katrin, eine junge Frau, konkretisiert den Gedanken im zweiten Bild: »Es geschieht nichts, was nicht schon geschehen ist, und ich bin Anfang dreißig. Es kommt nichts mehr dazu ... was ich nicht schon erfahren habe. Und ich bleibe Anfang dreißig. Was ich denke, das habe ich schon gedacht. Was ich höre, das habe ich gehört.«[51] Und sie beschließt das Bild mit der Feststellung: »Die Ewigkeit ist banal.«[52]

Ein gutes Dutzend redender und einige stumme Figuren exerzieren diese Wiederholung in der banalen Ewigkeit. Maxim Gorki und Anton Tschechow, später Botho Strauß und Peter Handke hatten in ihren Stücken Themen- und Gesprächsfetzen vieler Personen kunstvoll zu atmosphärisch dichten Teppichen zusammengewoben. Frisch übernimmt das Prinzip und bringt seine Figuren in wechselnden Konstellationen miteinander ins Gespräch. Ein abgestürzter Flieger, eine junge Selbstmörderin, ein Schuldenmacher, der Tote vom ersten Bild, ein hoffnungslos auseinandergelebtes Paar, eine Greisin, ein Pastor, ein junger Revolutionär, ein früh gefallener Spanienkämpfer – das Figurenaufgebot ist groß, und auch der einst berühmte Schauspieler fehlt nicht, der als Trinker zum Clochard verkommen ist und nun die Rolle des kommentierenden Außenseiters spielt. Seine Einsichten sind ebenso schwer zu beweisen wie zu widerlegen: Die Toten »fluchen nicht ... Sie pinkeln nicht, die Toten, sie saufen nicht und fressen nicht, sie prügeln nicht, die Toten, sie ficken nicht – sie wandeln in der Ewigkeit des Vergangenen und lecken ihre dummen Geschichten, bis sie aufgeleckt sind«.[53]

Die Gespräche um alte Lebensnöte und Lebensversäumnisse drehen sich im Kreis: »Die Toten lernen nichts dazu.«[54] Auch parodistische szenische Einfälle, etwa ein Flötenspieler, der in alle Ewigkeit über dieselbe Passage stolpert, oder ein Pastor, der im Leben auf das Jenseits vertröstet und jetzt im Jenseits plötzlich arbeitslos ist, ändern nichts daran, daß die Ewigkeit mit der Zeit tatsächlich banal wird. »Hier gibt's keine Erwartung mehr, auch keine Furcht, keine Zukunft, und das ist's, warum alles in allem so nichtig erscheint, wenn es zu Ende ist ein für allemal«[55]: »Langsam verleiden die Toten sich selbst.«[56]

Während das erste Bild im Reich der Lebenden und unter Lebenden, das zweite im Totenreich und unter Toten spielt, stiftet das dritte ein Gespräch zwischen einem Lebenden und einer Toten, zwischen Roger und Francine. Ort: eine nächtliche Bank unter einer Straßenlaterne. Wie schon in *Montauk* berichtet Frisch in diesem Bild Autobiographisches »unter Kunstzwang«. Erinnert sind Trennungsgespräche – »unter Kunstzwang«! – mit Ingeborg Bachmann. Eine fünfjährige Amour fou ist gescheitert. Nun wird bilanziert. Hochgemut hatte sie begonnen. Francine: »Ich habe geglaubt: wir zwei, du und ich, wir denken alles um. Alles. Und das muß es geben: ein Paar, das sich als das Erste Paar versteht, als die Erfindung des Paares. Wir! und die Welt kann sich stoßen an unserem Übermut, aber sie kann uns nicht verletzten ... Wir fühlten uns als zwei Ausgezeichnete, ja, das meine ich: ausgezeichnet – ich durch dich und du durch mich ...«[57]

Doch die Beziehung war am Alltag gescheitert; zu unvereinbar waren die Temperamente, Lebensweisen. Francine: »Wir hätten nie zusammen wohnen sollen.«[58] Roger: »Wieso haben wir uns getrennt? ... Weißt du, was ich manchmal gedacht habe: – Francine liebt ihre Liebe. Und das hat überhaupt nichts zu tun mit dem Mann, der ihr begegnet. Francine gehört zu den Großen Liebenden. Sie liebt ihre Verzückung, ihre Angst, ihre Sehnsucht und ihre Bitternis, ihre Hingabe im Übermut, und der Mann, der das auf sich bezieht, ist selber schuld.«[59]

Die wechselseitigen Verletzungen vor und nach der

Trennung werden aufgerechnet: »Deine Familie betrachtet mich sozusagen als deinen Mörder ... Wer Francine verehrte, der muß mich verdammen ... Du sollst gebetet haben, daß mein Name in deiner Gegenwart nicht mehr erwähnt wird.«[60] – »Später habe ich eine Erklärung gehört ... daß ich Francine drei Jahre lang erpreßt habe mit Selbstmorddrohungen! ... Ich finde es infam, wenn du das erzählt hast ...«[61] Francine: »Du willst, daß ich dich brauche, das hältst du für deine Liebe. Wenn du Mut hast, so bin ich dir eine heimliche Last. Du hängst an mir, wenn du feige bist ... Roger, du hast mir nie geholfen.«[62]

Zur Sprache kommen die Abtreibung eines gemeinsamen Kindes – oder war Roger doch nicht der Vater? –, die Unfähigkeit Rogers zur Liebe, die Schmerzen der Auflösung einer gemeinsamen Wohnung – kurzum: es wird schmutzige Wäsche gewaschen. Nur eben: Roger, der Überlebende, kann seine Ansichten korrigieren, Francine, die Tote, nicht. Ein Gespräch unter Gleichen ist (oder auch nicht?) nur möglich, wenn sich, und so endet das Bild, der Lebende erschießt.

Frisch, gebrannt von den Schwierigkeiten bei der Uraufführung von *Biografie,* ging diesmal äußerst behutsam zu Werk. Erst ließ er den im März 1978 erschienenen Text, den er Gottfried Honegger widmete, für die Bühne sperren. Dann strahlte der Deutschlandfunk ein Jahr später, am Ostersonntag 1979, eine Hörspielfassung aus.[63] Die Uraufführung am Theater fand bewußt nicht am Schauspielhaus Zürich statt – Frisch befürchtete dort Ressentiments in Theater und Presse –, sondern in einer französischen Übersetzung am Centre Dramatique de Lausanne.[64] Aufgrund der dortigen Erfahrungen überarbeitete er den Text im Dezember 1979 noch einmal. Diese Fassung wurde im Jahr darauf publiziert und lag der deutschen Erstaufführung am Akademietheater Wien vom 1. Februar 1980 zugrunde.[65]

Regie führte Erwin Axer, Elisabeth Orth spielte die Francine, Joachim Bissmeier den Roger. Die große Bedeutung, die das dritte Bild aus *Triptychon* für ihn persönlich besaß, begründete Frischs Wunsch, bei seiner Totengedenkfeier im Schauspielhaus möge dieser Teil von *Triptychon* in der Wiener Besetzung gespielt werden.

Trotz aller Behutsamkeit im Umgang mit dem neuen Bühnentext war ihm kein Theatererfolg vergönnt. Die Presse reagierte zurückhaltend: Die NZZ kommentierte die Lausanner Uraufführung: »Der Regisseur Michel Soutter stand vor der schwer lösbaren Aufgabe, in diesem Stück ohne fortlaufende Handlung die Banalität, Starre und Ausweglosigkeit der geschilderten Totenwelt sichtbar zu machen ohne Langeweile zu verbreiten …«[66] Und die *Basler Zeitung* zog das Fazit: »Soutter … kam mit diesem sperrigen Stück kaum zurecht.«[67]

Zur Zürcher Aufführung schrieb die NZZ: »Der Reigen des Todes findet seinen Rhythmus auf der Pfauenbühne nicht … Das Publikum blieb reserviert.«[68]

»Der Rest der Zeit«

Triptychon war Frischs achtes Theaterstück. Ein weiterer Mißerfolg. Die nächsten zehn Jahre mied Frisch das Theater. Private Sorgen kamen hinzu: Frischs Hoffnung, daß eine »nacheheliche Freundschaft«[69] möglich sei, war gescheitert. Max und Marianne ließen sich scheiden, Frisch zog in eine »Mansarde an der Stockerstraße«.[70] Auch die Gesundheit machte ihm zu schaffen. Im Dezember 1979, nach einer dreiwöchigen Kur im Schwarzwald, teilte er Johnson mit: »Im neuen Jahr habe ich vieles zu ordnen.

Ohne Hysterie. Ich bin dabei – in einer Art trockener Hoffnung, den Rest der Zeit vielleicht doch mit Anstand zu bestehen.«[71]

Zu ordnen hatte er neben familiären Problemen auch die Fragen des Nachlasses. Zu diesem Zweck gründete er im Oktober 1979 die Max Frisch Stiftung: »Sie sehen: als er siebzig war, drängte es den Alten doch nach Ordnung[72] und Vorsicht gegenüber Verleger und Erben; daher die Stiftung.«[73] Ein Stiftungsrat wurde bestellt (Peter Bichsel, Peter von Matt, Adolf Muschg, Max Frisch, Siegfried Unseld), Texte gesichtet, geordnet und vernichtet, Sperrfristen festgelegt, Rundbriefe nach Manuskripten und Materialien versandt, zwei Räume an der Eidgenössischen Technischen Hochschule eingerichtet, ein Archivar bestellt usw. Aus dem Stiftungskapital sollten ferner »Stipendien an Schriftsteller und Literaturwissenschaftler« ausbezahlt werden.[74] Uwe Johnson erhielt die Vollmacht, das in Berlin beim Notar deponierte Manuskript des *Berlin Journals* zu behändigen. Der Autor begann mit aller Umsicht seinen Nachruhm und das Bild, das er zu hinterlassen gedachte, zu organisieren.

Der Mensch erscheint im Holozän

Im Jahr des großen Ordnens erschien auch endlich *Der Mensch erscheint im Holozän*, die Erzählung vom alten Herrn Geiser, der inmitten einer untergehenden Welt mit untauglichen Mitteln versucht, sich Ordnung und Übersicht zu verschaffen. Acht Jahre waren seit den ersten Entwürfen vergangen, und mehrfach hatte er das Projekt als gescheitert zur Seite gelegt.

Im Sommer 1972 begann er eine Erzählung unter dem Titel *Regen* und arbeitete an drei Fassungen bis Ende 1973.

Eine vierte Fassung kündigte der Verlag 1974 unter dem Titel *Klima* an. Doch der Autor zog den Text zurück. Bis November 1977 entstanden, parallel zur Arbeit an *Triptychon,* zwölf weitere Fassungen. Die Druckfassung wurde im November 1978 abgeschlossen, der Titel im Monat darauf festgelegt.[75]

Uwe Johnson hatte recht behalten: Es war nicht leicht, den radikalen Erzählansatz von *Montauk* erzähltechnisch zu überbieten.[76] Erst nach Jahren des Ausprobierens fand Frisch die Lösung: Er kombinierte eine distanziert beschreibende Er-Form mit der Montage unbearbeiteter Zitate aus Lexika, Fachbüchern sowie mit eigenen Wissensrelikten. Extrem autobiographische Subjektivität bei *Montauk,* klinische Objektivität bei *Holozän*. Zwischenmenschliches und Erinnerungen an Zwischenmenschliches dort, jetzt die Konfrontation eines einzelnen Menschen mit der Natur und ihrer objektiven Gewalt. Jetzt Faktenmontage, damals assoziative Verknüpfung. Und was zu erwarten war: die Extreme berührten sich, und beide Male erschien die Physiognomie eines alten Mannes, der, wenn auch »unter Kunstzwang«, wohlbekannte Züge von Max Frisch aufwies und diesmal den Namen Geiser trug.

Der Plot der Erzählung ist einfach und zwingend: Ein Mann, 74, sitzt allein in seinem Haus im Onsernonetal, Tessin. Es regnet seit Tagen und wird noch tagelang regnen. Gedanken an die Sintflut stellen sich ein, Gedanken an Bergstürze, die häufig sind im Tal. Eine Trockenmauer des Gartens ist schon umgefallen: Symptom oder Zufall? Die Straße talabwärts ist gesperrt, weil unterschwemmt und abgerutscht. Zeitweise fallen Strom und Telefon aus. Notvorrat ist im Haus, doch die Zeit wird lang. Der Pyramidenbau aus Knäckebrot will nicht gelingen – »Es bleibt nichts als Lesen.«[77]

Doch Romane »eignen sich in diesen Tagen überhaupt nicht, da geht es um Menschen in ihrem Verhältnis zu sich und zu andern ... um Gesellschaft usw., als sei das Gelände dafür gesichert, die Erde ein für allemal Erde, die Höhe des Meeresspiegels geregelt ein für allemal.«[78] Was angesichts der sintflutartigen Regenfälle interessiert, ist Literatur zum Verhältnis des Menschen zur Natur, zur Erdgeschichte. Während der gepackte Rucksack in der Diele bereitsteht, um notfalls zu flüchten, vertieft sich Herr Geiser in Fragen wie: »Wann ist der Mensch entstanden und wieso?«[79] Er exzerpiert Zitate aus dem wenigen an Fachliteratur, das er in seiner Hausbibliothek findet, heftet die Zettel an die Wand, schließlich zerschneidet er die Bücher – »Was schon gedruckt ist nochmals abzuschreiben ... ist idiotisch«[80] – und heftet die Schnipsel dazu. Von Tag zu Tag mehren sich die Zettel, bis die Stubenwände voll sind: hilfloser Kampf der Gedächtnisschwäche, die der alte Mann mehr als alles fürchtet: »Schlimm wäre der Verlust des Gedächtnisses ... Ohne Gedächtnis kein Wissen.«[81] Hilfloser Kampf auch dem Untergang jeden menschlichen Wissens angesichts der drohenden Sintflut.

Erdgeschichtlich betrachtet ist der Mensch ein kleines transitorisches Ereignis. Gigantische Saurier verschwanden, wie sie gekommen waren. Was vom Menschen bleiben dürfte: sein Wissen. Doch »manchmal fragt sich Herr Geiser, was er denn eigentlich wissen will, was er sich vom Wissen überhaupt verspricht«.[82]

Um von der Einsamkeit nicht erdrückt zu werden – »Daß einer auf einen Stuhl steigt und seine Hosenträger am Deckenbalken befestigt und sich aufhängt, um seine eigenen Schritte nicht mehr zu hören, kann Herr Geiser sich vorstellen«[83] –, unternimmt der alte Mann einen abenteuerlichen Versuch. Trotz des Unwetters versucht er über den Paß ins Nachbartal abzusteigen. Der Versuch gelingt unter Lebensgefahr. Doch angesichts des Ziels kehrt der alte Mann um und klettert zurück in sein Haus, in seine Einsamkeit. Er nimmt sein individuelles als sein erdgeschichtliches Schicksal auf sich. Oder in der Interpretation Walter Schmitzs: »Dieser Autor (Geiser) will auf verlorenem Posten ausharren. Zwar ist dem Einzelnen noch immer der ›Widerstand gegen die bedrohlichen Zeichen der Zeit aufgegeben‹, aber eine Hoffnung hat ihm Max Frisch anscheinend nicht anzuvertrauen.«[84]

Ein Lexikonauszug zum Thema Gehirnschlag ist der letzte Zettel, den Geiser an die Wand hängt, bevor ihn der Gehirnschlag trifft. Zwar überlebt er, doch ein Augenlid und ein Mundwinkel sind gelähmt. Das Gedächtnis funktioniert nur noch mit Lücken. Die zunehmende Schrulligkeit des Alten bleibt im Tal nicht verborgen; eines Tages steht seine Tochter vor der Tür: »Warum redet sie wie mit einem Kind?« Sie hat geweint und lächelt ihren Vater an »wie eine Krankenschwester«.[85]

Dann ist wieder »Sommer wie eh und je … Die Gletscher, die sich einmal bis nach Mailand erstreckt haben, sind im Rückzug.«[86]

Die Erzählmontage mit ihren Anklängen an Büchners *Lenz,* an Thomas Manns Versuch, den Humanismus erdgeschichtlich zu begründen *(Felix Krull),*[87] und Becketts Endspiele erinnert an Blaise Pascal: »Der Mensch ist nur ein Schilfrohr, das schwächste der Natur – aber ein denkendes Schilfrohr. Es ist nicht nötig, daß das ganze Weltall sich waffne, um ihn zu zermalmen: ein Dampf, ein Wassertropfen genügt, um ihn zu töten. Aber wenn das Weltall ihn zermalmte, wäre der Mensch noch edler als das, was ihn tötet, denn er weiß, daß er stirbt, und kennt die Überlegenheit, die das Weltall über ihn hat; das Weltall weiß nichts davon. Unsere ganze Würde besteht also im Gedanken ...«[88]

Der Gehirnschlag als Ende? Frisch wäre nicht Frisch, hätte er gegen dieses resignative Ende nicht auch eine Hoffnung gesetzt. Allerdings eine kaum bemerkbare: Geisers Zitatenmontage beginnt mit der Schöpfungsgeschichte. Es folgt eine geologisch-mythologische Beschreibung der Entstehung des Tessins und seiner Bewohner, gefolgt von einer Anleitung zum Goldenen Schnitt, der klassischen Formel für vollkommene Schönheit. »Der Ursprung der Weltgeschichte und die Möglichkeit einer Konstruktion des Schönen sind also die thematischen Richtpunkte.«[89] Der Mensch erscheint im Holozän, behauptet Max Frisch, mithin in der erdgeschichtlichen Jetztzeit. Tatsächlich ist die Spezies Mensch, wie Herr Geisers Lexikon richtig vermerkt, bereits im früheren Pleistozän, der Altsteinzeit, erschienen. Daß der Mensch, nämlich der »wahre, humane Mensch«, im Holozän erscheine, ist ein Versprechen, das noch eingelöst werden muß. Marx hat die ganze bekannte Geschichte der Menschen als Vorgeschichte bezeichnet: die Geschichte einer von aller Unterdrückung und Verkümmerung befreiten Menschheit, ihre »wahre Geschichte«, beginne erst im Kommunismus. Also noch im Holozän, wie Frisch – ganz im verborgenen – hofft.

Die Erzählung *Der Mensch erscheint im Holozän* hat mit ihrer raffinierten Schlichtheit und großen atmosphärischen Dichte viel Zustimmung gefunden. Beatrice von Matt, die im Text ein »Anzeichen eines Umdenkens in der Literatur« sah, eine Umkehr zum ganzheitlichen Erkennen und Erfahren, resümierte: »Was Frisch hier in einer vielleicht genialen Weise schafft, ist ein neuer archaischer Mythos, der ganz aus einem aktuellen, abgewirtschafteten, menschenfeindlichen Lebensmuster heraus entsteht.«[90] Niklaus

Oberholzer bewunderte eine »oft fast archaisch anmutende Kraft der Bilder«.[91] Der Wiener *Kurier* hingegen fand das »regengraue Buch ... zumeist ohne erzählerischen Glanz«, während Peter Rüedi genau erkannte: »Frisch läßt den Stoff, meine ich, bewußt auseinanderbrechen ... Die Ratlosigkeit, in der der Leser vor diesem Buch steht, ist ... kalkuliert.«[92] – »Ein Alterswerk?« fragte die *Nürnberger Zeitung* und antwortete mit »ein Meisterwerk«.[93] Friedrich Luft,[94] Urs Jenny[95] und Christoph Kuhn[96] stimmten in das Lob ein, während die *Welt am Sonntag* lapidar verkündete: »Das neue Buch von Max Frisch ist mißlungen.«[97]

Trotz der überwiegend positiven Reaktionen hat Frisch sich geärgert, wie oft auch seine neue Erzählung von Rezensenten eins zu eins biographisch gelesen wurde: »Nun ja, dieser Herr Geiser in der Erzählung ist nicht viel älter als der Frisch. Herr Geiser verendet im Tessin, und dort hat Max Frisch doch ein kleines Haus, bitte, wenn das nicht autobiographisch ist ... Es gibt da kein Gesetz, das von Rezensenten etwas verlangt, zum Beispiel begriffliche Genauigkeit. Authentisch gleich autobiographisch gleich privat gleich indiskret oder irrelevant und so weiter ...«[98]

»Ich bin nicht ganz allein«

Der Mensch erscheint im Holozän wurde in den USA zur besten Erzählung des Jahres gewählt. Eine Ehrengabe aus dem Literaturkredit der Stadt Zürich lehnte Frisch ab. Mit der bürgerlich-konservativen Stadtregierung wollte er nichts mehr zu tun haben. Die »Aufrüstung gegen das Volk«[99], die von den restaurativen Kreisen mit Berufsverboten und »Repressionen als manierlichem Klassenkampf von oben«[100] durchgesetzt wurde, empörte ihn zutiefst.

Wieder einmal dachte er an Auswandern. 1980 hielt er sich vorwiegend in Berzona und in New York auf. Er nahm das Ehrendoktorat des Bard College (Staat N.Y.) entgegen und traf sich im Juni 1980 wieder mit der inzwischen ebenfalls geschiedenen Alice Carey. »Ich bin nicht ganz allein. Aber vermuten Sie nicht ein Abenteuer«, schrieb er seinem Freund Johnson nach Europa.[101] Und im Herbst: »Ich werde bis Mitte November in New York sein … Wie lange Lynn (Alice Carey) mich begleiten wird, weiß ich nicht; ich danke ihr für einen Sommer.«[102] Die beiden blieben vier Jahre lang zusammen.

Zum siebzigsten Geburtstag Frischs erschien im Suhrkamp Verlag die Festschrift *Begegnungen*. Eine Geburtstagsfeier im Hause Unseld versammelte noch einmal seinen Freundeskreis: Uwe Johnson, Adolf Muschg, Jörg Steiner, Peter Weiss, Walter Höllerer, Otto F. Walter, Elisabeth Borchers, Alice Carey, Hans Mayer, Karin Struck, Jürgen Becker, Paul Nizon, Jurek Becker, Jürg Läderach, Peter Bichsel, Günter Grass.

Die Namenliste wirft ein Licht auf die Beliebtheit Frischs bei Kolleginnen und Kollegen – besonders der jüngeren Generation. »Max hatte ein Talent zur Freundschaft. Das muß einer der Gründe gewesen sein, daß wir nie daran dachten, daß er den Jahrgang unserer Väter hatte. Er war der Jüngste unter uns, ohne es sein zu wollen … Er war ein wunderbarer Unterhalter, ein fantastischer Erzähler, ein Meister der geistreichen Blödelei. Und trotzdem immer ganz hautnah mit seinem Schreiben, mit seiner Literatur verbunden.«[103]

Auch als Architekt hat sich Frisch ein letztes Mal versucht. Ein Wohn- und Arbeitshaus für den Verleger Siegfried Unseld gedieh bis zur ausgearbeiteten Projektskizze, wurde dann aber nicht weiter realisiert.[104]

Das Schreiben fiel Frisch zunehmend schwer. Nach dem Erscheinen von *Holozän* berichtete er an Johnson: »Es ist ... das erste Mal, daß ich Wochen lang nichts schreibe. Ich habe auch kein Projekt, jedenfalls keines, das mich an die Schreibmaschine zieht. Was kann die Schreibmaschine dafür, daß ich Ekel vor ihr empfinde ...«[105]

Blaubart

Im Winter 1981 überwand er den Ekel und schrieb von Oktober bis Dezember in Zürich die Erzählung *Blaubart*. Dem Text liegt ein authentischer Schwurgerichtsprozeß gegen einen Winterthurer Goldschmied zugrunde, der des Mordes an seiner Frau angeklagt war, aber mangels Beweisen freigesprochen wurde. Frisch hatte den Prozeß als Zuschauer verfolgt.[106]

Die *Frankfurter Allgemeine Zeitung* brachte den Text als Vorabdruck im Februar und März 1982. Kurz darauf erschien das Buch, dann der Film *Blaubart* von Krzysztof Zanussi,[107] schließlich auch das Filmskript in Buchform.

Für die Erzählung hatte Frisch wiederum eine neue Erzählform entwickelt. Sie knüpfte an die berühmten Fragebogen aus dem *Tagebuch 1966–1971* an. Erzählt wird als Frage- und Antwortspiel in Verhörform.

Die Vorgeschichte: Dr. Felix Schaad, Internist im besten Alter, war angeklagt worden, seine ehemalige Frau – sie wurde nach der Scheidung eine Nobelprostituierte – erdrosselt zu haben. Nach zehn Monaten Untersuchungshaft und einem dreiwöchigen Geschworenenprozeß, bei dem unter anderem auch fünf geschiedene und die aktuelle Ehefrau zur Sprache kamen, wurde Dr. Schaad vollumfänglich freigesprochen und für Haft und Umtriebe entschädigt.

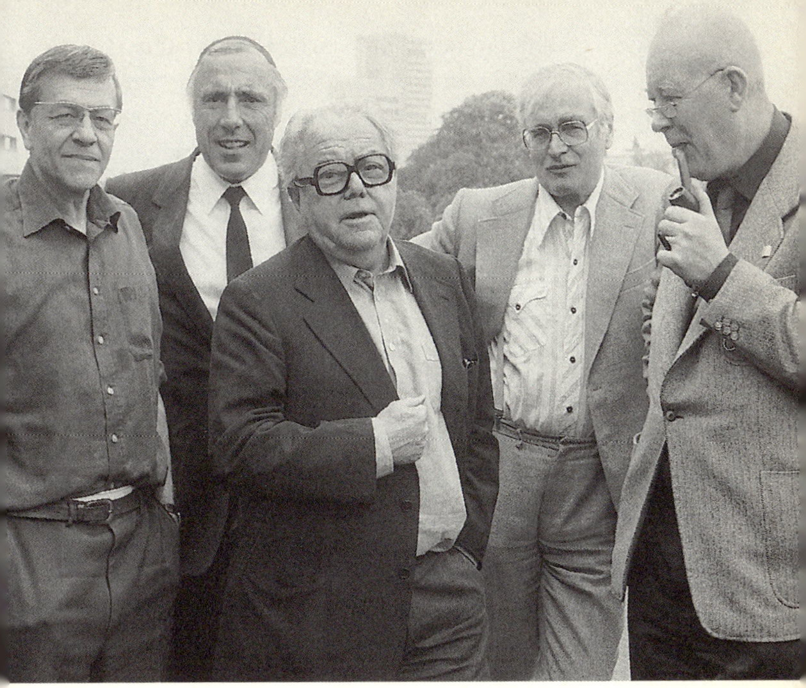

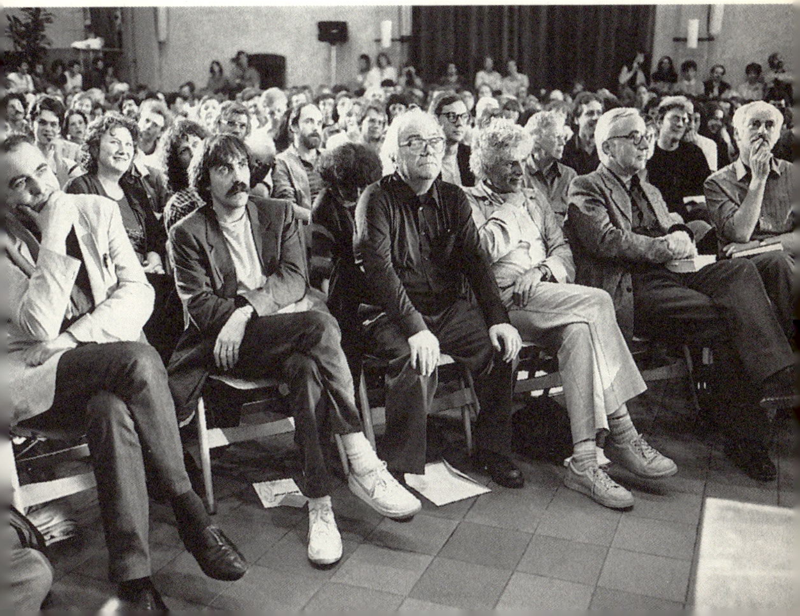

Frischs Erzählung beginnt Wochen nach dem Freispruch. Dr. Schaad hat viel Zeit, die Praxis ist verwaist, und die Erinnerungen an den Prozeß lassen ihn nicht in Ruhe. Die Fragen des Staatsanwalts, des Verteidigers, die Antworten der Zeugen, sie zeichnen allmählich ein Bild des Angeklagten und seiner Frauenbeziehungen, sie umschreiben ihn fragend und antwortend, als jene berühmte »Leerstelle«, von der Frisch schon im ersten *Tagebuch* geschrieben hatte.

Immer wieder schweifen die Gedanken des Freigesprochenen zum Prozeß zurück. Billard spielen hilft vorübergehend, Sauna zuweilen, vor allem wandern, Alkohol weniger ...
»Freispruch mangels Beweis –
Wie lebt man damit?
Ich bin vierundfünfzig.«[108]
Nach zwei Dritteln der Erzählung gesteht sich Schaad zwar ein, daß von »mangels Beweis« keine Rede im Urteil war, doch das schlechte Gewissen läßt sich nicht beruhigen. Es entwickelt seine Eigendynamik: Staatsanwalt, Richter, Verteidiger verfolgen ihn weiterhin mit Verdächtigungen, befragen ihn auch zu seinem gegenwärtigen Tun und Lassen. Schließlich bricht Schaad unter der Last der imaginären Verfolgung zusammen und gesteht dem Polizisten seines Heimatdorfs den Mord. Doch das Geständnis wird zurückgewiesen: Der wahre Täter sei inzwischen gefaßt und verurteilt. Schaad rast mit dem Auto absichtlich in einen Baum. Im Spital erfährt er zwar, »die Operation sei gelungen«, doch das Ende des Textes suggeriert Schaads Tod. Soweit die Fabel.

»Seit meinem vierzehnten Lebensjahr habe ich nicht das Gefühl, unschuldig zu sein ...«[109], heißt ein Schlüsselsatz in *Blaubart*. Frisch hat seine Schuldgefühle gegenüber Frauen, seine Eifersucht, seine angebliche Unfähigkeit zur Liebe immer und immer wieder thematisiert. »Lynn wird kein Name für Schuld«, hieß es zuletzt noch erleichtert in *Montauk*. In *Blaubart* stellt ein Geschworener die Frage: »Ich möchte den Angeklagten fragen, ob er der Meinung ist, daß er je eine Frau verstanden hat. Denn das scheint mir nämlich nicht der Fall zu sein, Herr Doktor, denn immer rätseln Sie an den Frauen herum, und wenn eine Frau sich nicht an Ihre männliche Deutung hält, was dann?«[110]

Schaads Schuld ist juristisch zwar inexistent, sie wiegt als Versagen vor einem anderen Menschen jedoch schwer. Gewissensnot treibt Schaad in den Tod.

Die Deutungen von *Blaubart* gingen weit auseinander; Bewunderung für das handwerkliche Können ging einher mit Enttäuschung über die angeblich inhaltliche Nichtigkeit. Friedrich Luft lobte zwar: »Frischs Beweislegung ist formal raffiniert und in der Kargheit der Preisgabe seines negativen Helden von einer kunstvollen Geschicklichkeit und dauernd enervierenden Verschwiegenheit«, zugleich bedauerte er jedoch, »daß ein so vitaler und erfindungsreicher Autor in seinem 70. Lebensjahre bei der Darstellung einer kunstvoll nachgewiesenen Nichtigkeit angekommen ist«.[111] – »Frisch hat, rund heraus gesagt, eine der besten Erzählungen geschrieben, die es bislang in deutscher Sprache gab«, urteilte die *Welt am Sonntag*.[112] Und Joachim Kaiser diagnostizierte: »Ein vollkommen klares, durchschaubar scheinendes, knappes Alterswerk. Verzweiflung, völlig unsentimental, hinter lakonischen Dialogen und eleganten Blackouts verdeckt.«[113] – »Ein mäßiges Buch« und »Bei Gott kein Meisterwerk« lauteten schließlich die Urteile zweier Schweizer Literaturbeamter: des Literaturbeauftragten der Stadt Zürich und des Sekretärs des Schweizerischen Schriftstellerverbands.[114]

»Wir haben uns wacker auseinander befreundet«

Dürrenmatt hatte das Problem der schuldlosen Schuld bereits 1957 im Hörspiel *Die Panne* thematisiert. Frisch schrieb dem einstigen Freund und Konkurrenten aus Neuenburg eine kabarettistische und selbstironische Reminiszenz in den *Blaubart:*

»Sie haben also mit dem Angeklagten hauptsächlich über Astronomie geredet, das haben wir gehört, Herr Neuenburger, und daß Sie gerne einen alten Bordeaux mit ihm trinken, obschon der Angeklagte, wie Sie versichern, von Astronomie überhaupt nichts versteht, das sagten Sie uns schon.
– Er kann halt nicht denken.
– Herr Neuenburger ...
– Sonst ist er ein flotter Kerl.
– Haben Sie Rosalinde Z. gekannt?
– Ich kenne keinen Arzt, der denken kann. Ich selber habe einen Arzt, der sich wundert, daß ich noch lebe, und er ist mir dafür dankbar. Ein Arzt, der niemand umbringt, hat eben Glück ...
– Um auf meine Frage zurückzukommen:
– Schaad hatte eben Pech.
– Wie hat er über Rosalinde gesprochen? ...
– Die Ehen meines Freundes haben mich nie interessiert ... Ich rede ja auch nicht über meine Ehe. In der Sexualität hört bei mir der Geist auf ...
– Inwiefern ist Schaad ein flotter Kerl?
– Schließlich sind wir seit dreißig Jahren befreundet, obschon wir einander nichts zu sagen haben. Aber ich trinke gerne meinen Wein mit ihm. Ich selber brauche keine Freunde. Ich denke ja selber ... Was mich stört, sind seine Unwahrheiten ... wenn Schaad von sich selber er-

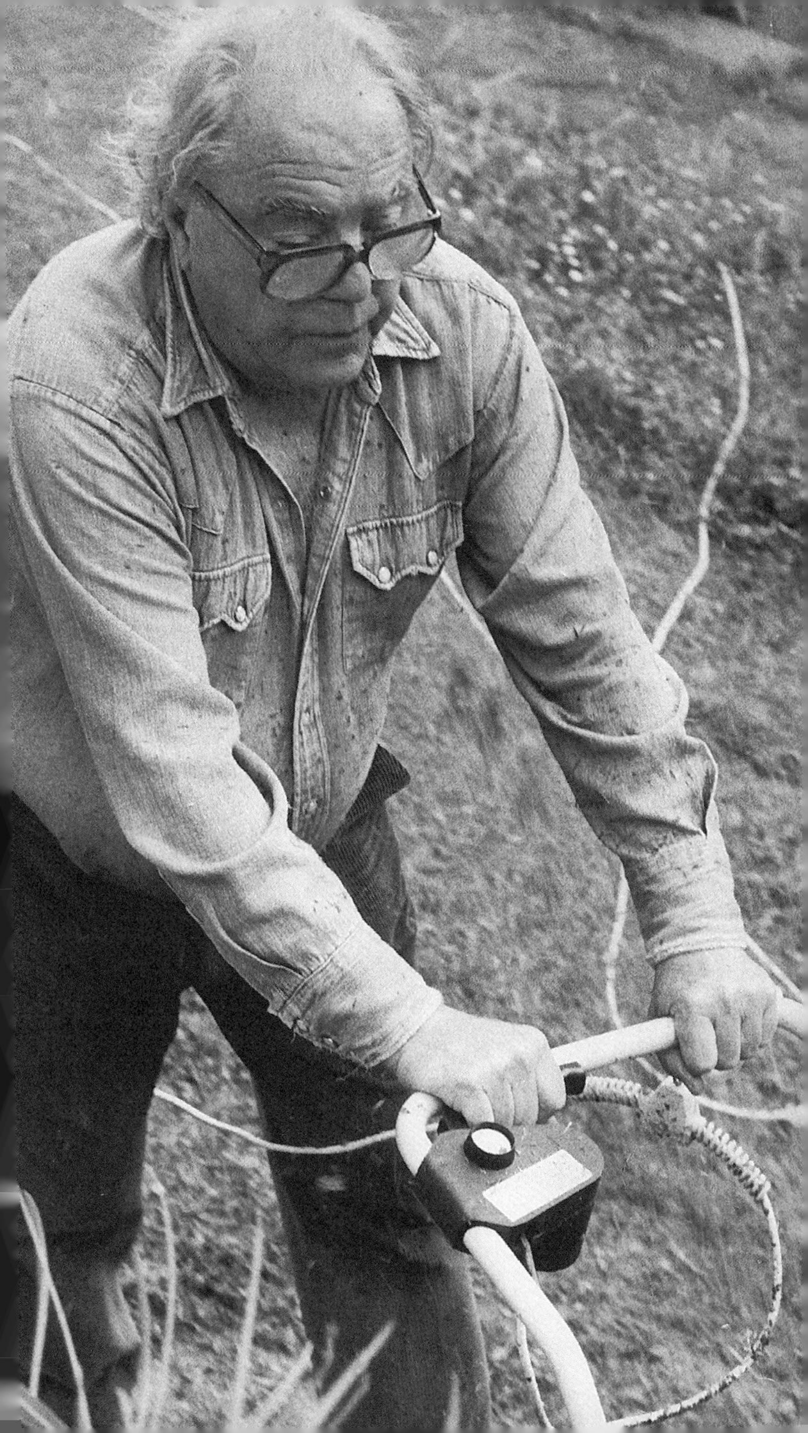

zählt, da stimmt ja überhaupt nichts ... Und dann ist Schaad ja so überempfindlich!
– Wenn er hört, was Sie hintenherum sagen ...
– Dann ruft er ein Jahr lang nicht mehr an.
– Und Sie rufen an?
– Darauf wartet er, glaube ich ... (Der Zeuge kichert in sich hinein).«[115]

Frischs Dürrenmatt-Parodie in *Blaubart* setzte einen Schlußpunkt unter die langjährige Beziehung, die voll gegenseitiger Achtung für das Können des anderen, doch ebenso geprägt war von Sticheleien, Streit und Spannungen. Eine Wiederannäherung war nach *Blaubart* kaum mehr möglich. Ein gemeinsamer Freund unternahm nach dem Tod Lottis, der ersten Frau Dürrenmatts, im Januar 1983 einen Versuch. Man traf sich in einem Restaurant hinter Neuenburg, wechselte dann zu Dürrenmatt nach Hause. »Dürrenmatt war bedrückt, er weinte, allein Frisch konnte sich, selbst oft genug verletzt, der Sticheleien nicht enthalten, Dürrenmatt konterte, das Ganze endete in einem Debakel: Um drei verließ Frisch brüsk die Gesellschaft und fuhr mit dem Taxi zurück nach Zürich. Den Vorgang verschwieg er seinen Freunden, ein Vermerk in seinem Tagebuch findet sich nicht. Verbrannte Erde.«[116]

Drei Jahre danach schrieb Dürrenmatt – nach mehreren Anläufen – Frisch zum 75. einen Geburtstagsbrief, den Hans Mayer zu den bedeutendsten Briefen der Weltliteratur zählte: »Lieber Max, es war für Dich einst ein Problem, daß ich zehn Jahre jünger bin als Du. Das spielt jetzt keine Rolle mehr. Unserer beider Rutschbahn, im Nichts endend, die wir noch hinunterzuschlittern haben, ist ungefähr gleich lang. Wenn wir schon beide ältere Herren geworden sind, eine Tatsache, die, daß sie einmal eintreten könnte, ich nie ins Auge gefaßt habe, so weiß ich nicht, ob wir einander kondolieren oder gratulieren sollten. Wie es auch sei, wir haben uns beide wacker auseinander befreundet. Ich habe Dich in Vielem bewundert, Du hast mich in Vielem verwundert und verwundet haben wir uns auch gegenseitig. Jedem seine Narben. Diese Zeilen schreibe ich nicht ohne Nostalgie. Ich habe mich nie sonderlich um die Schriftstellerei unserer Zeit gekümmert, Du bist seiner Zeit einer der wenigen gewesen, die mich beschäftigt haben – ernsthaft beschäftigt wohl der Einzige. Als einer, der so entschlossen wie Du seinen Fall zur Welt macht, bist Du mir, der ebenso hartnäckig die Welt zu seinem Fall macht, stets als Korrektur meines Schreibens vorgekommen. Daß wir uns auseinanderbewegen mußten, war wohl vorgezeichnet, ohne daß ich damit eine literaturwissenschaftliche Prädestinationslehre aufstellen möchte. Dein Dürrenmatt.«[117]

Frisch hat den Brief nicht beantwortet, was Dürrenmatt zwar nicht verwundert, doch gekränkt hat. Die Gründe dürften, so Peter Bichsel, bei Frischs Scheu vor Intimitäten gelegen haben: ein weinender Dürrenmatt und eine verkappte Liebeserklärung gingen ihm zu nahe. »Frisch hat keine Nähe ertragen, ich erlebte das in seinen letzten Jahren zwei, drei Mal. Er mochte mich wirklich, aber ich wußte, wenn ich ihm zu nahe komme, knallt es. Dann schlug er zu wie ein Löwe, wenn die Fluchtdistanz unterschritten ist.«[118] Marianne Frisch-Oellers präzisierte: »Er hatte Schwierigkeiten, Menschen an sich zu binden, war auch nicht fähig, allein zu sein. Er hatte Mühe, Männer an sich herankommen zu lassen, bei Frauen war das anders. Da hat er alles in Bewegung gesetzt, um sein Ziel zu erreichen. Er war ein Verführer.«[119]

Eine letzte Begegnung zwischen Frisch und Dürrenmatt fand ein Jahr später am Moskauer Forum für eine atomwaffenfreie Welt statt, wobei die beiden sich »freundschaftlich aus dem Weg gingen«, wie es Charlotte Dürrenmatt-Kerr formulierte.[120]

Ars moriendi

Im Erscheinungsjahr von *Blaubart* starb der Strafrechtler und politische Publizist Peter Noll. Frisch verbrachte Tage und Wochen mit dem todkranken Freund, u.a. auf einer Reise nach Ägypten. Noll protokollierte den Verlauf seiner Krebskrankheit, und Frisch steuerte bei der Veröffentlichung einen Erinnerungstext bei.[121] Er handelte von Nolls »Bemühen um ein würdiges, persönliches Sterben«. Am 18. Oktober 1982 hält Frisch dem Toten im Großmünster Zürich die Abdankungsrede. Sie gibt einen Einblick in Frischs metaphysisches Denken: »Als er 90 war, sagte Ernst Bloch bei einem Frühstück im Freien, er sei nur noch neugierig auf das Sterben – er war damals noch nicht krank – Sterben als die Erfahrung, die er noch nicht gemacht habe und die nicht aus Büchern zu beziehen sei. Das war kein Symposion, sondern ein geselliges Frühstück; nicht alle am Tisch mußten es hören, als er hinzufügte: er könne sich nicht vorstellen, daß nach unserem Tod einfach nichts sei. – Andere sagen es anders: Ich kann mir einfach das Nichts nicht vorstellen.«[122]

Alter, Krankheit, Sterben, Tod – *Montauk, Holozän, Triptychon* und die *Abdankungsrede für Peter Noll* –, Frisch spürte seine Zeit zu Ende gehen. Seine persönliche wie seine politisch-zeitgeschichtliche. Er zog sich mehr und mehr zurück. In den Jahren 1982 bis 1987 hat Frisch kaum noch geschrieben. Auf Jonas' Frage: »Stimmt es, Großvater, daß du gar nichts mehr schreibst. Außer Briefen?« ließ er den Großvater antworten: »Das stimmt schon seit Jahren.«[123]

»Ich habe alles gesagt, was ich zu sagen habe, und ich habe alle Aussageformen ausprobiert, die mir eingefallen sind. Wiederholungen langweilen mich«, so Frischs Antwort in einem Gespräch.[124] Hinzu kam, daß ihn die Vorstellung vom Nachlassen seiner Sprach- und Formkraft ängstigte.

1983 bezog er sein »Altersheim«[125] am Stadelhofer Bahnhof in Zürich, eine großzügige, loftartige Wohnung auf zwei Etagen in unmittelbarer Nähe von Schauspielhaus, See, Café Odéon und Antiquariat Pinkus mit seiner linken Tradition und dem weltweiten Büchersuchdienst.[126] »In SoHo, N.Y., werden Sie mich selten treffen, aber die Loft dort existiert noch. Alice [Locke] wohnt dort.«[127]

Dem großen alten Mann wurden höchste Ehrungen aus aller Welt zuteil. 1984 Commandeur dans l'ordre des arts et des lettres in Frankreich und Ehrendoktor der Universität Birmingham, England. 1986 der Neustadt-Literaturpreis der University of Oklahoma, USA. Frisch stellte – ein Affront gegen die offizielle amerikanische Politik – die Preissumme für den Bau einer Schule im sozialistischen Nicaragua zur Verfügung. 1987 Ehrendoktor der Technischen Universität Berlin. 1989 Heinrich-Heine-Preis, Düsseldorf. Mit der Preissumme finanzierte Frisch ein Werbeplakat für die Abstimmung »Schweiz ohne Armee«. 1990 Ehrenmitglied des Zürcher Schauspielhauses.

Letzte Reden und Auftritte

Viermal meldete sich Frisch noch als Redner zu Wort: In seiner *Rede an junge Ärztinnen und Ärzte,* die er im Dezember 1984 zur Promotionsfeier für Mediziner an der Universität Zürich hielt,[128] faßte er nochmals seine Thesen zu Tod und Sterben zusammen: Unser Leben hat »eine

Todesrichtung. Ohne diese Erfahrung würde sich die Sinnfrage nicht stellen. Ohne die Sinnfrage ... gibt es den Menschen nicht.« Doch die Menschen fürchten den Tod: »Die meisten Zeitgenossen, vermute ich, haben mehr Angst vor Krebs als vor Krieg.« Daher hat »jede Sorte von Guru« massenweise Zulauf. Die jeweilige Lehre ist nebensächlich: »Hauptsache ist: daß es den Tod eigentlich nicht gibt.« Und Frisch, der das qualvolle Sterben Peter Nolls noch vor Augen hatte, brach eine Lanze für die Sterbehilfe: »Wir haben das Recht, über unser Ableben zu bestimmen, wann immer es unseren Nächsten gegenüber sich verantworten läßt, und somit haben wir das Recht, um Sterbehilfe zu ersuchen ... Sterbehilfe nach dem Willen des Patienten, alles andere kommt nicht in Betracht.«

Er schloß mit dem emphatischen Gedanken, der ihn seit dem Frühwerk beschäftigte:[129] Nur »aus unserem Todesbewußtsein offenbart sich das Leben als Wunder«.[130]

1985 drehte Philippe Pilliod mit Max Frisch das über zwanzigstündige Filmporträt *Gespräche im Alter,* das in verschiedenen Versionen und Längen von deutschen und schweizerischen Fernsehanstalten gesendet wurde. Es ist das subjektivste, zugleich eindrücklichste Bild, das je von diesem widersprüchlichen, unerbittlich suchenden, kämpfenden und verletzlichen Autor gezeichnet worden ist. Karin Pilliod-Hatzky, die ehemalige Frau Philippe Pilliods, war Frischs letzte Partnerin. Sie lebte mit ihm, dem ein Lungenemphysem zunehmend Beschwerden bereitete, bis zu seinem Tod.

1986, zu Frischs fünfundsiebzigstem Geburtstag, erschien der siebte Band der Werkausgabe mit den Texten von 1976 bis 1985. Im selben Jahr verabschiedete er sich von den Solothurner Literaturtagen, denen er über Jahrzehnte freundschaftlich verbunden gewesen war, mit der bitteren Rede *Am Ende der Aufklärung steht das Goldene Kalb.*[131]

Die Aufklärung, so Frisch, ist gescheitert, wieder einmal hat die Restauration, der »Aufstand der Reichen gegen die Armen« gesiegt. »Am Ende der Aufklärung steht also nicht, wie Kant und die Aufklärer alle hofften, der mündige Mensch, sondern das Goldene Kalb ...«[132] Eine Gesellschaft, in der nur das »vernünftig ist, was rentiert«, eine Schweiz, die beherrscht wird durch »ein heimisches Konsortium von Multimaklern, deren Handeln und Hehlen rechtsstaatlich ist«, hat allen Anspruch auf Aufklärung aufgegeben: »Aufklärer sind Staatsfeinde.«[133] Aber »Enttäuschung über den Lauf der Welt ist eins, Preisgabe oder Widerruf einer Hoffnung wäre schon etwas anderes –«[134]

Aufklärung war und bleibt Kampf dem Aberglauben im Dienste einer »sittlichen Vernunft«. Und so rief Frisch denn auf zum Widerstand gegen die »Aberglauben« unserer Zeit, gegen den technologischen Wahn, gegen die angeblichen »Sachzwänge«, gegen die Zerstörung der Sensibilität durch unvernünftige Rationalität, gegen den ökologischen und den atomaren Wahnsinn. »Ohne einen Durchbruch zur sittlichen Vernunft, der allein aus Widerstand kommen kann, gibt es kein nächstes Jahrhundert, fürchte ich.«[135]

Frisch schloß seine Rede mit einem beklemmenden Bekenntnis: Der alte Ezra Pound habe seine letzten Jahre verbittert in Venedig zugebracht, indem er tagelang aus dem Fenster starrte und ab und an ein wütendes »disorder« auf die Piazza grölte. Und Frisch folgerte: »Hoffentlich gröle ich nie!

Bloß weil ich aufgehört habe zu schreiben.

Müde, ja. Verbraucht. Was ich sonst tue?

Was Voltaire prophezeit hat:

›*Man endet notwendigerweise damit, seinen Garten zu bestel-*

len; alles übrige, mit Ausnahme der Freundschaft, hat wenig Bedeutung ...‹

Da habe ich vier Wörter unterstrichen:
Mit-Ausnahme-der-Freundschaft.
Ja.
Mit Ausnahme der Freundschaft!«[136]
Müde, verbraucht und mit seinen Hoffnungen gescheitert. Dennoch: Von Resignation wollte Frisch nichts wissen: »Resignation? Das ist auch so eine Floskel. Ein Aufruf zur Hoffnung ist heute ein Aufruf zum Widerstand.«[137]

1987 eröffnete Frisch eine Diskussion im Künstlerhaus Boswil mit einem Kurzreferat zum Thema *Demokratie – ein Traum?*.[138]

Frischs bittere Erkenntnisse über das Scheitern der Aufklärung grundierten auch seine Kritik an der Schweizer Demokratie: »Kann unsere Demokratie, ausgesetzt der menschlichen Natur, als der Canaille, die der Mensch in der Mehrheit ist, zu etwas anderem führen als der real existierenden Demokratie der Lobbies, getarnt durch Folklore?« lautete die sarkastische Eingangsfrage.[139] Die »Volksmehrheit«, diese heilige Kuh der Demokratie, was bedeutet sie noch in einer Gesellschaft, in der alle wirtschaftliche, mediale und politische Macht in den Händen einer winzigen Minderheit liegt? Was wir heute haben, ist »ein rechtsstaatlicher Apparat in Perfektion, der sich mit einiger Pfiffigkeit so handhaben läßt, daß die Machtausübung allemal als demokratisch erscheint.

Was hier unter Politik verstanden wird:
Pfiffigkeit –
Wie ergatterst du eine numerische Mehrheit –
Um deine Herrschaft auszuüben –
Ohne daß das Stimmvolk es durchschaut.«[140]
Frischs Pessimismus war um so schwärzer, als er nir-

Solothurner Literaturtage. Journées Littéraires de Soleure.
Settimada Litterara a Soloturn. Giornate Letterarie di Soletta.
9.–11. Mai 1986. Landhaus und Restaurant Kreuz.
Information und Programme: Postfach 926, 4502 Solothurn.

gendwo eine politische Kraft sehen konnte, die Hoffnung erweckte, in absehbarer Zeit eine Veränderung dieser maroden Situation herbeizuführen.

Schweiz ohne Armee? Ein Palaver

Mitte der achtziger Jahre formierte sich in der Schweiz quer durch das politische Spektrum eine Bewegung junger Antimilitaristen. Ihr Name: GSoA, Gruppe Schweiz ohne Armee. Grüne, Sozialdemokraten, ehemalige POCH-Linke und parteilose Pazifisten bildeten den Kern der Bewegung, deren Ziel die Abschaffung der Schweizer Armee war – der größten und teuersten Armee Europas, bezogen auf die Anzahl der zu verteidigenden Bevölkerung. Eine Volksinitiative wurde lanciert, die Abstimmung vom Bundesrat auf den Oktober 1989 festgelegt.

Die Initiative zur Schlachtung der »Heiligen Kuh Armee« schlug hohe Wellen. Die öffentlichen und privaten Diskussionen waren außerordentlich gehässig. Frisch, der ins Patronatskomitee gebeten wurde, lehnte ab. Er befürchtete, daß eine wuchtige Ablehnung der Initiative durch die Bevölkerung auf Jahre hinaus die Armeegegner lähmen könnte. Erst ganz langsam, als er die wachsende Begeisterung der Jungen für die GSoA erfuhr, ließ er sich von den Initianten überzeugen.[141]

Noch einmal überwand er seinen »Ekel vor der Schreibmaschine« und schrieb in wenigen Wochen den Text: *Schweiz ohne Armee? Ein Palaver*. Sein Inhalt: Der Großvater unterhält sich am Kaminfeuer seines Rusticos im Tessin mit dem Enkel über Sinn und Unsinn der Schweizer Armee, über die Schweiz und ihre Demokratie, über Vergangenheit und Gegenwart des Landes ...

Der große Schweizer Regisseur Benno Besson stellte

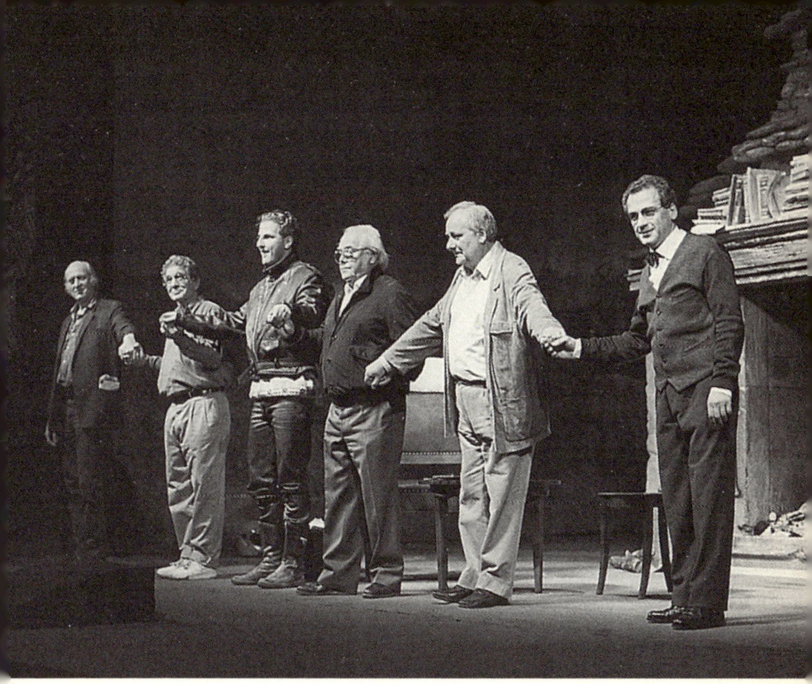

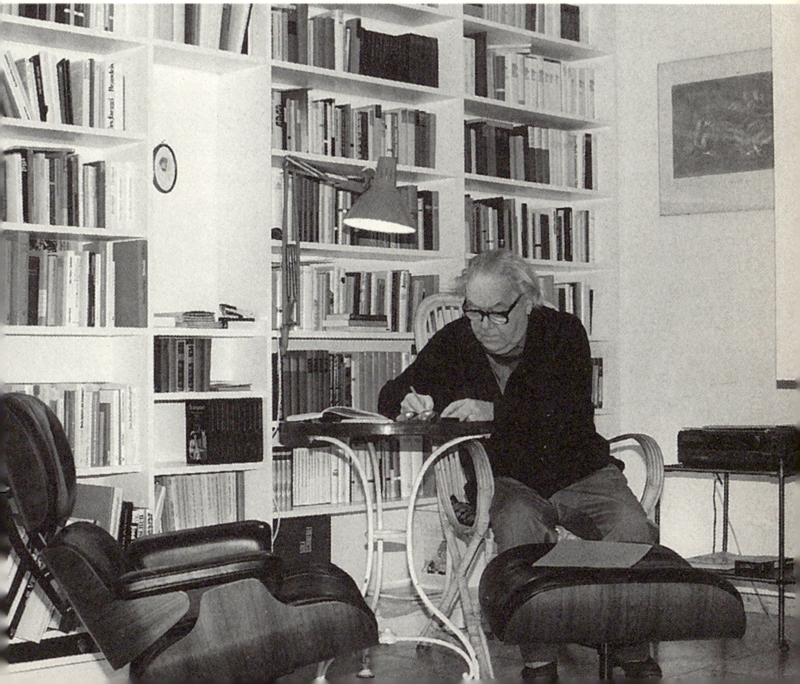

mit Max Frisch eine Bühnenfassung des Textes her und übernahm die Inszenierung.[142] Der Titel der Fassung: *Jonas und sein Veteran*. Die Uraufführung erfolgte in deutscher Sprache am 19. und am 20. Oktober 1989 in französischer Sprache am Schauspielhaus Zürich und am Théâtre Vidy, Lausanne. Das einstündige Spiel schloß mit einem Zitat aus dem *Dienstbüchlein:* »Ich wagte nicht zu denken, was denkbar ist. Gehorsam aus Stumpfsinn, aber auch Gehorsam aus Glauben an eine Eidgenossenschaft. Ich wollte ja als Kanonier, wenn's losgeht, nicht draufgehen ohne Glauben. Ich wollte nicht wissen, sondern glauben. So war das, glaube ich.«[143]

Dann warf der Großvater das *Dienstbüchlein* mit dem Satz ins Feuer: »Ja, man ist ziemlich feig, Jonas ...«[144], und der Vorhang fiel.

Die Inszenierung war bewußt unspektakulär, allein auf die Kraft des Gedankens gestellt. Ohne Zweifel hatte Frisch dramaturgisch bessere Stücke geschrieben. Und dennoch habe ich in meinen zehn Dramaturgenjahren am Schauspielhaus Zürich an keiner Premiere soviel junge, begeisterte, engagierte und bewegte Zuschauerinnen und Zuschauer erlebt. In dieser politischen Situation war dieser Text Theater im seltensten, besten Sinn: Forum einer leidenschaftlich geführten Auseinandersetzung um ein Problem, das allen auf den Nägeln brannte. Noch einmal, zum letzten Mal, erlebte Frisch nicht enden wollende stehende Ovationen in »seinem« Haus.[145]

Kurz vor dem Abstimmungswochenende – inzwischen war auch das Plakat erschienen, auf dem Frisch offen gegen die Armee Stellung nahm – hielt er in den Basler Theatern seine letzte öffentliche Rede mit dem paradoxen Titel *Der Friede widerspricht unserer Gesellschaft*.[146]

Frischs Gedankengang ist ebenso radikal wie in sich

schlüssig: »Unsere vernunftmäßige Ablehnung des Krieges (heute) besagt noch nicht, daß wir friedensfähig sind. Friedensfähig wäre eine Gesellschaft, die ohne Feindbilder auskommt. Wer kann sich das innenpolitisch leisten! Gesellschaften mit Gewalt-Struktur mögen sich den Nicht-Krieg wünschen; der Friede widerspräche ihrem Wesen ... Ein wirklicher Friede würde gefährlich für sie, da ihre Staatsmacht nie eingestehen kann, daß sie eine Armee braucht, um sich unter Umständen vor der eigenen Bevölkerung zu schützen, und daß sie zwecks Tarnung dieser Armee-Funktion gezwungen ist zu einer Rüstung, die das Vaterland vor aller bösen Welt zu schützen vorgibt, und somit gezwungen zur unentwegten Pflege von alten und neuen Feindbildern, die alle Kosten für die Rüstung rechtfertigen – wobei jedes Feindbild immer auch das eigene Wesen entlarvt: Wie soll denn ein Erpresser von Geblüt je zu dem Vertrauen gelangen, sein Nachbar sinne nicht auf Erpressung? ... Voraussetzung für den Frieden also wäre ein Umbau unserer Gesellschaft, die nicht ohne Feindbilder auskommen kann, da sie, wie gesagt, eine Armee schon braucht zu ihrer Stabilisierung.«[147]

Und damit kein Zuhörer glaube, Frisch spräche von fernen Ländern und ihren Diktaturen, fügte er hinzu: »Bundesrat Villiger hat es, meine ich, redlicher als andere ausgesagt:

›Die Armee als Stabilisierungsfaktor.‹
Und was sie stabilisiert:
Die Schweiz als Ancien Régime.«[148]

Er schloß mit dem emphatischen Aufruf, der als politisches Vermächtnis bis heute nachklingt: »Das militärische Denken hat Jahrtausende der Geschichte geprägt und zur heutigen Lage geführt, die diesen Abschied erzwingt. Der Glaube an eine Möglichkeit des Friedens – als einzige

Möglichkeit für ein Überleben des Menschengeschlechts
– ist ein revolutionärer Glaube.«[149]

Im Frühjahr 1990 erschienen Frischs gesammelte Stellungnahmen zur Schweiz unter dem Titel *Schweiz als Heimat? Versuche über 50 Jahre*. Das kenntnisreiche und kluge Nachwort zur politischen Entwicklung Frischs schrieb Walter Obschlager, Archivar des Max-Frisch-Archivs Zürich.[150]

Mein Exemplar versah Frisch mit der Widmung, die dem ersten Band dieser Biographie den Titel gab: »Vom langsamen Wachsen eines Zorns.«

Letztes Ärgernis

Am 13. März 1989 erfuhr Frisch von seiner unheilbaren Krankheit: Darmkrebs mit Metastasen auf der Leber. »Seine Diagnose kommentierte er trocken: das Todesurteil ist jetzt ausgesprochen; die entscheidenden Unterschiede werden nun in der Art der Hinrichtung liegen.«[151]

Fast gleichzeitig flog die sogenannte Fichenaffäre auf. Rund vierzig Jahre lang war Frisch, und mit ihm weitere 900 000 Schweizerinnen und Schweizer, von der politischen Polizei überwacht und bespitzelt worden. In den Kellern des Justiz- und Polizeidepartements kamen Tonnen von Akten zum Vorschein, von denen kein politischer Entscheidungsträger gewußt haben wollte.

Frisch war zutiefst empört. Er setzte alle Hebel in Bewegung, um rechtzeitig – sein Tod war absehbar – Einsicht in seine Fiche zu bekommen. Er erhielt sie und begann einen Kommentar zu schreiben. »Seine Empörung und sein Zorn sind ungebrochen. Es ist beeindruckend zu sehen, wie er bis zuletzt die Kraft behält zur Wut über Unrecht, Dummheit und Taktlosigkeit.«[152]

Im selben Frühjahr rief die Landesregierung die künstlerisch Tätigen des Landes auf, sich an der Gestaltung der 700-Jahr-Feier des Landes, die für Sommer 1991 anstand, zu beteiligen. Angesichts des Fichenskandals bildete sich ein Boykottkomitee, dem die wichtigsten Kulturträger des Landes beitraten. Auch Frisch hat den Boykott unterstützt und jede Mitarbeit an der »Jubelfeier« abgelehnt. Auf eine Einladung des Festbeauftragten im Namen des Bundesrates antwortete er u.a.: »Offenbar braucht unsere Regierung jetzt internationale Namen, um unsere Position im neuen Europa zu demonstrieren ... Die 700-Jahr-Feier, die Sie zu gestalten haben, mißfällt mir aus ernsten Gründen ...« Und nach einem ausführlichen Hinweis auf seine dreiundvierzig Jahre dauernde Bespitzelung: Die Schweiz war »1848 eine große Gründung des Freisinns, sie ist heute unter der jahrhundertelangen Dominanz des Bürgerblocks ein verluderter Staat – und was mich mit diesem Staat heute noch verbindet: ein Reisepaß (den ich nicht mehr brauchen werde).«[153] Diese endgültige Absage war Frischs letzte offizielle Stellungnahme zur Schweiz.

»Jetzt müssen die Leute für sich selbst schauen.«

Bis kurz vor dem Tod arbeitete er an der Gestaltung der Max-Frisch-Tage mit, die zu seinem achtzigsten Geburtstag in Zürich stattfinden sollten. Auch seine eigene Totenfeier hat er bis in die Details hinein geplant. »Honoratioren der Macht als Vertreter der Wirklichkeit sowie Behördenspitzen als Vertreter der Wirklichkeit, ob zu Land oder in der Stadt, sollen hier nicht das Wort führen. Das Wort lassen wir den Nächsten und ohne Amen.«[154]

Bis zuletzt legte er Wert auf Genauigkeit und formale Stimmigkeit: »Es bleibt keine Zeit mehr für Ungenaues ...

Es müßte möglich sein, einmal drei Sätze so zu formulieren, daß sie unmißverständlich sind.«[155]

Am 4. April 1991 nachts starb Max Frisch in seiner Wohnung an der Stadelhoferstraße. »Seine letzte Mitteilung am Morgen vor seinem Tod, zwischen Schmerz-, Dämmer- und Wachzustand, ist ein Plan:

›Ich plane es Schiff —‹

›Es isch es Kapitänsschiff —‹

und auf die Frage: ›Und du wärsch dänn de Kapitän?‹ antwortete er:

›Nei, jetzt müend d'Lüt sälber für sich luege.‹«[156]

Am 9. April fand die Totenfeier in der Kirche St. Peter in Zürich statt. Vor dem Sarg sprachen Frischs Partnerin Karin Pilliod-Hatzky sowie die Freunde Michel Seigner und Peter Bichsel. Die Leiche wurde verbrannt, die Asche verstreut. Die Gemeinde Berzona brachte ihrem Ehrenbürger an der Friedhofsmauer eine Gedenktafel an:

Max Frisch
1911–1991
Scrittore insigne
Cittadino onorario di Berzona
Il comune gli e grato
per averlo eletto a suo rifugio
Il Municipio

Anmerkungen

»Sie sollen mich am Arsch lecken«
Der Weltautor (1955–1960)

1. Das materialreiche Buch von Katharina Bretscher-Spindler: Vom heißen zum Kalten Krieg. Vorgeschichte und Geschichte der Schweiz im Kalten Krieg 1943–1968, Zürich 1997, stützt sich vor allem auf das Privatarchiv des langjährigen Chefredakteurs der NZZ Willi Bretscher und gewichtet entsprechend konservativ. Es ist zu vermuten, daß eine kritische Erforschung dieser Zeitspanne ähnlich desillusionierende Ergebnisse zeitigen wird wie die Erforschung der Rolle der Schweiz zwischen 1933 und 1945.
2. Andreas Huyssen: Unbewältigte Vergangenheit – Unbewältigte Gegenwart. In: Reinhold Grimm/Jost Hermand (Hg.): Geschichte im Gegenwartsdrama, Sprache und Literatur 99, Stuttgart 1976, S. 40.
3. Wolfgang Frühwald/Walter Schmitz: Max Frisch. Andorra, Wilhelm Tell. Materialien, Kommentare. München, Wien 1977, S. 25.
4. Nach der Kapitulation Frankreichs richteten an die zweihundert führende Schweizer aus Wirtschaft, Finanz, Politik und Militär eine Petition an den Bundesrat, worin sie ein weitgehendes Agreement mit dem siegreichen Hitlerdeutschland verlangten. Siehe Band 1, S. 101f.
5. Siehe Jakob Tanner: Staatsschutz im Kalten Krieg. In: Schnüffelstaat Schweiz: 100 Jahre sind genug. Hg. vom Komitee Schluss mit dem Schnüffelstaat. Zürich 1990, S. 45.
6. Siehe ebenda, S. 36–45.
7. Frisch unterzeichnete zusammen mit Paul Nizon und Peter Höltschi. In: Max Frisch: Forderungen des Tages. Frankfurt a.M. 1983, S. 94f. Siehe auch Gottfried Honegger: Dank dem Zufall. Zürich o.J. (Offizin Verlag), S. 39ff.
8. Zit. in: Katharina Bretscher-Spindler: Vom heißen zum Kalten Krieg, a.a.O., S. 328f.
9. Beat Junker in: Die Schweiz. Ein nationales Jahrbuch 1957, S. 107–112.
10. Siehe Band 1, S. 229f.
11. Beat Junker, a.a.O., S. 341.
12. Jakob Tanner: Staatsschutz im Kalten Krieg, a.a.O., S. 45.

13 »Ich möchte meinen Standort einen sozialistischen Humanismus nennen«, schrieb er bereits Ende 1948 in einer Erwiderung an Ernst Bieris prokommunistische Verdächtigungen. Zit. in: Walter Obschlager: Zeitgenossenschaft. Nachwort zu Max Frisch: Schweiz als Heimat, Frankfurt a.M. 1990, S. 562.

14 Bieri wurde später Stadtrat, danach Bankier und Mitglied des Verwaltungsrats der Neuen Schauspielhaus AG. Dort bemühte er sich 1969 kräftig um die Vertreibung Peter Löfflers und Peter Steins vom Schauspielhaus und um die Verhinderung der Uraufführung von *Jonas und sein Veteran* 1989 vor der GSoA-Abstimmung.

15 Seit Frischs Teilnahme am Internationalen Kongreß der Intellektuellen für den Frieden in Wrocłav 1948.

16 Frisch war »meine längste Freundschaft, die ich im Leben gehabt habe; mit mir hat er auch seine privaten Probleme besprochen, bei mir hat er Zuflucht gefunden, wenn es ihm ›dreckig‹ ging. Wir waren so etwas wie Brüder.« Gespräch mit Gottfried Honegger vom 14. September 1999. Frisch schrieb ein schönes Porträt Honeggers in Versen: G.H. Zur Person, in: GW VI, S. 507ff.

17 Gespräch mit Gottfried Honegger vom 17. September 1999.

18 Berichtet von Peter Rüedi: Fast eine Freundschaft. In: Max Frisch/Friedrich Dürrenmatt: Briefwechsel. Hg. und mit einem Nachwort von Peter Rüedi. Zürich 1998.

19 Gespräch mit Gottfried Honegger vom 17. September 1999.

20 Gespräch mit Gottfried Honegger vom 14. September 1999. Marianne Frisch-Oellers, Frischs zweite Ehefrau, bemerkte hierzu: »Gottfried Honegger wollte immer, daß Frisch sich in der SP engagiere. Er wollte ihn zum Schauspieldirektor und zum Stadtpräsidenten machen ... Er konnte einen überreden, überzeugen ... Er hat Frisch immer ein schlechtes Gewissen gemacht, daß er sich nicht aktiv einmische, ich habe dann die Bremse gezogen.« Gespräch mit Marianne Frisch-Oellers vom 19. Oktober 1999.

21 Frisch lernte Madeleine Seigner zu Anfang der fünfziger Jahre kennen, nicht wie in Band 1 irrtümlich vermerkt 1939. Madeleine Seigner war die Schwester des Regisseurs Benno Besson und Mutter von Michel Seigner und Karin Pilliod-Hatzky, die Mitte der achtziger Jahre Frischs letzte Partnerin wurde. Michel Seigner im Gespräch vom 9. November 1999.

22 GW VI, S. 37f.

23 In seinem Referat *Why don't we have the cities we need?* faßte er seine in *Achtung: die Schweiz!* entwickelten Städtebauthesen zusammen.

24 Weltwoche, 24. August 1956.
25 Ebenda.
26 Gespräch mit Gottfried Honegger vom 14. September 1999 in Zürich.
27 Zit. in: Max Frisch/Friedrich Dürrenmatt: Briefwechsel, a.a.O., S. 16.
28 Erstmals hatte Frisch für diesen Roman jedes Detail sorgfältig recherchiert: auch er, ein schriftstellernder homo faber im Dienste seines Themas.
29 GW IV, S. 35.
30 GW IV, S. 68f.
31 GW IV, S. 171.
32 GW IV, S. 92.
33 GW IV, S. 199.
34 Gerhard Kaiser: Max Frischs Homo faber. In: Max Frisch. Materialien. Hg. von Walter Schmitz, Frankfurt a.M. 1987, S. 212.
35 GW IV, S. 203.
36 Zit. in: Werner Koch: Selbstanzeige. Max Frisch im Gespräch. Köln, Westdeutsches Fernsehen, Sendung vom 15. Dezember 1970.
37 Zit. in: Rudolf Ossowski: Max Frisch. In: ders. (Hg.): Jugend fragt – Prominente antworten. Berlin 1975, S. 121.
38 Hans Mayer: Anmerkungen zu »Stiller«. In: Max Frisch. Materialien. Hg. von Walter Schmitz, Frankfurt a.M. 1987, S. 38.
39 Brief an Hans Mayer vom 18. Januar 1961, Max-Frisch-Archiv.
40 Walter Schmitz hat zu Recht auf weitere Verwandtschaften mit Heinrich Hinkelmann *(Die Schwierigen),* Don Juan *(Don Juan oder Die Liebe zur Geometrie),* Dr. Kürmann *(Biografie: Ein Spiel)* hingewiesen (Max Frischs »Homo faber«. Materialien, Kommentar. München/Wien 1977, S. 86ff.). Auch Dr. Schad *(Blaubart)* und Herr Geiser *(Holozän)* wären als Vetter und Onkel in Betracht zu ziehen.
41 Wie in keinem Werk zuvor wurde beim *Homo faber* »der aktuelle Stoff des Werkes mit dessen Thema verwechselt«. Max Frischs »Homo faber«, a.a.O., S. 7.
42 Zit. in: Heinz Ludwig Arnold: Gespräche mit Max Frisch, München 1975, S. 50.
43 Zit. in: Rudolf Ossowski: Max Frisch. In: ders. (Hg.): Jugend fragt – Prominente antworten. Berlin 1975, S. 121.
44 »Faber formuliert im wesentlichen das psychologisierende Frauenbild eines konservativen Bürgertums – wie von einem Schweizer Techniker zu erwarten«, spottet Walter Schmitz. In: Max Frischs »Homo faber«, a.a.O., S. 64.

45 Siehe Frederik A. Lubich: Max Frisch: »Stiller«, »Homo faber«, »Mein Name sei Gantenbein«. Text und Geschichte. München 1990.
46 Siehe: Max Frischs »Homo Faber«, a.a.O., S. 57, 67.
47 Frederik A. Lubich: Max Frisch, a.a.O., S. 64. Lubich erhärtet seine These an zahlreichen Details wie Etymologie von Namen, Gestirnskonstellationen, Ortsnamen, Sterbedaten usw.
48 Neue Zürcher Zeitung, 7. Juli 1959 und 29. September 1957.
49 29. September 1957.
50 Siehe Schweizer Radiozeitung vom 3. bis 9. November 1957, S. 10–11.
51 Mitgeteilt von Walter Obschlager: Zeitgenossenschaft. Nachwort zu Max Frisch: Schweiz als Heimat? Versuche über 50 Jahre. Frankfurt a.M. 1990, S. 566.
52 Reinhold Viehoff: Max Frischs Homo faber in der zeitgenössischen Literaturkritik der ausgehenden fünfziger Jahre. Analyse und Dokumentation. In: Max Frischs »Homo faber«, a.a.O., S. 243–289.
53 Ebenda, S. 250.
54 Ebenda, S. 271.
55 Ebenda.
56 Zit. ebenda, S. 254.
57 Zit. ebenda, S. 282.
58 Fabers Selbstbericht erzählt die Geschichte in »einer Verlotterung von Sprache und Zeitsinn, wie der Dichter – ein Meister der Sprache und Dramatik – sie nicht kunstvoll spitzbübischer anwenden könnte, um den Zeitgeist zu kennzeichnen«. Ebenda, S. 275.
59 Zit. ebenda, S. 270f.
60 Ebenda, S. 276.
61 Ebenda, S. 278.
62 Zit. in: Walter Obschlager: Zeitgenossenschaft. In: Max Frisch: Schweiz als Heimat?, a.a.O., S. 567. Schmids Abneigung gegen Frisch ist seit dem Vorliegen der Gesamtausgabe der Werke Schmids plastisch dokumentiert. Schmid über Frisch: »In Deutschland fressen und in der Schweiz kotzen.« – »Die helvetische Kristallnacht des Max Frisch.« – »Einen Brandstifter möchte ich weder Frisch noch Muschg nennen. Pubertäre (spätpubertäre) Zeusler schon eher.« Zit. in: Tages-Anzeiger vom 10. Januar 2000, S. 49.
63 Max Frisch in: Horst Bienek: Werkstattgespräche mit Schriftstellern, München 1965, S. 32. Abgedruckt im GW IV, S. 577ff.
64 Ute Kröger/Peter Exinger: »In welchen Zeiten leben wir!«. Das Schauspielhaus Zürich 1938–1998. Zürich 1998, S. 143 bzw. 147.

65 Max Frisch: Kleines Memorandum zu Graf Öderland. Mai 1951. Max-Frisch-Archiv. Siehe 1. Band dieser Biographie S. 192f.
66 Brief Walter Martis an den Stadtpräsidenten Emil Landoldt vom 10. Mai 1953. Stadtarchiv Zürich.
67 Ute Kröger/Peter Exinger: »In welchen Zeiten leben wir!«, a.a.O., S. 149. Kurt Hirschfeld war Chefdramaturg und später Direktor des Schauspielhauses Zürich.
68 Dramaturgisches. Ein Briefwechsel mit Walter Höllerer, Berlin, Literarisches Colloquium 1969, S. 18f.
69 Ebenda, S. 145.
70 Peter Lauser: Statussymbole. München 1977, S. 82f.
71 Werner Weber: Zu Frischs Biedermann und die Brandstifter, in: Max Frisch. Materialien. Hg. von Walter Schmitz, Frankfurt a.M. 1987, S. 225.
72 Brief an Walter Schmitz, zit. in: Max Frisch. Materialien. Hg. von Walter Schmitz, Frankfurt a.M. 1987, S. 245f.
73 Zit. in: Materialien zu Max Frisch »Biedermann und die Brandstifter«. Hg. von Walter Schmitz. Frankfurt a.M. 1979, S. 74f.
74 Max Frisch: Que signifie la Parabole? In: Materialien zu Frisch »Biedermann und die Brandstifter«, a.a.O., S. 73f.
75 Frisch wollte den Chor zwar nicht »parodistisch«, sondern nur »komisch« verstanden wissen. Die Grenzen sind fließend, und aus dem Zusammenhang ist zu vermuten, daß Frisch vor einer Veralberung des Chors warnen wollte. Max Frisch: Nachbemerkungen zu »Biedermann«. Zit. in: Materialien zu Frisch »Biedermann und die Brandstifter«, a.a.O., S. 68.
76 Für einen detaillierten Vergleich der Hörspielfassung mit der Bühnenfassung (und der späteren Fernsehfassung) siehe Walter Schmitz: Biedermanns Wandlungen: Von der ›Burleske‹ zum Lehrstück ohne Lehre. In: Max Frisch. Materialien. Hg. von Walter Schmitz, Frankfurt a.M. 1987, S. 229–260.
77 Brief an Peter Suhrkamp vom 18. Dezember 1957, Max-Frisch-Archiv.
78 Auch sonst wurden einige Anpassungen an das Medium vorgenommen. Siehe Walter Schmitz: Biedermanns Wandlungen, a.a.O., S. 229–260.
79 Elisabeth Brock-Sulzer: Max Frisch: Biedermann und Hotz. In: Die Tat. Zit. in: Materialien zu Frisch »Biedermann und die Brandstifter«, a.a.O., S. 76f.
80 Ebenda, S. 78, 79.

81 Ebenda, S. 77.
82 Ebenda, S. 80, 81.
83 Ebenda, S. 84f.
84 Ebenda, S. 87.
85 Ebenda, S. 96.
86 Karl Korn in der FAZ vom 1. Oktober 1958 anläßlich der Frankfurter Aufführung.
87 Zürichsee-Zeitung vom 1. April 1958.
88 Fiche der politischen Partei. Max-Frisch-Archiv.
89 Siehe Uwe Johnson/Max Frisch: Der Briefwechsel. Frankfurt a.M. 1999, S. 43, 45, 67, 76.
90 Brief vom 5. April 1988. Enrico Filippini, Schriftsteller, Übersetzer u.a. von Max Frisch und Lektor bei Feltrinelli in Mailand war an Blasenkrebs erkrankt. Nachlaß Feltrinelli im Museo Cantonale di Locarno.
91 Siehe Fiche der politischen Polizei. Eintrag vom 24. November 1962. Max-Frisch-Archiv.
92 WochenZeitung 21/87, 22. Mai 1987. 1980 unterstützte Frisch auch ein Inserat im *Tages-Anzeiger:* »Unsere Jugend – unsere Zukunft«.
93 Gruppe für eine Schweiz ohne Armee. Siehe Kapitel »Schweiz ohne Armee? Ein Palaver« S. 230ff.
94 Ebenda, S. 67 Anm. 98.
95 Gespräch mit Marianne Frisch-Oellers vom 21. Oktober 1999.
96 Gespräch mit Ruth Schmidhauser vom 3. September 1999.
97 GW IV, S. 244.
98 GW IV, S. 245.
99 GW IV, S. 245f.
100 GW IV, S. 247.
101 Z.B. in den dreißiger und vierziger Jahren durch den Nationalsozialismus, am Breslauer Kongreß der Intellektuellen für den Frieden durch die Sowjets.
102 Fiche der politischen Polizei, Eintrag vom 25. April 1957. Max-Frisch-Archiv.
103 Gespräch mit Marianne Frisch-Oellers vom 21. September 1999.
104 Zit. in: Walter Obschlager: Zeitgenossenschaft. In: Max Frisch: Schweiz als Heimat?, a.a.O., S. 566. Das Zitat stammt nicht aus der Frankfurter Rede, sondern steht im Zusammenhang mit *Homo faber*. Leider weist Obschlager die von ihm verwendeten Zitate nicht nach.
105 Ebenda, S. 248.
106 GW IV, S. 235.

107 Zit. in: GW IV, S. 232.
108 Ebenda, 233.
109 GW IV, S. 234.
110 GW IV, S. 239f.
111 GW IV, S. 236.
112 GW IV, S. 242.
113 Ebenda.
114 Walter Obschlager findet dagegen, Frisch habe in *Emigranten* eine »neue Sicht, die Wirkungsmöglichkeiten von Kunst betreffend« gefunden. Walter Obschlager: Zeitgenossen. In: Max Frisch: Schweiz als Heimat?, a.a.O., S. 568.
115 Wahrscheinlich hätte Büchner auch niemanden als Narren bezeichnet, der sich in der Situation von 1958 »aufgeopfert«, d.h. politisch und literarisch eindeutig exponiert hätte.
116 GW IV, S. 245.

»Die durchschlagende Wirkungslosigkeit des Klassikers« Wohnsitz Rom (1960–1965)

1 GW VI, S. 676.
2 Zit. in: Volker Hage: Max Frisch. Reinbek 1983, S. 100.
3 Ingeborg Bachmann: Das dreißigste Jahr, München/Zürich 1960, S. 86.
4 GW VI, S. 715.
5 Gespräch mit Gottfried Honegger vom 14. September 1999.
6 GW VI, S. 717.
7 Diese schiefe Wertung floß sogar in Publikationen ein, die sich frei davon wähnen. Im Herbst 1994 gestaltete die Kulturzeitschrift *Du* ein schönes Ingeborg-Bachmann-Heft. Die Bebilderung des biographischen Abrisses zeigt die wichtigen Weggefährten und -gefährtinnen der Dichterin in gewinnenden En-face-Aufnahmen. Nur eine Person ist als bedrohlicher Schatten a tergo porträtiert: Max Frisch. Du. Die zeitschrift der Kultur 9/1994: Ingeborg Bachmann. Das Lächeln der Sphinx.
8 Hans Höllerer spricht in seiner Bachmann-Biographie gar davon, Ingeborg Bachmann habe sich »nach der Trennung von Max Frisch wie vernichtet gefühlt, vor allem, weil sie den Roman ›Mein Name sei Gantenbein‹ ... als Zerstörung ihrer Person empfand«. Hans Höllerer: Ingeborg Bachmann. Reinbeck 1999, S. 117. Sigrid Weigel ist in ihrer Bachmann-Biographie wesentlich vorsichtiger. Sigrid

Weigel: Ingeborg Bachmann. Hinterlassenschaften unter Wahrung des Briefgeheimnisses. Wien 1999, v.a. S. 294ff.

9 Auch Sigrid Weigels Bachmann-Essay: Zur Polyphonie des Anderen – Traumatisierung und Begehren in Ingeborg Bachmanns imaginärer Autobiographie Malina, stellt diese Fragen leider nicht. In: dies.: Bilder des kulturellen Gedächtnisses. Beiträge zur Gegenwartsliteratur, Dülmen-Hiddingsel 1994, S. 232–263.

10 Ingeborg Bachmann in der ersten Frankfurter Poetikvorlesung 1960. Zit. in: Du. Die Zeitschrift der Kultur 9/1994, S. 83.

11 GW IV, S. 258.

12 GW IV, S. 258f.

13 Horst Bienek: Werkstattgespräche mit Schriftstellern. München 1965, S. 32.

14 Zit. in: Max Frisch, Andorra, Wilhelm Tell, Materialien, Kommentare. Hg. von Wolfgang Frühwald/Walter Schmitz. München, Wien 1977, S. 123, Anm. 6).

15 GW IV, S. 526f.

16 »Das Buch verlangt, daß jeder Andorraner einmal aus der Handlung heraustritt, um sich von heute aus zu rechtfertigen – oder formal gesprochen: um die Handlung, die eben auf der Bühne vor sich geht, in die Ferne zu rücken und dem Zuschauer zu helfen, daß er sie von ihrem Ende her, also als Ganzes beurteilen kann.« GW IV, S. 570.

17 GW IV, S. 463.

18 Max Frisch: Gespräche mit Benno von Wiese. Zit. in: Max Frisch, Andorra, Wilhelm Tell, a.a.O., S. 19.

19 Max Frisch: Noch einmal anfangen können. Gespräch mit Dieter E. Zimmer. Die Zeit, 22. Dezember 1967.

20 Max Frisch: »In ›Andorra‹ the parable goes so far to set up antisemitism as an example only.« Gespräch mit Rolf Kieser. In: Contemporary Literature 13, H.1, 1972, S. 2.

21 Zit. in: Walter Schenker: Die Sprache Max Frischs in der Spannung zwischen Mundart und Schriftsprache. Quellen und Forschungen zur Sprach- und Kulturgeschichte der germanischen Völker N.F. 31, Berlin 1969, S. 31. Die Namen sind mit Ausnahme von Ferrer, das aus dem Spanischen stammt, aus dem Rätoromanischen entnommen.

22 So der Titel der ersten Stückfassung.

23 Siehe Max Frisch, Andorra, Wilhelm Tell, a.a.O., S. 82.

24 Materialien zu Frischs »Andorra«. Hg. von Ernst Wendt/Walter Schmitz, Frankfurt a.M. 1978, S. 54.

25 Heinz Ludwig Arnold: Gespräche mit Max Frisch, a.a.O., S. 37.
26 Max Frisch/Friedrich Dürrenmatt: Briefwechsel, a.a.O., zit. in: Die Weltwoche 37/1998, 10. September 1998.
27 Ebenda.
28 Die Weltwoche, 9. November 1961.
29 Henning Rischbieter in: Theater heute, 12/1961, S. 10.
30 Hans Magnus Enzensberger: Über »Andorra«, Programmheft des Schauspielhauses Zürich 1961/62, 2. November 1961 S. 4ff.
31 Stuttgarter Zeitung, 4. November 1961.
32 Süddeutsche Zeitung, 4. November 1961.
33 Stuttgarter Zeitung, 4. November 1961.
34 Du. Die zeitschrift der Kultur Heft 5/1962, S. 52f.
35 Der Bund, 5. November 1961.
36 Frankfurter Allgemeine Zeitung, 6. November 1961.
37 Süddeutsche Zeitung, 4. November 1961.
38 Zit. in: Max Frisch: Andorra, Wilhelm Tell, a.a.O., S. 78.
39 Rheinischer Merkur, 26. Januar 1962.
40 Frankfurter Allgemeine Zeitung, 22. Januar 1962.
41 Frankfurter Allgemeine Zeitung, 22. Januar 1962.
42 Süddeutsche Zeitung, 22. Januar 1962.
43 Der Bund, 5. November 1961.
44 Merkur 16/1962, S. 396f.
45 Basler Nationalzeitung, 5. November 1961.
46 Z.B. Carl Seelig, ebenda.
47 Zit. in: Max Frisch, Andorra, Wilhelm Tell, a.a.O., S. 80.
48 John Milfull: »Anders-Sein« – Marginalität und Integration bei Frisch und Dürrenmatt. In: Max Frisch. Materialien. Hg. von Walter Schmitz, Frankfurt a.M. 1987, S. 285.
49 Ebenda.
50 Gespräch mit Marianne Frisch-Oellers vom 21. September 1999.
51 Hans Rudolf Hilty: Tabu Andorra. In: Du. Die zeitschrift der Kultur 5/1962, S. 52f.
52 Ebenda.
53 Der volle Titel des Stücks lautet: Die Verfolgung und Ermordung Jean Paul Marats dargestellt durch die Schauspielgruppe des Hospizes zu Charenton unter Anleitung des Herrn de Sade.
54 Zit. in: Kulturspiegel des 20. Jahrhunderts, Ramseck 1987, S. 625.
55 Peter Weiss: Notizen zum dokumentarischen Theater. In: Heinz Ludwig Arnold/Theo Buck (Hg.): Positionen des Dramas. München 1977, S. 229f.

56 Die Zeit, 25. April 1969.
57 Bertolt Brecht: Der Dreigroschenprozeß, in: Gesammelte Werke 18, Frankfurt a.M. 1967, S. 161f.
58 GW V, S. 365.
59 Volker Hage: Max Frisch, a.a.O. S. 76.
60 Wolf R. Marchand zit. in: Max Frisch. Materialien. Hg. von Walter Schmitz, Frankfurt a.M. 1987, S. 300.
61 GW IV, S. 263.
62 GW V, S. 327.
63 Bereits im *Tagebuch* 1946–1949 hatte Frisch die »offen artistische Form« der Brechtschen Theaterstücke bewundert und die mögliche Übertragung dieser Form auf die Prosa reflektiert. *Stiller* und *Homo faber* waren Experimente in dieser Absicht. In *Gantenbein* wurde der artistische Aspekt bestimmend. »Das Artistische im Erzählvorgang wird dominant, denn es muß die Aufgabe der story übernehmen, Zusammenhänge herzustellen und als notwendige darzustellen.« Wolf R. Marchand, ebenda.
64 Corina Caduff in: Du. Die Zeitschrift der Kultur 9/1994, S. 84.
65 GW V, S. 118, 39 und 68.
66 Max Frisch: Ich schreibe für Leser. Antworten auf vorgestellte Fragen, 1964. GW V, S. 333f.
67 GW II, S. 378f.
68 Max Frisch: Ich schreibe für Leser, GW V, S. 325. Siehe auch: »Nur von diesem Versuch, fabulierend sich selbst zu identifizieren, handelt das Buch.« (ebenda S. 329) Dieses Verfahren, das Frisch seit dem *Tagebuch 1946–1949* in Abwandlungen immer wieder postuliert hat, ist, mutatis mutandis, der Psychoanalyse seit ihren Anfängen geläufig: Der Patient erzählt Ereignisse, Geschichten, Gedanken, wie sie ihm gerade einfallen. Der Analytiker achtet weniger auf die einzelnen Geschichten und Gedanken, als er versucht, aus den darin wiederkehrenden Erlebnismustern, Fixierungen, Patterns und Denkfiguren Rückschlüsse auf die Psyche des Erzählenden zu ziehen.
Ein Überblick über Frischs Äußerungen zu Gantenbein siehe: Jürgen Petersen: Max Frisch. Stuttgart 1978, S. 140.
69 Gespräch mit Marianne Frisch-Oellers vom 21. September 1999.
70 Heinrich Vormweg zit. in: Gockel, Heinz: Drama und Dramaturgie. München, Wien 1989, S. 8.
71 Reinhardt Baumgart in: Der Spiegel, 2. September 1964.
72 Zit. in: Gockel, Heinz, a.a.O. S. 7.
73 Hans Egon Holthusen in: Merkur 11/1964, S. 1073–1077.

74 Marcel Reich-Ranicki: Der Romancier Max Frisch. In: ders.: Deutsche Literatur in Ost und West – Prosa seit 1945. München 1966, S. 81f. Eine Übersicht über die ersten Rezeptionsstimmen siehe in: Frederik A. Lubich: Max Frisch: »Stiller«, »Homo faber«, »Mein Name sei Gantenbein«. Text und Geschichte. München 1990, S. 87f.
75 Wolf R. Marchand: Max Frisch: Mein Name sei Gantenbein. In: Max Frisch. Materialien. Hg. von Walter Schmitz, Frankfurt a.M. 1987, S. 321.
76 Unter dem Titel *Zürich Transit* versuchte Frisch zusammen mit Erwin Leiser eine Episode aus Gantenbein zu verfilmen. Das Projekt scheiterte an Differenzen zwischen Autor und Regisseur. Auch ein zweiter Versuch mit Bernhard Wicki als Regisseur schlug wegen dessen Erkrankung und daraus folgenden Terminkollisionen fehl.
77 Zit. in: Max Frisch/Friedrich Dürrenmatt: Briefwechsel, a.a.O., S. 16.
78 Ein kleiner freundschaftlicher Dialog zwischen dem Spiegelherausgeber und Arbeitgeber Hunderter Mitarbeiter Rudolf Augstein und dem Romancier Martin Walser spielt auf diese Definition an. Beide sind Intellektuelle, doch nur der eine ist, sozioökonomisch gesehen, ein Kleinbürger:
»Walser: Ich rechne mich zu den Kleinbürgern.
Augstein: Ich würde niemanden einen Kleinbürger nennen. Das ist ein sehr schillernder Begriff, man weiß ungefähr, was gemeint ist. Aber oft ist sehr Verschiedenes damit gemeint.
Walser: Nach meiner Definition ist Kleinbürger der, der sich selber ausbeutet.
Augstein: Mithin wären Schiller, Robespierre und Kant Kleinbürger.
Walser: Der Großbürger ist der, der andere ausbeutet. Der Proletarier ist der, der ausgebeutet wird.« Erinnerungen kann man nicht befehlen. Martin Walser und Rudolf Augstein über ihre deutsche Vergangenheit. Der Spiegel 45, 2. November 1998, S. 52.
79 Anette Leppert-Fögen: Die deklassierte Klasse. Studien zur Geschichte und Ideologie des Kleinbürgertums. Frankfurt a.M. 1974, S. 248.
80 Erich Fromm: Sozialpsychologischer Teil in: Max Horkheimer (Hg.): Studien über Autorität und Familie. Schriften des Instituts für Sozialforschung 5. Paris 1936, S. 77f.
81 Da ein guter Teil dieser Schicht direkt oder indirekt mit Ideologieproduktion zu tun hat, ist ihr öffentlicher Einfluß wesentlich grösser, als ihr prozentualer Teil an der Gesellschaft vermuten läßt.
82 Hans Magnus Enzensberger: Wir Kleinbürger. In: Kursbuch 45,

Berlin 1976, S. 24f. »Fortschrittsmänner« bezieht sich auf die Situation von 1976, als die linke 68er Generation in gesellschaftlich relevante Positionen eingerückt war.
83 Ebenda.
84 Gespräch mit Marianne Frisch-Oellers vom 21. Oktober 1999.
85 In seinen Wohnungen, Fahrzeugen und Reisen, Lebensgewohnheiten war Frisch noch als reicher Mann nie extravagant, spleenig oder gar verschwenderisch. Er pflegte einen betont vernünftigen Luxus.
86 Gespräch mit Marianne Frisch-Oellers vom 21. Oktober 1999.
87 Max Frisch: In eigener Sache. GW V, S. 581.
88 Marianne Frisch-Oellers im Gespräch vom 21. Oktober 1999: »Frischs Literatur wird von der gebildeten Mittelschicht von Grönland bis Neuseeland verstanden.«
89 GW VI, S. S. 718.
90 Marianne Frisch-Oellers im Gespräch vom 21. September 1999.
91 Marianne Frisch-Oellers in Gesprächen vom 21. September und 21. Oktober 1999.
92 Marianne Frisch-Oellers im Gespräch vom 21. September 1999.
93 Marianne Frisch-Oellers im Gespräch vom 21. September 1999.
94 GW VI, S. 671.
95 Marianne Frisch-Oellers im Gespräch vom 21. September 1999.
96 GW V, S. 360.
97 GW V, S. 361.
98 Marianne Frisch-Oellers im Gespräch vom 21. September 1999.
99 Marianne Frisch-Oellers im Gespräch vom 21. September 1999.
100 Siehe Uwe Johnson/Max Frisch: Der Briefwechsel. Frankfurt a.M. 1999, a.a.O., S. 15, Fußnote 10.
101 Marianne Frisch-Oellers im Gespräch vom 21. Oktober 1999.
102 Marianne Frisch-Oellers im Gespräch vom 21. September 1999.
103 Peter Bichsel in: Du. Die Zeitschrift der Kultur 12/1991, S. 66f.
104 Marianne Frisch-Oellers im Gespräch vom 21. Oktober 1999.
105 Uwe Johnson/Max Frisch: Der Briefwechsel. Frankfurt a.M. 1999, S. 227.
106 Mitgeteilt von Peter Rüedi: Fast eine Freundschaft. In: Max Frisch/Friedrich Dürrenmatt: Briefwechsel, a.a.O.
107 Gespräch mit Gottfried Honegger vom 14. September 1999.

»Machen Sie Gebrauch von der Freiheit«
Kunst und Politik (1965–1974)

1 Uwe Johnson/Max Frisch: Der Briefwechsel. Frankfurt a.M. 1999, S. 273.
2 Ebenda.
3 Gespräch mit Marianne Frisch-Oellers vom 21. Oktober 1999.
4 Gespräch mit Marianne Frisch-Oellers vom 21. Oktober 1999.
5 Der Text wurde für das zweite Tagebuch verfaßt, doch Uwe Johnson, der Lektor, fand ihn für diese Publikation nicht geeignet. Deshalb erschien er erst dreißig Jahre später in: Uwe Johnson/Max Frisch: Der Briefwechsel. Frankfurt a.M. 1999.
6 Ebenda, S. 257.
7 Ebenda.
8 Ebenda.
9 Ebenda, S. 261.
10 Ebenda.
11 Ebenda, S. 274.
12 GW IV, S. 224f.
13 Ob der urbane Intellektuelle dann auch Lust gehabt hätte, in dieser aus dem Boden gestampften und durchgeplanten Kleinstadt zu leben, darf bezweifelt werden.
14 Walter Obschlager hat die Etappen der sich verschärfenden Kritik nachgezeichnet. Max Frisch: Schweiz als Heimat? Versuche über 50 Jahre. Frankfurt a.M. 1990.
15 Gespräch mit Gottfried Honegger vom 14. September 1999.
16 Gespräch mit Michel Seigner vom 12. November 1999.
17 Peter Bichsel in: Max Frisch. 15. Mai 1911 – 4. April 1991. Totenfeier in der Kirche St. Peter, Zürich, am 9. April 1991. Hg. von der Max-Frisch-Stiftung, Zürich 1991, S. 24f.
18 Gespräch mit Hugo Loetscher vom 22. September 1999.
19 Max Frisch: Ignoranz als Staatsschutz? Unveröffentlichter Kommentar Frischs zu seiner Fiche, S. 23. Da wir am Schauspielhaus Zürich eine »Fichenlesung« planten, überließ er mir eine Kopie des Textes, sah aber von einer Veröffentlichung ab. Der Grund: Er fand den »richtigen Ton« nicht: »Erst habe ich mit Wut geschrieben, doch da kam ich mir so lächerlich vor, dann habe ich es mit Ironie versucht, doch indem ich die anderen lächerlich machte, fühlte ich mich auch nicht besser.« Siehe Band 1, S. 18.
20 Gespräch mit Gottfried Honegger vom 14. September 1999. Ho-

negger mußte auch später in seinem Namen eine Wohnung für Frisch anmieten, da dieser dem Zürcher Hauseigentümer nicht genehm war.

21 Lars Gustafsson: Über Max Frisch und das Schweizerische, Neue Zürcher Zeitung, 6. Mai 1999.
22 GW IV, S. 244.
23 Karl Schmid: Das Unbehagen im Kleinstaat. Zürich 1963.
24 Max Frisch/Uwe Johnson: Der Briefwechsel, a.a.O., S. 266.
25 Ebenda, S. 270.
26 Ebenda, S. 271.
27 Ebenda, S. 272.
28 Max Frisch: Unbewältigte schweizerische Vergangenheit. GW V, S. 370ff.
29 Ebenda.
30 Zum Beispiel Daniel Frei: Neutralität – Ideal oder Kalkül. Frauenfeld 1967.
31 Mit starken Affinitäten zu faschistischen Diktaturen. Siehe dazu das aufschlußreiche Buch von Niklaus Meienberg: Die Welt als Wille und Wahn. Zürich 1987.
32 Siehe auch Jürg Frischknecht u.a.: Die unheimlichen Patrioten. Politische Reaktion in der Schweiz. Zürich 1979.
33 Der Verfasser dieser Zeilen war damals Schüler in einem städtischen Gymnasium Basels und erinnert sich noch lebhaft an die hitzigen Auseinandersetzungen, die dieser Vorschlag auslöste.
34 Siamo Italiani. Gespräche mit italienischen Gastarbeitern, aufgenommen von Alexander J. Seiler, der einen Film zum gleichen Thema geschaffen hatte.
35 Am 1. September 1966 im Großratsaal von Luzern. Zuerst erschienen in der *Weltwoche* vom 9. September 1966. GW V, S. 374ff. Frisch wurde aufgrund seines Vorworts zu *Siamo Italiani* (s.o.) als Redner zu dieser Tagung eingeladen.
36 GW V, S. 374.
37 GW V, S. 381.
38 GW V, S. 394.
39 GW V, S. 397.
40 GW V, S. 396 bzw. 387. Frisch macht zwar die Engländer bzw. Amerikaner für diese Charakterisierung verantwortlich, doch das ist nicht mehr als eine rhetorische Finte.
41 GW V, S. 382, 398.
42 Gespräch mit Marianne Frisch-Oellers vom 1. September 1999.

43 Schweiz ohne Armee? Ein Palaver, Zürich 1989.
44 Max Frisch/Uwe Johnson: Der Briefwechsel, a.a.O., S. 256.
45 Gespräch mit Hans Mayer vom 8. März 1995.
46 Noch 1977 wurde dem Verfasser dieses Buches, damals Chefdramaturg am Stadttheater Luzern, mit dem Hinweis auf Staigers abschätzige Meinung verboten, ein neues Stück von Walter Matthias Diggelmann auf den Spielplan zu setzen.
47 Julian Schütt: Staigers Maß. Die Weltwoche, Supplement 9/1995. Siehe auch ders.: Germanistik und Politik. Schweizer Literaturwissenschaft in der Zeit des Nationalsozialismus. Zürich 1996.
48 Emil Staiger: Literatur und Öffentlichkeit. Zürich 1966. Zuerst veröffentlicht in der NZZ vom 20. Dezember 1966. Zit. in: Zürcher Literaturstreit. Zürich 1966, S. 92ff.
49 Ute Kröger/Peter Exinger: »In welchen Zeiten leben wir!«, a.a.O., S. 197f.
50 Die Weltwoche, 23. Dezember 1966, S. 25.
51 Neue Zürcher Zeitung, 6. Januar 1967, Morgenausgabe. Frisch hatte Wert darauf gelegt, in der NZZ, die Staiger verteidigte, und nicht in der *Weltwoche* zu antworten.
52 GW V, S. 456.
53 GW V, S. 458.
54 GW V, S. 462.
55 GW V, S. 461.
56 Zum Zürcher Literaturstreit siehe Hugo Leber: Auf der Suche nach erbaulichen Helden. In: Sprache des technischen Zeitalters. Der Zürcher Literaturstreit. 22/1967. Hg. von Walter Höllerer.
57 Zürcher Woche, 13. Januar 1967.
58 Münchner Merkur, 21. Februar 1967.
59 Schweizer Illustrierte, 6. Februar 1967.
60 Gespräch mit Werner Weber vom 12. Januar 2000.
61 Emil Staiger: Geist und Zeit. Zürich 1964.
62 Jeden Freitag trafen sich im Traditionscafé Odéon (einst Treffpunkt der Dadaisten und Emigranten) die Herren Erwin Jaeckle, Emil Staiger, Max Rychner, Walther Meier und Werner Weber. Bis auf Weber waren alle vor 1900 geboren. Die Freitagsrunde galt als *das* Literaturkonzil Zürichs.
63 Die Weltwoche, 15. Dezember 1967. Zit. in: Erwin Jaeckle: Der Zürcher Literaturschock. München 1967, S. 115ff.
64 Den Anlaß lieferte die Geschichte des Detektivwachmeisters Kurt Meier, genannt »Meier 19«, im Unterschied zu den 26 Namens-

vettern im Korps. Meier 19 hatte Ungerechtigkeiten in seiner Dienststelle an die Öffentlichkeit gebracht. Er wurde daraufhin wegen Amtsgeheimnisverletzung gebüßt und entlassen. Die Studenten fanden: »Wir haben eine Klassenjustiz: Die Kleinen hängt man, die Großen läßt man laufen«, und riefen zu einer Solidaritätskundgebung auf. Reden wurden gehalten, mit der Polizei verhandelt und Geld für Meier 19 gesammelt. Es wirft ein bezeichnendes Licht auf die studentische Protestbewegung, die im Namen der »Werktätigen« die Welt verbessern wollte, daß Kurt Meier selbst keine Ahnung von dieser Demonstration hatte. Niemand hatte ihn orientiert oder eingeladen. »Erst am Tag danach habe ich es erfahren. Es war für mich eine Ermutigung. Die dreihundert Franken, die für mich gesammelt wurden, habe ich erhalten.« Zit. in: Paul Bösch: »Die Demo entglitt unseren Händen.« Tages-Anzeiger, 25. August 1970. Siehe auch: Paul Bösch: Meier 19. Eine unbewältigte Polizei- und Justizaffäre. Zürich 1997.
65 Paul Bösch: Junge Rebellen und zornige alte Männer. Vor dreißig Jahren gipfelten die Zürcher Jugendunruhen im Globus-Krawall. Tages-Anzeiger, 25. Juni 1998, S. 17.
66 GW VI, S. 158 (Tagebuch 1966–1971).
67 GW VI, S. 161.
68 Frisch war zwar zur Zeit der Globus-Krawalle in Berzona, über Gottfried Honegger war er dennoch nah am Geschehen beteiligt.
69 GW VI, S. 158.
70 Ebenda, S. 158f.
71 GW VI, 106f. Einer der Besucher war der später berühmte Sexualwissenschaftler Günther Amendt. In demselben Tagebuch steht auch der lapidare Dialog: »A: Identifizieren Sie sich mit den Studenten?/ B: Dafür bin ich zu alt.« GW VI, S. 134.
72 Gespräch mit Marianne Frisch-Oellers vom 21. Oktober 1999.
73 GW VI, S. 59.
74 Eine Neufassung des Stücks publizierte Frisch 1984, sie ist in GW VII, S. 409ff., komplett abgedruckt.
75 GW V, S. 579.
76 Zum ganzen Gedankenkomplex siehe die Schillerpreis-Rede Frischs von 1965.
77 Dramaturgisches. Ein Briefwechsel mit Walter Höllerer. Berlin 1969, S. 16ff.
78 Volker Hage: Max Frisch, a.a.O., S. 85.
79 GW V, S. 579.

80 GW V, S. 562.
81 Wolfram Buddecke/Helmut Fuhrmann: Das deutschsprachige Drama seit 1945. München 1981, S. 33.
82 Siehe dazu Beda Allemann: Die Struktur der Komödie bei Max Frisch und Friedrich Dürrenmatt. Max Frisch. Materialien. Hg. von Walter Schmitz, Frankfurt a.M. 1987.
83 Lindtberg über Noeltes Umgang mit dem Text von *Biografie:* »Er ging mit dem Stück von Max Frisch um, als ob er einen Stoff, ein Rohmaterial und nicht ein Theaterstück übernommen hätte.« (Christ und Welt, 13. Oktober 1967) Und Bruno Schärer in der *Weltwoche* vom 6. Oktober 1967: »Noelte hat Frischs Text zusammengestrichen, korrigiert, umgeändert und schließlich auch selber, unter Verwendung von frischem Rohmaterial, eine Szene dazugeschrieben.« Dagegen Noelte: »Ich glaube auch noch immer, daß sich bei einer wirklichen Zusammenarbeit des Autors ein gutes Stück hätte entwickeln können, daß bei einer intensiven und willigen Mitarbeit von Frisch die Schwächen des Stücks hätten eliminiert werden können.« (Christ und Welt, 6. Oktober 1967).
84 Bühnenbild: Theo Otto. Die Buchausgabe erschien im November 1967, eine stilistisch überarbeitete zweite Auflage im März 1968. Die deutsche Erstaufführung fand am 7. Februar 1968 gleichzeitig im Schauspielhaus Düsseldorf, Regie Jaroslav Dudek, in den Städtischen Bühnen Frankfurt, Regie Harry Buckwitz, und an den Kammerspielen München, Regie August Everding, statt. Diese dreifache Erstaufführung an drei führenden Bühnen Deutschlands zeigt den Status, den Frisch als Dramatiker in den sechziger Jahren genoß.
85 Bruno Schärer in: Die Weltwoche, 9. Februar 1968.
86 N.O. Scarpi in: Tages-Anzeiger, 3. Februar 1968.
87 Friedrich Torberg in: Die Welt, 3. Februar 1968.
88 N.N. in: Neue Zürcher Zeitung, 2. Februar 1968.
89 Joachim Kaiser in: Süddeutsche Zeitung, 3./4. Februar 1968.
90 Günther Rühle, Frankfurter Allgemeine Zeitung, 3. Februar 1968.
91 Werner Schulze-Reimpell in: Die Welt, 5. Februar 1968.
92 Heinrich Vormweg in: Süddeutsche Zeitung, 5. Februar 1968.
93 Erich Pfeiffer-Belli in: Die Welt, 5. Februar 1968, und Rudolf Walter Leonhardt in: Die Zeit, 6. Februar 1968.
94 Siehe etwa J. Schwab-Felisch in A. Schau (Hg.): Max Frisch – Beiträge zur Wirkungsgeschichte, Freiburg 1969, S. 308, oder René Drommer, Die Zeit, 6. Februar 1968.
95 GW VI, S. 103.

96 Siehe: Abschied von der Biografie. Peter Rüedi sprach mit Max Frisch über dessen neues Stück Triptychon und sein Verhältnis zum Theater. Die Weltwoche, 3. März 1978.
97 Die Weltwoche, 11. April 1968.
98 Zit. bei Peter Rüedi: Fast eine Freundschaft. In: Max Frisch/Friedrich Dürrenmatt: Briefwechsel, a.a.O., S. 47.
99 Die Weltwoche, 30. August 1968, GW VI, S. 473.
100 GW VI, S. 477f.
101 Zuerst erschienen in: Tschechoslowakei 1968. Reden von Peter Bichsel u.a. und einem Brief von Heinrich Böll. Zürich 1968.
102 GW VI, S. 479ff.
103 Fiche der politischen Polizei, S. 18. Nicht nur zu Weltproblemen bezog Frisch öffentlich Stellung. Auch in lokalen Angelegenheiten engagierte er sich: Sein Artikel *Wie wollen wir regiert werden?*, zuerst erschienen in der *Weltwoche* vom 30. August 1968 (GW VI, S. 494), machte sich für demokratische Strukturen an »seiner« Hochschule, der ETH Zürich, stark: Frisch wußte aus Erfahrung, daß mangelnde Mitbestimmung der Studierenden und des Mittelbaus der politischen Willkür Tür und Tor öffnen konnte.
104 Max Frisch/Friedrich Dürrenmatt: Briefwechsel, a.a.O., S. 48.
105 Tages-Anzeiger, 30. Dezember 1967.
106 Besson hatte am 5., 6. und 7. Februar die Uraufführung von Brechts Nachlass-Stück *Turandot oder der Kongreß der Weißwäscher* am Schauspielhaus mit mäßigem Erfolg herausgebracht. Die im Vergleich zur DDR schlechten Probenbedingungen in Zürich machten ihm zu schaffen. 1969 erhielt er die künstlerische Leitung der für ihn wesentlich attraktiveren Volksbühne in Ostberlin und führte dieses Theater in den folgenden acht Jahren – ab 1974 auch als Intendant – zusammen mit Manfred Karge und Matthias Langhoff zu Weltruhm. Bei der DDR-Führung galt Besson als genialer, doch politisch unzuverlässiger Künstler, zudem mit ausländischem Paß. Besson hatte die Gespräche in Zürich um die Leitung des Schauspielhauses auch benutzt, um in der DDR endlich sein eigenes Theater zu erhalten.
107 Ute Kröger/Peter Exinger: »In welchen Zeiten leben wir!«, a.a.O., S. 219.
108 Ebenda, S. 222.
109 Zit. ebenda, S. 221.
110 Zit. ebenda, S. 224.
111 Ebenda, S. 226.
112 Die Tat, 22. September 1969.

113 Anläßlich der Veranstaltung zur 25jährigen Wiederkehr der fristlosen Kündigung Peter Steins am Schauspielhaus Zürich (4. und 5. Februar 1995). Daß es auch anders geht, bewies der Verwaltungsrat der Basler Theater. Als Werner Düggelin und Friedrich Dürrenmatt 1968 die Direktion des Theaters übernahmen und eine neue künstlerische Linie vertraten, fiel zunächst die Abonnenten- und Besucherzahl kräftig; die Konsumenten des altgewohnten Theaters zogen aus. Es gab ein gefährliches Finanzloch. Doch der Basler Verwaltungsrat stand zu seinen Direktoren. Ab der dritten Spielzeit zogen die Zuschauerzahlen wieder an, und die legendäre »Ära Düggelin« begann.
114 GW VI, S. 501.
115 GW VI, S. 502.
116 Gespräch mit Marianne Frisch-Oellers vom 1. September 1999.
117 Dürrenmatt war zuvor Kodirektor am Basler Theater. Doch er überwarf sich mit Werner Düggelin, seinem Partner, und schied im Streit aus der Leitung aus.
118 Max Frisch/Friedrich Dürrenmatt: Briefwechsel, a.a.O., S. 160f.
119 Gespräch mit Marianne Frisch-Oellers vom 21. September 1999.
120 GW VI, S. 289f.
121 U.a. an einen Dienstverweigerer und an eine linke Zeitschrift.
122 In: Max Frisch/Friedrich Dürrenmatt: Briefwechsel, a.a.O., S. 42ff.
123 GW VI, S. 504.
124 GW VI, S. 24.
125 GW VI, S. 261.
126 GW VI, S. 277, 279.
127 GW VI, S. 284f.
128 GW VI, S. 283.
129 Uwe Johnson/Max Frisch: Der Briefwechsel. Frankfurt a.M. 1999, S. 24.
130 Siehe Uwe Johnson/Max Frisch: Der Briefwechsel. Frankfurt a.M. 1999, S. 24, Fußnote 28.
131 Der Text erschien, ohne Illustrationen, gleichzeitig als *suhrkamp taschenbuch*.
132 Am 18. Februar 1969.
133 Max Frisch im Gespräch mit Annette Freitag. In: Abendzeitung (München), 1. Oktober 1971.
134 GW VI, S. 25.
135 Karl Marx/Friedrich Engels: Werke (MEW), Band IV, S. 392ff.
136 Zit. in GW VI, S. 440 als 38. Fußnote zu Wilhelm Tell für die

Schule. Daß Frisch diesen Text des Erzdialektikers Engels als »unhaltbar, weil undialektisch« bezeichnet (und anschließend zwei Seiten daraus zitiert), ist blanke Ironie.

137 Eine entsprechende Auflistung bei Max Frisch, Andorra, Wilhelm Tell, a.a.O., S. 83f.
138 Die Gotthardroute gehörte zum Beispiel zu den einträglichen Zollpfründen der Habsburger, auf die sie keineswegs zu verzichten gewillt waren.
139 Melancholie war nach der spätmittelalterlichen Säftelehre eine Auswirkung der schwarzen Galle.
140 Gespräch mit Peter André Bloch und Rudolf Bussmann, zit. in: Max Frisch, Andorra, Wilhelm Tell, a.a.O., S. 86.
141 Ebenda.
142 Ebenda, S. 108.
143 Neue Zürcher Zeitung, 16. Juni 1971.
144 Zürichsee-Zeitung, 12. November 1971.
145 Arthur Baur: Der Landbote (Winterthur), 25. August 1971. Karl Fehr. Kein Wilhelm Tell für die Schule, Publikationen (München) 6/1972, S. 30f.
146 Zit. in: Max Frisch, Andorra, Wilhelm Tell, a.a.O., S. 111.
147 Zit. bei Bruno Knobel in: Nebelspalter, 3. Mai 1972.
148 Zivilverteidigung. Hg. EJPD im Auftrag des Bundsrates, Aarau 1969. Zit. in: Max Frisch GW VI, S. 251.
149 Siehe Uwe Johnson/Max Frisch: Der Briefwechsel. Frankfurt a.M. 1999, S. 53ff.
150 Frisch begann sein zweites Tagebuch nach der Rückkehr aus Rom 1965 und der Niederlassung in Berzona. Doch erst nach Abschluß von *Biografie: Ein Spiel* galt die Hauptarbeit dem Tagebuch. Die erste Ausgabe erfolgte 1972. Für die Edition in den *Gesammelten Werken* hat Frisch einige Texte, die er zwar für die Erstveröffentlichung geschrieben, dann aber gestrichen hatte, wieder beigefügt. Siehe GW VI, S. 787f.
151 Uwe Johnson/Max Frisch: Der Briefwechsel. Frankfurt a.M. 1999, S. 61.
152 Gespräch mit Marianne Frisch-Oellers vom 21. September 1999.
153 Johnson lektorierte das zweite Tagebuch im Auftrag des Suhrkamp Verlags und schlug umfangreiche Streichungen vor. Sie sind im Briefwechsel Uwe Johnson/Max Frisch dokumentiert.
154 GW VI, S. 287.
155 GW VI, S. 288f.

156 Siehe dazu Jürgen H. Petersen: Max Frisch. Stuttgart 1989, S. 83ff.
157 Ebenda, S. 90.
158 Volker Hage: Max Frisch, a.a.O., S. 64.
159 Süddeutsche Zeitung, 30. April 1972.
160 Deutsches Allgemeines Sonntagsblatt, 23. April 1972.
161 Marcel Beck, ein Prof. für mittelalterliche Geschichte, ein erklärter Gegner von Frischs Wilhelm-Tell-Schrift, in: Badener Taglatt, 22. April 1972.
162 Zit. in: Neue Deutsche Blätter 2/1972.
163 GW VI, S. 349.
164 Julian Schütt gibt irrtümlich New York als Winteraufenthalt an. Max Frisch/Friedrich Dürrenmatt: Briefwechsel, a.a.O., S. 22. Siehe dagegen die Angaben in: Uwe Johnson/Max Frisch: Der Briefwechsel. Frankfurt a.M. 1999, a.a.O., S. 55.
165 Ebenda, S. 50 inkl. Anm. 71.
166 GW VI, S. 737.
167 Siehe Uwe Johnson/Max Frisch: Der Briefwechsel. Frankfurt a.M. 1999, S. 67.
168 Gespräch mit Hans Mayer vom 14. Februar 1995.
169 Niklaus Meienberg: Die beste Zigarette seines Lebens. Tod durch Erschießen. Tages-Anzeiger-Magazin, 11. August 1973.
170 Uwe Johnson/Max Frisch: Der Briefwechsel. Frankfurt a.M. 1999, S. 69.
171 Der Text erschien zuerst als Vorabdruck in der Nationalzeitung (Basel) vom 16. Februar bis 16. März 1974, dann als Buchausgabe bei Suhrkamp.
172 GW VI, S. 537.
173 Siehe Band 1, S. 95ff.
174 GW VI, S. 559f.
175 GW VI, S. 584.
176 GW VI, S. 567.
177 GW VI, S. 552.
178 GW VI, S. 549.
179 GW VI, S. 561.
180 GW VI, S. 554.
181 GW VI, S. 555.
182 GW VI, S. 563.
183 GW VI, S. 563.
184 GW VI, S. 573f.
185 Reduit: Strategie des Rückzugs der Armee aus dem Mittelland und

von den Grenzen in die Alpenfestungen bei gleichzeitiger Preisgabe der Städte und Industriegebiete mitsamt der Zivilbevölkerung an den Feind.
186 GW VI, S. 517.
187 GW VI, S. 605.
188 GW VI, S. 614.
189 GW VI, S. 616.
190 GW VI, S. 558f.
191 Tages-Anzeiger, 9. März 1974.
192 E.N., Thurgauer Zeitung, 23. März 1974.
193 Bruno Kobelt, Nebelspalter, 10. April 1974.
194 Neue Zürcher Zeitung, 20. August 1974.
195 Der Schweizer Soldat, Juni 1974.
196 Heinz Beckmann, Der Rheinische Merkur, 5. April 1974.
197 GW VI, S. 518.
198 GW VI, S. 510ff.
199 GW VI, S. 515.
200 GW VI, S. 517.
201 GW VI, S. 520.
202 Uwe Johnson/Max Frisch: Der Briefwechsel. Frankfurt a.M. 1999, S. 95. Das inkriminierte Buch erschien ein halbes Jahr später, 1975, im Limmat Verlag Zürich. Das Vorwort schrieb Ezio Canonica, der damalige Präsident des Schweizerischen Gewerkschaftsbunds.
203 Interessant ist in diesem Zusammenhang auch das Urteil von Johnson und Frisch über den Verleger Siegfried Unseld, das aus ihrem Briefwechsel hervorgeht. Dieser hatte 1959, nach Peter Suhrkamps Tod, den Verlag übernommen und durch große Geschäftstüchtigkeit wesentlich zu Frischs Reichtum beigetragen. Johnson wie Frisch anerkennen durchaus Unselds verlegerische Qualitäten. Gleichzeitig verspotten sie »S. U.« im Briefwechsel als eitlen Möchtegern-Intellektuellen mit wenig politischem Rückgrat. Johnson kreierte das Adjektiv »seldisch« resp. »unseldisch« als Inbegriff der Unseldschen Unarten, und Frisch schrieb sarkastisch ins *Tagebuch 1966–1971:* »Buchmesse. Der Unterschied zwischen einem Pferd und einem Autor: Das Pferd versteht die Sprache des Pferdehändlers nicht.« Beide Autoren blieben jedoch geschäftlich ein Leben lang mit dem verspotteten Verleger verbunden. Sie wußten durchaus zwischen Kommerz und Sympathie zu unterscheiden. Uwe Johnson/Max Frisch: Der Briefwechsel. Frankfurt a.M. 1999.
204 Siehe Band 1, S. 77ff.

205 GW VI, S. 556.
206 Für eine knappe Woche bereiste Frisch im Spätherbst 1975 im offiziellen Gefolge Helmut Schmidts die Volksrepublik China. Sein Bericht *Nein, Mao habe ich nicht gesehen (Notizen von einer kurzen Reise nach China 28.10.–4.11.1975)* erschien zuerst im Spiegel vom 9. Februar 1976.

»Ich bin nicht ganz allein«
Die letzten 16 Jahre (1974–1991)

1 GW VII, S. 9f.
2 GW VII, S. 10.
3 GW VII, S. 11.
4 GW VII, S. 18.
5 GW VII, S. 18.
6 GW VII, S. 15.
7 GW VII, S. 14f.
8 Uwe Johnson/Max Frisch: Der Briefwechsel. Frankfurt a.M. 1999, S. 179. Frisch war am 5. Oktober 1976 Ehrengast des CVP-Bundesrates Hans Hürlimann, der sich außergewöhnlich für die Förderung der Schweizer Kultur engagierte. Sein Sohn, Thomas Hürlimann, wurde in den achtziger Jahren einer der wichtigsten Dramatiker und Prosaisten der Schweiz.
9 GW VII, S. 23.
10 17. November 1977. Zuerst unter dem Titel *Die Zukunft gehört der Angst* erschienen in der Basler Zeitung vom 19. November 1977.
11 GW VII, S. 34.
12 GW VII, S. 35.
13 GW VII, S. 35.
14 GW VII, S. 36.
15 GW VII, S. 37.
16 GW VII, S. 41. Dieser Satz stammt aus der Stellungnahme Frischs zur Entführung Aldo Moros 1978.
17 Fritz J. Raddatz: Zeit-Gespräche 2. Frankfurt a.M. 1982, S. 44.
18 Im Suhrkamp Verlag, Frankfurt a.M. Herausgegeben von Hans Mayer und Walter Schmitz. Der siebte Band mit den Texten von 1976 bis 1985 erschien 1986 unter Mitarbeit von Johannes S. Koch. Frisch letzter literarischer Text: *Schweiz ohne Armee? Ein Palaver* erschien 1989 im Limmat Verlag Zürich.
19 GW VII, S. 63f.

20　GW VII, S. 38.
21　GW VI, S. 742.
22　GW VI, S. 715.
23　GW VI, S. 688.
24　GW VI, S. 695f.
25　GW VI, S. 688.
26　GW VI, S. 679.
27　GW VI, S. 635f.
28　GW VI, S. 619.
29　GW VI, S. 286f.
30　Peter Bichsel in: Du. Die Zeitschrift der Kultur, 12/1991, S. 62.
31　Uwe Johnson: Zu »Montauk«. In: Max Frisch. Materialien. Hg. von Walter Schmitz, Frankfurt a.M. 1987, S. 338f. Siehe auch Hans Mayer: Das Geheimnis jedweden Mannes, »Montauk«. In: Hans Mayer: Frisch und Dürrenmatt. Frankfurt a.M. 1992.
32　GW VI, S. 289.
33　Gespräch mit Trudy Frisch-von Meyenburg vom 4. August 1994.
34　GW VI, S. 686.
35　Gespräch mit Marianne Frisch-Oellers vom 21. September 1999.
36　Brief Marianne Frisch-Oellers an Uwe Johnson. In: Uwe Johnson/Max Frisch: Der Briefwechsel. Frankfurt a.M. 1999, S. 113ff.
37　Ebenda, S. 111.
38　Ebenda, S. 113.
39　Frankfurter Allgemeine Zeitung, 7. Oktober 1975.
40　Süddeutsche Zeitung, 8. Oktober 1975.
41　Frankfurter Neue Presse, 17. Oktober 1975.
42　Der Bund, 2. November 1975.
43　Basler Nachrichten, 10. Oktober 1975.
44　Abschied von der Biografie. Peter Rüedi sprach mit Max Frisch über dessen neues Stück *Triptychon* und sein Verhältnis zum Theater. Die Weltwoche, 19. April 1978, S. 29.
45　Uwe Johnson/Max Frisch: Der Briefwechsel. Frankfurt a.M. 1999, S. 157.
46　Ebenda.
47　Fritz J. Raddatz: Zeit-Gespräche 2. Frankfurt a.M. 1982, S. 46.
48　Siehe Walter Schmitz: Max Frisch. Das Spätwerk. Tübingen 1985, S. 135ff.
49　GW VII, S. 107f.
50　GW VII, S. 102.
51　GW VII, S. 117.

52　GW VII, S. 171.
53　GW VII, S. 129.
54　GW VII, S. 121.
55　GW VII, S. 167.
56　GW VII, S. 171.
57　GW VII, S. 195f.
58　GW VII, S. 176.
59　GW VII, S. 179 bzw. 182.
60　GW VII, S. 176.
61　GW VII, S. 180f.
62　GW VII, S. 187, bzw. 201.
63　Die Fassung wurde von Walter Adler eingerichtet, die Regie besorgte Jürgen Becker.
64　Übersetzung von Henry Bergerot, Regie Michel Soutter.
65　Eine in Frankfurt geplante deutschsprachige Erstaufführung platzte.
66　Neue Zürcher Zeitung, 12. Oktober 1979.
67　Basler Zeitung, 11. Oktober 1979.
68　Neue Zürcher Zeitung, 7./8. März 1979.
69　Uwe Johnson/Max Frisch: Der Briefwechsel. Frankfurt a.M. 1999, S. 227.
70　Ebenda, S. 218.
71　Ebenda, S. 210.
72　»Als er Siebzig war und war gebrechlich/drängte es den Lehrer doch nach Ruh.« Anspielung auf das berühmte Brecht-Gedicht über Lao Tse.
73　Uwe Johnson/Max Frisch: Der Briefwechsel. Frankfurt a.M. 1999, S. 223.
74　Siehe Rundschreiben vom 15. September 1980. Zit. in: Uwe Johnson/Max Frisch: Der Briefwechsel. Frankfurt a.M. 1999, S. 224.
75　Das Buch erschien im März 1979 in Frankfurt a.M.
76　Am 1. Dezember 1973 las Frisch eine Zusammenstellung aus dem Text in der Akademie der Künste, Berlin. Diese Zusammenstellung wurde im Mai 1974 im *Merkur* publiziert und unter dem Titel *Fragment einer Erzählung* in GW VI aufgenommen.
77　GW VII, S. 211.
78　GW VII, S. 211f.
79　GW VII, S. 220.
80　GW VII, S. 234.
81　GW VII, S. 210.
82　GW VII, S. 281.

83 GW VII, S. 261.
84 Walter Schmitz: Max Frisch. Das Spätwerk, Tübingen 1985, S. 146.
85 GW VII, S. 294.
86 GW VII, S. 298f.
87 Auch Frisch hatte sich in der *Chinesischen Mauer,* im ersten *Tagebuch* und in *Graf Öderland* schon mit diesem Gedanken befaßt.
88 Blaise Pascal: Gedanken über die Religion. Birsfelden/Basel o.J., S. 61.
89 Walter Schmitz: Max Frisch. Das Spätwerk. Tübingen 1985, S. 145 und 148.
90 Neue Zürcher Zeitung, 20. Februar 1981 (Fernausgabe).
91 Vaterland, 31. März 1979.
92 Die Weltwoche, 11. April 1979.
93 Paul Dreykorn, Nürnberger Zeitung, 7. April 1979.
94 Die Welt, 28. April 1979.
95 Der Spiegel, 7. Mai 1979.
96 Tages-Anzeiger, 12. Mai 1979.
97 Welt am Sonntag, 13. Mai 1979.
98 Fritz J. Raddatz: Ich singe aus Angst – das Unsagbare. Ein Zeit-Gespräch mit Max Frisch. Die Zeit, 17. April 1981.
99 Jakob Tanner: Staatsschutz im Kalten Krieg. In: Schnüffelstaat Schweiz: 100 Jahre sind genug. Hg. vom Komitee Schluss mit dem Schnüffelstaat. Zürich 1990, S. 36ff.
100 GW VII, S. 66.
101 Uwe Johnson/Max Frisch: Der Briefwechsel. Frankfurt a.M. 1999, S. 218.
102 Ebenda, S. 223.
103 Peter Bichsel in: Max Frisch. 15. Mai 1911 – 4. April 1991. Zürich 1991. S. 37 und S. 33.
104 Siehe Band 1, S. 224.
105 Uwe Johnson/Max Frisch: Der Briefwechsel. Frankfurt a.M. 1999, S. 214.
106 Siehe Beatrice von Matt, Neue Zürcher Zeitung, 2. April 1982. Der Fall ist nachzulesen in: Walter Hauser: Im Zweifel gegen die Frau. Zürich 1997, S. 109–116.
107 Mit Vadim Glowna als Dr. Schaad: Erstausstrahlung in der Schweiz am 22. Oktober 1984, in Deutschland am 28. Oktober 1984.
108 GW VII, S. 303.
109 GW VII, S. 343.
110 GW VII, S. 358.

111 Die Welt, 17. April 1982.
112 Peter Weigel, Welt am Sonntag, 4. April 1982.
113 Süddeutsche Zeitung, 1. April 1982.
114 Interview in der Züri-Woche, 12. August 1982, S. 29.
115 GW VII, S. 359ff.
116 Peter Rüedi: Fast eine Freundschaft. In: Max Frisch/Friedrich Dürrenmatt: Briefwechsel. Zürich 1998, S. 84f.
117 Ebenda, S. 165f.
118 Zit. ebenda, S. 85.
119 Gespräch mit Marianne Frisch-Oellers vom 21. Oktober 1999.
120 Laut Charlotte Dürrenmatt-Kerr, zit. in: Peter Rüedi: Fast eine Freundschaft. In: Max Frisch/Friedrich Dürrenmatt: Briefwechsel. Zürich 1998, S. 85.
121 Peter Noll: Diktate über Leben und Tod, Zürich 1984. Darin der Text: Die letzten Tage. Nach Erinnerungen von Rebekka Noll und Max Frisch.
122 GW VII, S. 74f.
123 Schweiz ohne Armee. Ein Palaver, Zürich 1989, S. 33.
124 Gespräch mit Max Frisch am 1. Oktober 1989 in Zürich.
125 Brief an Uwe Johnson vom 5. Mai 1983. In: Uwe Johnson/Max Frisch: Der Briefwechsel. Frankfurt a.M. 1999, S. 237.
126 Gegründet von Theo Pinkus, inzwischen bis auf die russische Abteilung leider eingegangen. Theo Pinkus, ein ehemaliges Mitglied der Partei der Arbeit der Schweiz, begründete auch die Stiftung Salecina in Maloja, Engadin, wo Frisch 1976 u.a. mit Herbert Marcuse auftrat, sowie die Stiftung Studienbibliothek zur Geschichte der Arbeiterbewegung.
127 Brief an Uwe Johnson vom 5. Mai 1983. In: Uwe Johnson/Max Frisch: Der Briefwechsel. Frankfurt a.M. 1999, S. 237.
128 Tages-Anzeiger-Magazin, 26. Januar 1985; Frankfurter Allgemeine Zeitung, 5. Januar 1985. GW VII, S. 82.
129 Siehe Antwort aus der Stille, Band 1, S. 66ff.
130 GW VII, S. 92.
131 In: Max Frisch: Schweiz als Heimat? Versuche über 50 Jahre. Frankfurt a.M. 1990.
132 Ebenda, S. 465.
133 Ebenda, S. 465, 467, 468.
134 Ebenda, S. 461.
135 Ebenda, S. 468.
136 Ebenda, S. 469.

137 Ebenda, S. 482.
138 Am 29. Oktober 1987. In: Max Frisch: Schweiz als Heimat?, a.a.O., S. 489ff.
139 Max Frisch: Schweiz als Heimat?, a.a.O., S. 490.
140 Ebenda, S. 492.
141 Mündlicher Bericht von Andreas Gross, Soziologe, späterer Nationalrat und ein führendes Mitglied der GSoA, Herbst 1989.
142 Bühnenbild und Kostüme: Jean-Marc Stehlé; Dramaturgie: Urs Bircher; Großvater (dt.): Jürgen Cziesla; Jonas: Marcus Kaloff; Souffleur: Peter Bollag; Großvater (frz.): Paul Darzac; Jonas (frz.): Mathieu Delmonté; Le Souffleur: Jean-Charles Fontana.
143 Max Frisch: Jonas und sein Veteran. Zürich 1989, S. 67.
144 Ebenda.
145 Siehe Band 1: Ein Prolog zur Erinnerung, S. 13ff.
146 20. November 1989. Erschienen in: Die Weltwoche, 23. November 1989, S. 67. Wieder abgedruckt in: Max Frisch: Schweiz als Heimat? Versuche über 50 Jahre. Zürich 1990.
147 In: Max Frisch: Schweiz als Heimat?, a.a.O., S. 550.
148 Ebenda, S. 551.
149 Ebenda, S. 551f.
150 Max Frisch: Schweiz als Heimat? Versuche über 50 Jahre. Frankfurt a.M. 1990. (Suhrkamp Weißes Programm Schweiz).
151 Michel Seigner in: Max Frisch. 15. Mai 1911 – 4. April 1991. Totenfeier in der Kirche St. Peter, Zürich am 9. April 1991. Hg. Max Frisch Stiftung, Zürich 1991. S. 9.
152 Ebenda.
153 Publiziert in: WochenZeitung, 15. März 1991, Titelseite.
154 Publiziert in: Max Frisch. 15. Mai 1911 – 4. April 1991, a.a.O., S. 5.
155 Zit. ebenda, S. 13.
156 Mitgeteilt von Michel Seigner. Ebenda, S. 19.
»Ich plane ein Schiff —«
»Es ist ein Kapitänsschiff —«
und auf die Frage: »Und du wärst der Kapitän?« antwortete er:
»Nein, jetzt müssen die Leute für sich selber schauen.«

Zu den Abbildungen

29 Max Frisch, Panlenque (Mexiko) 1957. Foto Max-Frisch-Archiv / I. Müller-Brockmann.
Max Frisch, Berzona 1968. Foto Max-Frisch-Archiv / Renate von Mangoldt, Berlin.
39 Max Frisch und Oskar Wälterlin bei Proben zu *Biedermann und die Brandstifter* am Schauspielhaus Zürich 1958. Foto Stadtarchiv Zürich.
49 Max Frisch 1959. Foto Max-Frisch-Archiv.
59 Max Frisch an der Via de Notaris in Rom Anfang der 60er Jahre. Foto Max-Frisch-Archiv.
103 Lina Frisch-Wildermuth, Arlesheim 1956. Foto Max-Frisch-Archiv.
109 Max Frisch und Marianne Oellers in Zürich 1965. Foto Max-Frisch-Archiv / Pia Zanetti, Zürich.
Max Frisch und Friedrich Dürrenmatt in Rüschlikon 1968. Foto Max-Frisch-Archiv / Pia Zanetti, Zürich.
116 Max Frisch am Paradeplatz in Zürich 1966. Foto Max-Frisch-Archiv / Pia Zanetti, Zürich.
139 Max Frisch auf der Schauspielhausbühne, sechziger Jahre. Foto Max-Frisch-Archiv / Ullstein Bilderdienst.
157 Max Frisch 1968, Berzona. Foto Max-Frisch-Archiv / Renate von Mangoldt.
185 Max Frisch 1975, Peking. Foto Max-Frisch-Archiv / Werek.
197 Max Frisch 1971, New York. Foto Max-Frisch-Archiv.
Max Frisch 1981, New York. Foto Max-Frisch-Archiv / Martin Schaub, Tages-Anzeiger-Magazin, Zürich.
217 70. Geburtstag von Max Frisch, Frankfurt 1981. Von links nach rechts: Peter Weiss, Siegfried Unseld, Max Frisch, Martin Walser, Uwe Johnson.
75. Geburtstag. Solothurner Literaturtage 1986. Foto Max-Frisch-Archiv / Alain Stouder, Solothurn.
221 Max Frisch 1985, Berzona. Foto Max-Frisch-Archiv / Philipp Pilliod.
229 Max Frisch 1986, Solothurner Literaturtage: »Disorder!« Foto Max-Frisch-Archiv / Alain Stouder.
231 Nach der Uraufführung von *Jonas und sein Veteran* am Schauspielhaus Zürich 1989. Jean-Marc Stehlé, Benno Besson, Markus Ka-

loff, Max Frisch, Jürgen Cziesla, Peter Bollag. Foto Leonhard Zubler, Adliswil.

Max Frisch 1989 in seiner Zürcher Wohnung an der Stadelhoferstrasse 28, Foto Max-Frisch-Archiv / Daniel de Vin, Brüssel.

Max Frisch – Chronologie seines Lebens

1911 Geburt Max Frischs am 15. Mai in Zürich. Vater: Franz Bruno Frisch, Architekt und Liegenschaftenmakler. Mutter: Karolina Bettina Frisch, geb. Wildermuth
1924 »Realgymnasium« Zürich. Finanzielle Schwierigkeiten der Eltern
1930 Studium der Germanistik an der Universität Zürich
1932 Tod des Vaters; Abbruch des Studiums. Freier Mitarbeiter bei der *Neuen Zürcher Zeitung* und der *Zürcher Illustrierten*
1933 Reisen auf dem Balkan und in Südosteuropa, laufend finanziert durch veröffentlichte Reiseschilderungen
1934 *Jürg Reinhart. Eine sommerliche Schicksalsfahrt,* sein erster Roman, erscheint in der Deutschen Verlags-Anstalt Stuttgart
1935 Erste Reise nach Deutschland: Konfrontation mit der nationalsozialistischen Rassenideologie
1936 Beginn eines Architekturstudiums an der Eidgenössischen Technischen Hochschule Zürich (ETH)
1937 *Antwort aus der Stille. Eine Erzählung aus den Bergen* erscheint, wiederum bei der Deutschen Verlags-Anstalt
1938 Conrad-Ferdinand-Meyer-Preis der Stadt Zürich
1939 Mit Kriegsbeginn aktiver Dienst als Kanonier; bis 1945 leistet er 650 Diensttage
1940 *Blätter aus dem Brotsack,* das Tagebuch eines Soldaten, erscheint im Atlantis Verlag Zürich. Erwirbt das Diplom als Architekt während eines Urlaubs vom Militärdienst
1941 Anstellung beim Architekten Prof. William Dunkel. Entwurf eines Einfamilienhauses für seinen Bruder in Zusammenarbeit mit Constance von Meyenburg
1942 1. Preis unter 82 Konkurrenten im Architekturwettbewerb für den Bau eines städtischen Freibades am Letzigraben in Zürich. Gründung eines eigenen Büros. Heirat mit Constance von Meyenburg
1943 Im Atlantis Verlag Zürich erscheint *J'adore ce qui me brûle oder Die Schwierigen*
1945 *Bin oder Die Reise nach Peking* erscheint. Am Schauspielhaus Zürich wird *Nun singen sie wieder. Ein Schauspiel aus der Gegenwart* uraufgeführt
1946 Reisen nach Deutschland und Italien. Uraufführungen der Stücke *Santa Cruz* und *Die Chinesische Mauer*

1947 Bekanntschaft mit Bertolt Brecht und erste Begegnung mit Peter Suhrkamp, seinem künftigen Verleger. Beginn des Letzibad-Baus
1948 Reisen nach Berlin, Prag und Warschau. Teilnahme am »Congrès Mondial des Intellectuels pour la Paix« in Wrocław (Breslau) mit Le Corbusier, Picasso, Karl Barth, François Bondi u.a.
1949 Reisen nach Wien und Berlin. Das Letzibad wird eröffnet
1950 *Tagebuch 1946–1949* erscheint im neugegründeten Suhrkamp Verlag in Frankfurt
1951 Uraufführung der Moritat *Graf Öderland* in Zürich. Einjähriger Aufenthalt als Stipendiat der Rockefeller Stiftung in den USA (New York, Chicago, San Francisco, Los Angeles und Mexiko)
1953 Der Bayrische Rundfunk sendet Frischs Hörspiele *Herr Biedermann und die Brandstifter* und *Rip van Winkle*. Vortrag vor Architekten in Zürich: *Cum grano salis;* Beginn einer öffentlichen Polemik zur Situation des modernen Städtebaus
1954 *Stiller* erscheint. Frisch trennt sich von seiner Familie
1955 Max Frisch, Lucius Burckhardt und Markus Kutter schlagen in ihrer Broschüre *Achtung: die Schweiz* vor, eine neue Stadt zu bauen. Schleussner-Schueller-Preis des Hessischen Rundfunks für Frischs Hörspiel *Der Laie und die Architektur*. Verkauf des Architekturbüros an den langjährigen Mitarbeiter Hannes Trösch
1956 Teilnahme an der International Design Conference in Aspen (Colorado); Referat: *Why don't we have the cities we need?* Reise nach Mexiko
1957 *Homo faber* erscheint. Reisen nach Griechenland und in die arabischen Staaten
1958 Uraufführrnug des Theaterstücks *Biedermann und die Brandstifter* in Zürich. Bekanntschaft mit Ingeborg Bachmann. Georg-Büchner-Preis der Deutschen Akademie für Sprache und Dichtung. Literatur-Preis der Stadt Zürich. Charles-Veillon-Literaturpreis
1959 Ehe mit Constance Frisch-von Meyenburg geschieden
1960 Übersiedlung nach Rom.
1961 *Andorra* in Zürich, Frankfurt, München und Düsseldorf uraufgeführt
1963 Mitglied der Jury beim Wettbewerb für einen Neubau des Schauspielhauses Zürich
1964 *Mein Name sei Gantenbein* erscheint
1965 Man's Freedom-Prize der Stadt Jerusalem. Kehrt von Rom in die Schweiz zurück: nach Berzona im Tessiner Onsernonetal
1966 Reise nach Moskau, Leningrad und Odessa. Vortrag vor kantonalen Fremdenpolizeichefs zum Thema »Überfremdung«. Tod der Mutter

1968 *Biografie: ein Spiel* wird uraufgeführt. Reise in die Sowjetunion; Bekanntschaft mit Gerhard und Christa Wolf. Heirat mit Marianne Oellers
1969 Reise nach Japan
1970 Reise in die USA: Gast im Weißen Haus beim Sicherheitsberater des Präsidenten, Henry A. Kissinger
1971 *Wilhelm Tell für die Schule* erscheint
1972 *Tagebuch 1966–1971* erscheint. Wohnung in Berlin
1974 *Dienstbüchlein* erscheint. Grosser Schiller-Preis der Schweizerischen Schillerstiftung
1975 *Montauk*. Reise nach China
1976 Friedenspreis des Deutschen Buchhandels. *Gesammelte Werke in zeitlicher Folge* erscheinen, herausgegeben von Hans Mayer und Walter Schmitz
1979 Uraufführung von *Triptychon. Drei szenische Bilder* in Lausanne. *Der Mensch erscheint im Holozän*. Ehe mit Marianne Frisch-Oellers geschieden
1981 Kauf einer Loft in New York. Entwurf eines Wohnhauses für seinen Verleger Siegfried Unseld. Gründung des Max-Frisch-Archivs an der ETH Zürich
1982 *Blaubart*. Ehrendoktor der City University New York
1983 *Max Frisch: Forderungen des Tages. Porträts, Skizzen, Reden 1943–1982,* herausgegeben von Walter Schmitz
1984 Wohnung in Zürich, Stadelhoferstraße 28
1986 Neustadt-Literaturpreis der University of Oklahoma; Frisch stellt die Preissumme von 25 000 Dollar für den Bau einer Schule in Nicaragua zur Verfügung
1987 Einladung zum von Michail Gorbatschow veranstalteten »Forum für eine atomwaffenfreie Welt und das Überleben der Menschheit« nach Moskau. Ehrendoktor der Technischen Universität Berlin
1989 *Schweiz ohne Armee? Ein Palaver* erscheint. Uraufführung von *Jonas und sein Veteran* in Lausanne und Zürich. Heinrich-Heine-Preis der Stadt Düsseldorf
1990 *Max Frisch: Schweiz als Heimat? Versuche über 50 Jahre,* herausgegeben von Walter Obschlager
1991 Am 4. April stirbt Max Frisch in seiner Wohnung in Zürich

Namen- und Werkregister

Abdankungsrede für Peter Noll 224
Achtung: die Schweiz! 15, 21, 184
Adenauer, Konrad 12, 14
Adler, Walter 261
Adorno, Theodor W. 11, 123
Aichinger, Ilse 128
Albee, Edward 127
Allende, Salvador 181
Am Ende der Aufklärung steht das Goldene Kalb 227
Amendt, Günther 252
Amiel, Henri-Frédéric 117
Anders, Günther 33
Andersch, Alfred 101, 128
Andorra 23, 62–76, 78, 79, 81, 84, 97, 101, 106, 143, 244
Antwort aus der Stille 171
Arden, John 127
Audiberti, Jacques 21
Augstein, Rudolf 247
Axer, Erwin 208
Baader, Andreas 137, 189
Bachmann, Dieter 162
Bachmann, Ingeborg 57, 58, 60–64, 87, 99, 100, 107, 128, 165, 171, 195, 206, 243, 244
Barth, Karl 16
Baudelaire, Charles 99
Baur, Arthur 161
Beck, Kurt 70
Beck, Marcel 257
Becker, Jurek 215
Becker, Jürgen 215, 261
Beckett, Samuel 21, 128, 212
Benn, Gottfried 23
Benning, Achim 114

Bergerot, Henry 261
Bergmann, Ingmar 81
Berlin Journal 105, 164, 209
Besson, Benno 21, 142, 147, 230, 238
Bichsel, Peter 104, 112, 128, 145, 146, 187, 200, 209, 215, 223, 236
Biedermann und die Brandstifter 23, 37–46, 48, 52, 57, 62, 64, 68–70, 97, 101, 102, 106, 143, 241
Bieri, Ernst 17, 149, 238
Biografie: Ein Spiel 68, 97, 138, 140, 143, 144, 165, 202, 207, 239, 253, 256
Bircher, Urs 264
Birgel, Willy 70
Bissmeier, Joachim 208
Blätter aus dem Brotsack 172, 176
Blaubart 60, 194, 216, 217, 219, 220, 222, 224, 239
Bloch, Ernst 224
Böll, Heinrich 115, 128, 191
Bollag, Peter 264
Bonjour, Edgar 172
Borchers, Elisabeth 215
Born, Max 16
Börne, Ludwig 92
Brandt, Willy 162, 165, 190
Brassens, Georges 21
Braun, Hanns 74
Braun, Karl-Heinz 65
Brecht, Bertolt 13, 16, 21–23, 42, 44, 56, 68, 79, 82, 142, 147, 151, 158, 165, 167, 183, 246, 254, 261

Bremer, Claus 151
Bretscher, Willi 237
Bretscher-Spindler, Katharina 237
Brock-Sulzer, Elisabeth 46, 72, 73
Brogle, Peter 70
Brook, Peter 81
Büchner, Georg 20, 53, 54, 56, 212, 243
Buckwitz, Harry 151, 253
Bühlmann, Paul 38
Burckhardt, Carl Jacob 117
Burckhardt, Lucius 15
Büsch, Walter 15
Camus, Albert 20
Canonica, Ezio 258
Carey (Locke-), Alice 194, 198, 215, 225
Celan, Paul 57, 60, 128
Chaplin, Charlie 13
Chruschtschow, Nikita 15
Cohn Bendit, Daniel 133
Coninx, Werner 195
Cziesla, Jürgen 264
Darzac, Paul 264
de Beauvoir, Simone 100
de Gaulle, Charles 14
Delmonté, Mathieu 264
Demokratie – ein Traum? 228
Der Friede widerspricht unserer Gesellschaft 232
Der Mensch erscheint im Holozän 170, 171, 194, 209, 210, 213, 214, 216, 224, 239
Die Chinesische Mauer 262
Die große Wut des Philipp Hotz 45, 46, 47, 97
Die Schweiz als Heimat? 110, 179, 180–182, 186

Die Schweiz ist ein Land ohne Utopie 63
Die Schwierigen 239
Dienstbüchlein 110, 124, 171–173, 175, 176, 178, 179, 182, 232
Diggelmann, Walter-Matthias 172, 251
Dindo, Richard 173, 190
Don Juan oder Die Liebe zur Geometrie 40, 239
Dorst, Tankred 50, 80, 82, 99, 100
Dostojewski, Fjodor 126
Drews, Wolfgang 47, 75
Dubček, Alexander 131
Dudek, Jaroslav 253
Düggelin, Werner 145, 151, 152, 255
Dürrenmatt, Charlotte 222
Dürrenmatt, Friedrich 19, 23, 24, 38, 40, 41, 45, 64, 69, 71, 72, 75, 81, 83, 91, 106, 125, 127, 128, 130, 144, 145, 150–154, 220, 222, 223, 255
Dutschke, Rudi 133
Ehrlich, Peter 70
Eich, Günter 50, 128
Eichmann, Adolf 72
Emigranten 51, 53, 54, 243
Endlich darf man es wieder sagen 127
Engels, Friedrich 158, 256
Enzensberger, Hans Magnus 60, 65, 72, 80, 95, 97, 118, 128
Everding, August 253
Exinger, Peter 40, 127
Fadejew, Alexander 128
Farner, Konrad 14, 17, 50, 153, 156
Fassbind, Susanne 151

Federspiel, Jürg 50
Fehr, Karl 161
Filippini, Enrico 50, 242
Fontana, Jean-Charles 264
Fringeli, Dieter 201
Frisch, Emma Elisabeth 170
Frisch-Oellers, Marianne 7, 50, 77, 89, 96, 99–101, 103–108, 123, 136, 150, 155, 156, 164, 165, 170, 194, 196, 201, 208, 223, 238
Frisch-von Meyenburg, Constance 58, 60, 195, 201
Fromm, Erich 93
Furgler, Kurt 190
Genet, Jean 127
Gesammelte Werke 164, 171, 193, 226, 256
Gespräche im Alter 226
Globke, Hans 12
Glowna, Vadim 262
Gobert, Boy 38
Gorki, Maxim 205
Graf Öderland 40, 97, 262
Grass, Günter 80, 115, 118, 128, 145, 167, 191, 215
Gréco, Juliette 21
Guevara, Ernesto »Che« 132
Guisan, Henri 175
Gustafsson, Lars 114
Habe, Hans 129, 151
Habermas, Jürgen 191
Hage, Volker 169
Haley, Bill 20
Handke, Peter 50, 129, 205
Häsler, Alfred A. 153, 172
Hatheyer, Heidemarie 70
Haupt, Ullrich 143
Helbling, Hanno 161
Henze, Hans Werner 60

Hilty, Hans Rudolf 73
Hirschfeld, Kurt 40, 70, 71, 147, 241
Hitler, Adolf 40, 41, 108, 125, 174, 175
Hochhuth, Rolf 80, 81
Hohler, Franz 187
Höllerer, Hans 243
Höllerer, Walter 140, 215
Höltschi, Peter 237
Homo faber 9, 21, 23, 24, 28, 31, 32, 34–37, 57, 62, 84, 88, 106, 166, 199, 239, 242, 246
Honegger, Gottfried 7, 18, 19, 24, 50, 56, 60, 106, 112, 114, 203, 207, 238, 249, 252
Horkheimer, Max 123
Horst, Karl August 76
Huchel, Peter 50, 128
Hürlimann, Hans 259
Hürlimann, Thomas 259
Ignoranz als Staatsschutz 249
Ionesco, Eugène 21
Jacobi, Johannes 72
Jaeckle, Erwin 251
Jenny, Urs 214
Jens, Walter 36, 191
Johnson, Uwe 50, 104, 106, 118, 128, 164, 165, 189, 193, 200, 201, 203, 208–210, 215, 216, 249, 256, 258
Jonas und sein Veteran 61, 129, 224, 232, 238
Jungk, Robert 16
Junker, Beat 15
Kaiser, Joachim 47, 72–76, 201, 219
Kaloff, Marcus 264
Kant, Immanuel 247
Karge, Manfred 254

Kästner, Erich 16
Keller, Gottfried 57, 114, 176
Kennedy, John F. 121
King, Martin Luther 165
Kipphardt, Heinar 80, 81
Kissinger, Henry 155, 156, 167
Kleines Memorandum zu Graf Öderland 40
Kluge, Alexander 118, 128
Knuth, Gustav 38
Koch, Johannes S. 259
Koeppen, Wolfgang 128
Kohl, Helmut 187
Koller, Arnold 113
Kopernikus, Nikolaus 194
Kröger, Ute 40, 127
Kuhlmann, Carl 70
Kuhn, Christoph 214
Kutter, Markus 15
Läderach, Jürg 215
Langhoff, Matthias 254
Lauser, Peter 42
Leiser, Erwin 247
Leisi, Ernst 178
Lenz, Siegfried 191
Leonhardt, Rudolf Walter 74, 79
Lindner, Hans Rudolf 162
Lindtberg, Leopold 142, 143, 147
Loetscher, Hugo 7, 112
Löffler, Peter 147–150, 165, 238
Lubich, Frederick Alfred 34, 240
Ludwig, Carl 172
Luft, Friedrich 72, 81, 214, 219
Lühr, Peter 35
Lukács, György 82
Mächtlinger, Otto 38
Macmillan, Harold 15
Mailer, Norman 199

Mandel, Ernest 190
Mann, Thomas 125, 212
Mao Zedong 132
Marchand, Wolf 90, 246
Marcuse, Herbert 123, 263
Marti, Kurt 128, 145
Marti, Walter 40
Marx, Karl 92, 123, 132, 213
Mayer, Hans 31, 171, 193, 203, 215, 222, 259
McCarthy, Joseph 13
Meckel, Christoph 50
Meienberg, Niklaus 125, 173, 178, 187, 190
Meier, Kurt, gen. »Meier 19« 251, 252
Meier, Walther 251
Mein Name sei Gantenbein 53, 57, 60–62, 65, 84–91, 97, 106, 138, 160, 199, 243, 246, 247
Melchinger, Siegfried 47, 72, 73, 76
Meng, Hans-Peter 149
Meurer, Reinhard 34
Meyer, Conrad Ferdinand 117
Michelsen, Hans Günter 80, 81
Milfull, John 76, 77
Montaigne, Michel de 198
Montauk 60, 90, 97, 171, 194, 195, 198–201, 204, 206, 210, 219, 224, 260
Moro, Aldo 259
Muschg, Adolf 114, 125, 162, 182, 187, 209, 215, 240
Nachspiel in der Hölle 43, 46, 48
Nein, Mao habe ich nicht gesehen 259
Niehoff, Karena 76
Nizon, Paul 50, 187, 215, 237
Noelte, Rudolf 142, 143, 253

Noll, Peter 224, 226
Oberholzer, Niklaus 214
Obschlager, Walter 7, 234, 243, 249
Offener Brief an den schweizerischen Bundesrat 181, 182
Öffentlichkeit als Partner 51, 127
Ohnesorg, Benno 133
Orth, Elisabeth 208
Otto, Teo 70
Parker, Erwin 148
Pascal, Blaise 212
Piaf, Edith 20
Pilliod, Philippe 226
Pilliod-Hatzky, Karin 7, 226, 236, 238
Pinkus, Theo 263
Pinochet, Augusto 181
Planchon, Roger 81
Pound, Ezra 227
Problems of Style and Expression 156
Rabinovitch, Gregor 183
Raddatz, Fritz J. 193
Rede an junge Ärztinnen und Ärzte 225
Rede nach der Besetzung der Tschechoslowakei 145
Rede zum Nationalfeiertag 158
Rede zum Zürcher Debakel 150
Reich-Ranicki, Marcel 201
Reinhart, Balthasar 182
Rinser, Luise 191
Rischbieter, Henning 72
Ritschard, Willy 146, 147
Robespierre, Maximilien de 247
Rüedi, Peter 152, 153, 214
Rühle, Günther 75
Russel, Bertrand 16
Rychner, Max 251

Sachs, Nelly 128
Sachtleben, Horst 38
Salinger, Jerome D. 128
Sartre, Jean-Paul 20, 115, 128
Schaffner, Jakob 117
Scheel, Walter 190
Schiller, Friedrich 81, 159, 179, 247
Schillerpreis-Rede 158, 175
Schmid, Karl 37, 115, 117, 240
Schmidhauser, Ruth 7, 50
Schmidt, Arno 128
Schmidt, Helmuth 184, 187, 259
Schmitz, Walter 259
Schnyder-Rubensohn, Käte 195, 201
Schröder, Ernst 38, 70
Schulze-Vellinghausen, Albert 75
Schwarzenbach, James 121
Schweikart, Hans 75
Schweiz als Heimat? Versuche über 50 Jahre 234
Schweiz ohne Armee? Ein Palaver 124, 176, 225, 230, 259
Schwiers, Ellen 143
Seelig, Carl 76
Seigner, Madeleine 21, 24, 238
Seigner, Michel 112, 236, 238
Seiler, Alexander J. 250
Shakespeare, William 126
Sommer, Theo 190
Soutter, Michel 208
Staiger, Emil 124–130, 165, 251
Stehlé, Jean-Marc 264
Stein, Peter 148–150, 165, 238, 255
Steiner, Jörg 50, 162, 187, 215
Stichworte 193
Stiller 9, 17, 23, 24, 31, 35, 36, 62, 84, 88, 97, 106, 199, 246

Strauß, Botho 205
Struck, Karin 215
Suhrkamp, Peter 164, 203, 258
Suter, Gody 72
Symposium für eine Person 110, 124
Tagebuch 1946–1949 41, 65, 85, 164, 246, 262
Tagebuch 1966–1971 135, 136, 144, 152, 156, 163, 164, 169, 170, 199, 200, 216, 258
Torberg, Friedrich 48
Triptychon 97, 194, 202, 208, 210, 224
Trooger, Margot 38
Trösch, Hannes 10
Tschechow, Anton 205
Überfremdung 1 121, 124
Überfremdung 2 121–124
Ulbricht, Walter 22
Unseld, Siegfried 182, 209, 215, 258
Unsere Gier nach Geschichten 85
Varlin 130
Viehoff, Reinhold 35
Villiger, Kaspar 233
Völker, Klaus 148
Voltaire 227
Vom Schreiben in Ich-Form 199

von Dach, Charlotte 73, 76
von Doderer, Heimito 128
von Hentig, Hartmut 191
von Lüdinghausen, Elisabeth 38
von Matt, Beatrice 213
von Matt, Peter 209
von Roten, Iris 16
Walser, Martin 80, 118, 128, 191, 247
Walter, Otto F. 128, 215
Wälterlin, Oskar 38, 40, 147
Weber, Werner 7, 43, 65, 72, 129, 161, 251
Weigel, Helene 21
Weiss, Peter 80–82, 127, 215
Westphal, Gerd 70
Wicki, Bernhard 247
Wie wollen wir regiert werden? 254
Wilhelm Tell für die Schule 110, 156, 158, 162, 172, 255
Wir hoffen 188
Wolff, Helen 194
Wollenberger, Werner 148
Zanussi, Krzysztof 216
Zermatten, Maurice 163
Zürcher Manifest 135
Zürich Transit 247
Zurück zum Kalten Krieg? 145

Der Autor

Urs Bircher, geboren 1947, studierte Philosophie und Geschichte in Wien, Paris und Berlin. Dramaturg und Regisseur an verschiedenen deutschsprachigen Theatern und Präsident des Internationalen Theaterinstituts (ITI) Schweiz. Ab der Saison 2000/01 Intendant am Stadttheater Hildesheim. Am Schauspielhaus Zürich betreute er 1989 die Uraufführung des letzten Theaterstücks von Max Frisch, *Jonas und sein Veteran* (Theaterfassung von *Schweiz ohne Armee? Ein Palaver*). In zahlreichen Gesprächen während und nach der Produktion entstanden die Grundgedanken zu dieser Biographie.

Urs Bircher
Vom langsamen Wachsen eines Zorns
Max Frisch 1911–1955
Limmat Verlag

»Bircher verweigert sich bewußt dem indiskreten Wunsch des Lesers nach intimen Details, er erzählt keine pikanten Anekdoten, er betreibt Biographie nicht als ›dilettantische, kunstfremde, kleinbürgerliche, langweilige Dorfschnüffelattitüde‹ (Frisch). Ihn interessiert die intellektuelle Entwicklung Frischs und nicht das definitive und damit verkürzende Beschreiben eines Lebens. Er bietet einen äußerst lesefreundlichen, spannenden Text und vor allem eine bestechende These: Er liest Frischs Literatur als ›Probehandeln‹ und zeigt, daß Frisch immer wieder seine Lebenssituationen literarisch vorwegnahm.«
Berner Tagwacht

»Frisch erscheint in diesem Buch als Selbstbefrager, der die Konsequenzen zieht. Was ›Vom langsamen Wachsen eines Zorns‹ leistet, ist, über die Biographie des Schriftstellers hinaus, die Stationen eines Schweizers und Schweiz-Denkers darzustellen, dessen Zeit merkwürdig schnell vergessen zu sein scheint. Die sich indes noch lange nicht als passé erweist.« *Die Weltwoche*

»Anhand von teils noch unveröffentlichten Dokumenten, vor allem aber anhand von Max Frischs literarischen Texten zeigt der Autor, wie sich der ›zwischen Künstlerehrgeiz und Bürgersehnsucht‹ hin und zerrissene Heimatdichter zum kritischen Denker wandelt.«
Die Sonntagszeitung

»So umfangreich auch die Literatur über Max Frisch ist: die Biographie von Urs Bircher versucht erstmals, sein Leben und Werk im zeitgeschichtlichen Zusammenhang und für ein breites Publikum darzustellen.« *Der Landbote*

»Urs Bircher war als junger Mann mit den Söhnen von Käte Rubensohn-Schnyder befreundet und ging im Hause ein und aus. So konnte er jetzt aus Briefen zitieren, die Frisch in den dreißiger Jahren an seine Freundin geschrieben hat und die bisher der Forschung unbekannt waren.« *Der Spiegel*

»Urs Birchers neue Max-Frisch-Biografie erweitert das Bild des kritischen Autors gehörig: der junge Frisch war ein ungeahnt konservativer Landesverteidiger. Die Biografie zeigt aber genauso Frischs eindrückliche Wandlungsfähigkeit. Urs Bircher entfaltet Frischs Werdegang wie ein Schweizer Lehrstück. Anhand von Frischs Anfängen als Verfechter der geistigen Landesverteidigung zeigt Bircher die Enge und Blockiertheit auf, die damals in vielen Schweizer Köpfen verbreitet war. Mit Frischs erstaunlichem Entwicklungsprozeß zum kritischen Denker demonstriert Bircher gleichzeitig die Revision festgefahrener Mythen.« *Berner Zeitung*

»Bircher will nicht schockieren, er will dokumentieren, und zwar Frischs weite Reise vom konservativen Schweizerdichter zum linkskritischen, europäischen Intellektuellen. Ihm nötigt Respekt ab, was man heute Lernprozeß nennt.« *Facts*

Max Frisch
Schweiz ohne Armee? Ein Palaver
Limmat Verlag

»Der Hinweis auf Frischs eigentliche Haltung liegt in der Widmung des Buches an zwei Exzentriker des 18. Jahrhunderts: an den unbeugsamen Philosophen Denis Diderot und an den weniger bekannten Schweizer Autodidakten und Deserteur aus Friedrichs des Großen Armee, Ulrich Bräker. Beide haben in ihrem je sehr verschiedenen sozialen Umfeld reiche Phantasie mit Wissensdurst im besten Sinn der Aufklärung vereinen können. Frischs Buch postuliert, daß nur das Anknüpfen an diese schöpferische Dialektik einen Weg in die Zukunft weist – für die Schweiz und für Europa, das gegenwärtig ein gefährliches Spiel mit ›postmodernen‹ Irrationalismen treibt.«
Times Literary Supplement

»Ein Palaver, ja – bis man die feinen Widerhaken entdeckt, bis sich die unaufdringliche Kraft des Fragens entfaltet. Es ist die Kunst von Frisch, diesen kleinen Dialog wie absichtslos in der Schwebe zu halten. Pausen und Abschweifungen sind beredter als all das, was die beiden miteinander sprechen, und kleine Nuancen, winzige Verschiebungen sagen mehr als alle Weisheiten.«
Die Zeit

»An Aktualität gebricht es ihm keineswegs, denn die Frage, wem es nach Beerdigung des kalten Krieges noch zu wehren gilt, stellt sich nicht nur unseren westlichen Bundesnachbarn.« *Volksstimme, Wien*